중국 주도 아시아인프라투자은행(AIIB)과 국제경제기구

AIIB의 동인, 가능성, 한계

중국 주도 아시아인프라투자은행(AIIB)과 국제경제기구

AIIB의 동인, 가능성, 한계

김기수 저

세종연구소

서 문

2016년 초 공식 출범한 아시아인프라투자은행(AIIB)에 대한 정보는 지극히 제한돼 있다. 중국이 주도했다는 사실, 57개 국가가 창립 멤버로 참여했고, 그 중 영국 등 서유럽 강국과 한국, 인도와 같은 역내 실력자가 포함돼 있다는 점, 총자본금 규모와 협정문 내용 등이 사실상 전부다. 2016년 6월 첫 프로젝트가 확정됐으므로 업적 역시 현재까지는 사실상 없는 셈이다. 현실이 그렇다면 AIIB의 실체를 파악하는 일은 간단할 수가 없다. 따라서 이 글에서는 AIIB에 영향을 주는 핵심 간접 변수를 선별, 그 변수에 대한 집중 분석을 통해 AIIB를 조명하는 방법이 활용됐다.

우선 AIIB는 그 명칭과 협정문이 보여주듯 다자개발은행(MDB), 즉 다자국제금융기구다. AIIB의 성격이 그렇다면 기존 국제경제기구의 기본 특성이 AIIB에도 녹아있다는 뜻이므로, 논리상 이미 활동 중인 다자기구에 대한 분석을 통해 AIIB의 기본 성격은 파악할 수 있을 것이다. AIIB의 원형은 세계은행(World Bank)이지만 세계은행만을 분리하는 경우 다자개발은행을 이해하는 데는 한계가 있다. 세계은행은 분명 브레턴우즈 체제의 한 분야를 담당하고 있고, 따라서 브레턴우즈 체제에 대한 이해가 우선돼야 한다. 브레턴우즈 체제와 관련 포괄적인 논의가 이 글의 처음을 장식한 이유다.

AIIB를 비춰 볼 수 있는 다른 간접 변수로 중국경제 내부의 동인을 짚어봤다. 중국경제의 국내 요인 분석은 AIIB 설립과 중국경제의 특이한 속성 사이에 연관성이 있다는 사실을 보여준다. 투입 중심 수출주도형 경제발전 전략이 중국 고속성장의 비결임은 모두가 안다. 하지만 투자가 적정 수익률과 괴리되는 상황, 즉 자본의 한계효율 저하 현상이 가시화되면서 투입으로 높은 경제성장률을 유지하는 것은 점점 더 힘들어졌다. 그렇다면 해외 인프라 투자를 활성화시키면 어떨까? 일대일로 추진과 AIIB 설립 배경은 위의 시각을 통해 상당 부분 이해할 수 있다.

AIIB를 조명할 수 있는 또 다른 간접 변수로 중국의 경제외교를 살펴봤다. 쟁점은 중국의 경제외교 패턴이 있을 것이고, 그것에 비춰 AIIB의 배경으로서 중국의 또 다른 속내가 있느냐는 것이었다. 후진타오 시절부터 가시화된 중국의 경제외교는 대외영향력 확대가 목적이었다. 미국이 주도하는 다자주의를 탈피 양자 접근에 치중했다는 점도 특징 중의 하나였다. 이 글의 분석은 하지만 양자 접근에 한계를 느끼면서 다자주의를 선택한 중국 경제외교의 현실을 보여준다. 여기서 미국이 아닌 중국이 주도했다는 점은 과거 국제경제기구와 차이가 난다.

미국이 AIIB를 반대한 이유, 일본이 참여를 거부한 원인 등도 경제전략적 측면에서 살펴봤다. 여기서는 필히 권력적 요소를 배제할 수 없는데, 그렇게 보면 AIIB에는 국제금융기구 이상의 의미가 내포돼 있는 셈이 된다. 이상의 간단한 논의를 통해서도 AIIB를 체계적으로 이해하는 것이 간단한 일은 아니라는 사실을 짐작할 수 있다. AIIB에 대한 종합적인 연구가 국내에서는 처음이 아닌가 싶다. 첫 도전이므로 부족한 점이 많을 것이다. 하지만 AIIB 연구의 초석이 되고 AIIB에 대한 기본 이해에 도움이 된다면 이 글의 작은 목적은 달성된다고 생각한다. 연구를 기획해 주신 세종연구소 진창수 소장님께 감사드린다. 출판 업무를 담당한 원영주님, 그리고 최종 원고의 수집과 편집을 도와준 안아람님께도 고마운 마음을 전한다. 물론 이 저서의 내용과 관련된 모든 잘못은 필자의 몫이다.

2017년 3월

김 기 수

차 례

차 례

제1장

국제경제기구

제1장

국제경제기구

2016년 1월 중국이 주도한 아시아인프라투자은행(AIIB: Asia Infrastructure Investment Bank)이 출범했다. 창립 멤버는 애초 예상보다 많은 57개 국가였다. 영국 등 주요 유럽국가와 동아시아의 경제 실력자 한국의 참여는 AIIB의 위상을 높이는 데 결정적인 역할을 했다. 반면 아시아 태평양 지역의 기득권 국가인 미국과 일본은 AIIB에 참여하지 않았다. 현재까지 AIIB와 같은 큰 규모의 다자개발은행(MDB: Multilateral Development Bank)을 미국이 주도하지 않은 경우는 없었다. 그러므로 미국이 배제된 채 중국 주도로 새로운 MDB가 설립됐다는 사실은 그 자체로 세계의 주목을 받기에 충분했다. 여기에 중국의 가장 야심찬 개발계획인 일대일로(一帶一路: One belt, One road)와 AIIB가 연계돼 있다는 사실이 알려지자 중국의 큰 스케일에 모두가 놀라워했다. 그렇다면 AIIB의 실제 모습은 어떤 것일까?

AIIB 역시 국제경제기구(international economic organization)다. 조금 더 구체적으로는 AIIB 용어 자체가 의미하듯 다자개발은행(MDB: Multilateral Development Bank)을 뜻한다. 중국이 과거에는

없던 전혀 새로운 국제협력 모델을 만든 것은 아닌 셈이다. 그 동안 축적된 국제경제기구의 운영 원리를 상당부분 답습, 지역적으로는 아시아, 기능상으로는 인프라 확충에 특화된 다자개발은행이 출범했다고 보면 된다. 현재까지 전 세계, 좁게는 아시아, 유럽, 그리고 미주 지역 등이 활동 대상인 주요 다자개발은행에 미국이 참여하지 않은 적은 없었다. 따라서 미국이 AIIB 회원국이 아니라는 점에 비추어 AIIB 출범은 새로운 측면이 있지만, 이는 경제외교상의 문제이지 AIIB의 기본 기능과는 별 상관이 없다.

AIIB가 국제경제기구라면 국제경제기구에 대해 우선 살펴볼 필요가 있을 것이다. 국제경제기구는 언제 무슨 이유로 설립됐을까? 당시로는 처음이었을 새로운 국제제도의 작동 원리는 어떤 것이었을까? 국제경제기구 설립을 주도한 국가의 이해는 무엇이었을까 등 다양한 질문이 이어진다. 흥미롭게도 아래의 설명이 보여주듯 지금은 그토록 익숙한 용어가 된 국제경제기구는 장구한 국제관계사에 비추어 역사가 상대적으로 일천하다. 국제관계와 같이 복잡하고 참여자 수가 많은 게임에서 과거에는 없던 새로운 무언가를 만드는 작업은 쉬운 일이 아니다. 참가자의 이해가 합치돼야 하고, 만약 그것이 부족하다면 힘이 동원됐을 수도 있다. 이치가 맞는다는 의미의 합리화 과정 또한 피할 수 없었을 것이다.

Ⅰ. 국제기구의 역사

국제기구 형성에는 경제보다는 정치적인 요인이 강하게 작용했다. 국제기구에 대한 생각은 제1차 세계대전과 궤를 같이 한다. 식민지 확장을 의미하는 제국주의라는 용어가 상징하듯 유럽 강대국들의 무한 팽창 욕구는 제1차 세계대전의 주요 원인이었다. 팽창 목적 때문에 유럽 열강들의 군비경쟁은 피할 수 없었고, 힘을 극대화하기 위해 다양한 조합의 외교적 결탁, 즉 동맹이 탄생했다. 정교한 계산이었지만 그런 계산에 한계가 드러나면서 독일과 프랑스를 중심으로 크게 둘로 쪼개졌던 적대적 동맹체제는 충돌하게 된다. 당연히 동맹국 모두가 전쟁에 휘말려 들어가는 전대미문의 대규모 전쟁이 발발했다. 제1차 세계대전에는 과거 유럽 전쟁과는 다른 특징이 있었다. 유럽의 능력만으로는 전쟁을 종식시키는 것이 힘들었다. 제삼의 또 다른 힘이 필요했다는 의미이므로 미국이 참전한 배경을 아는 데는 무리가 없다.

미국의 참전 덕분에 제1차 세계대전은 끝났고, 미국은 당연히 종전 협상에서 우위에 설 수 있었다. 미국은 세계질서를 자신의 방식으로 바꾸는 작업을 단행하게 되는데, 그 중 가장 중요한 것이 국제기구의 설립이었다. 지금은 전설이 된 국제연맹(League of Nations)의 탄생 배경이다. 당시 미국의 힘을 알 수 있는 대목이지만, 국제기구를 처음 구상한 것을 보면 미국이라는 나라의 국제관은 유럽과는 분명 달랐다. 그렇다면 미국은 왜 국제기구의 창설에 집착했을까? 답변을 위해서는 미국인의 사고, 당시의 국제정세, 나아가 새로운 국제관계의 논리, 즉 합리화 과정 등을 짚어봐야 한다.

미국은 1775년 당시 세계 최강국 영국과 독립전쟁을 시작, 1783년 파리조약을 통해 독립을 쟁취했다. 미국은 그 후 유럽의 영향권 밖에서 자신만의 국가관과 능력을 오랫동안 점진적으로 발전시킬 수 있었다. 미국의 독립선언서에 자세히 기술돼 있듯이, 독립의 명분과 목적이 전제군주제 영국의 탄압과 학정에 대한 저항이었으므로 미국은 처음부터 유럽과는 다른 나라여야만 했다. 인간은 평등하게 태어났다는 사고, 같은 맥락에서 인권이 존중돼야 한다는 생각, 식민 시절 겪었던 권력 집중과 남용을 피하기 위한 견제와 균형의 분권 정치, 시장경제의 활성화와 소유권 보장 등은 처음부터 민주자본주의를 개척한 미국의 생각을 보여준다. 그것에 기초 미국은 유럽과는 달리 도덕적으로 우위에 있다는 사고가 뿌리를 내리게 된다. 식민지 독립과 시민혁명을 함께 달성한 유일한 국가가 미국이었다는 역사적 사실에 비춰보면 그런 우월감에는 분명 이유가 있었다. 미국의 이상주의 혹은 예외주의(American idealism, exceptionalism)라는 용어는 바로 이를 두고 한 말이다.

중요한 것은 국내적으로 형성된 위의 가치관이 제1차 세계대전을 통해 미국이 세계적인 강대국으로 부상하면서 국제사회에도 투영됐다는 사실이다. 미국의 전국무장관 키신저(Henry A. Kissinger)는 그런 독특한 미국의 국제관을 다음과 같이 묘사한 적이 있다: "(세계대전 참전 주역인) 미국의 윌슨(W. Wilson) 대통령은 미국의 국제적 역할을 메시아적(messianic)으로 이해했다. 다시 말해 미국은 유럽의 국제정치, 즉 강대국의 이합집산을 의미하는 세력균형을 지지하는 것이 아니라, 미국의 가치를 세계적으로 전파하는 의무를 지니고 있다고 여겼다. 여기에는 다음의 원칙이 적용됐는데, 세계평화는 민주주의의 국제적 확산으로 달성될 수 있고, 국가 역시 개인에 대한 가치 평가와 동일한 윤리적 잣대로 판단돼야 하며, 법에 기초한 국제체제가 국가의 이해보다 우위에 있어야 한다고 생각했다."[1)]

논리상 국제관계는 법에 의해 운영될 것이므로 그것을 관장하는 조직이 필요했다. 제1차 세계대전 종전과 더불어 미국이 주도한 세계 최초의 국제기구인 국제연맹의 창설 배경이다. 세계대전과 같은

---

1) Henry A. Kissinger, *Diplomacy* (New York: Simon & Schuster, 1994), p. 30.

참화가 없도록 하자는 것이 지고의 목표였으므로 연맹은 전쟁 방지에 주안점을 뒀다. 집단안보(collective security)라는 개념이 등장한 이유였지만, 애초부터 논리적 모순을 피하기는 힘들었다. 즉 "집단안보가 작동하려면 안보 위협이 있는 경우 회원국 모두는 같은 강도로 위협을 느껴야 하고, 위협을 퇴치시킬 때 발생하는 위험을 감수할 의사도 있어야 한다. 하지만 현실적으로나 역사적으로 그런 조건이 충족되는 것은 불가능했다. 이것은 국제연맹은 물론 현존하는 국제연합에도 적용되는 설명이다"[2] 여기에 주도국 미국 자신이 고립주의 전통이 남아 있던 미국의회의 비준 반대로 가입할 수 없게 되자 국제연맹은 사실상 유명무실한 조직이 될 수밖에 없었다.

위의 논의를 통해 국제기구가 작동할 수 있는 중요한 요소 하나가 드러났다. 속성상 주도국이 있지 않으면 국제기구가 작동하는 데는 한계가 있다는 사실이 분명해졌다. 주도국이란 국제문제가 발생했을 때 그것을 해결해야 할 의무를 더 많이 느끼는 국가, 나아가 문제해결을 위해 감수해야 할 자원의 투입을 포함한 총체적 부담을 감수할 의사와 능력이 남 다른 국가를 의미한다. 국제기구를 떠받치는 주도국의 의사와 능력 없이 국제기구가 작동하기는 어려운 셈인데, 서서히 밝혀지겠지만 같은 원칙은 이 글의 주제인 국제경제기구의 운영 원리와 발전 과정 분석에도 비슷하게 적용된다.

제1차 세계대전 후 얼마 지나지 않아 또 다시 세계대전이 발발했다. 이번에도 미국은 자신의 의사와는 상관없이 참전할 수밖에 없었다. 두 번씩이나 세계대전의 승전국이 된 미국 역시 자신이 고립주의를 고수하는 한 세계대전은 언제고 발생할 수 있다는 점을 부인하기 힘들어졌다. 싫든 좋든 전후 세계질서는 미국이 주도해야만 했는데, 이

2) Ibid., pp. 52-53.

상이 미국이 독립 이후 처음으로 국제무대 주역으로 등장한 배경이다. 앞서 미국 특유의 가치관과 국제관을 소개한 바 있다. 국가든 개인이든 가치관은 특정 조건에서 오랜 기간에 걸쳐 형성되므로 가치관은 쉽게 변하지 않는다. 국제연맹 설립 시 이미 드러난 미국의 국제관은 당시에도 큰 변화가 없었다. 국제기구를 통해 국제문제를 해결해야 한다는 원칙이 다시 등장했다.

미국 주도하에 1945년 출범한 국제연합(United Nations)은 안보문제에 주안점을 뒀지만, 경제기구와 연계돼 있었다. 이 글의 주제인 국제경제기구가 모습을 드러낸 셈인데, 국제통화기금(IMF: International Monetary Fund), 나중에 세계은행(World Bank)으로 확대 개편되는 국제부흥개발은행(IBRD: International Bank for Reconstruction and Development), 그리고 후일 세계무역기구(WTO: World Trade Organization)로 발전하는 관세무역일반협정(GATT: General Agreement on Tariffs and Trade) 등이 핵심 기제였다. 국제경제기구가 유엔과 연대하고 있다고 보는 이유는 1945년 UN 창설과는 별도로 1944년 7월 미국 뉴햄프셔주 브레턴우즈 회합에서 이들의 설립이 결정됐고, 법에 의한 국제관계 조율이라는 측면에서는 유엔과 궤를 같이하지만, UN과는 사실상 독립적으로 운영됐기 때문이다. 후일 브레턴우즈체제라고 불리는 위의 국제경제기구 집합은 지금까지도 국제경제 문제를 다루는 핵심 기제로 남아 있다.

특성과 작동 원리에 대해서는 자세히 후술하겠지만, 국제경제기구의 역할을 짧게 정리해 보면 다음과 같다. IMF(국제통화기금)는 회원국의 통화가치 평가와 그것에 기초 각국의 환율을 산정 유지하는 것이 목적이었다. 회원국이 외환위기에 빠질 경우 이를 구제하는 것도 중요한 역할이었다. 앞서 국제연맹의 창설 배경 설명을 통해 알 수 있듯이, 미국은 유럽열강들의 식민지 쟁탈 경쟁을 세계대전의 주요 원인으로 이해했다. 그러므로 미국이 주도하는 새로운 국제질서에서 식민지는 애초부터 존재할 이유가 없었다. 많은 신생 독립국의 탄생을 의미하는 바, 신생국의 부흥이라는 과거에는 없던 새로운 의제가 생겨났다. AIIB와 같은 MDB(다자개발은행)의 원조 격인 IBRD와 후일 세계은행의 탄생 배경이다. 자유무역의 진흥 역시 국제경제 활성화와 지속적인 발전을 위해 중요했다. 제2차 세계대전 이전 각국이 경쟁적으로 보호주의 정책에 휩싸인 경험에 비추어, 국제무역도 무언가 규율이 필요했다. 보호주의를 억제하고 자유무역을 진흥시키기 위해 GATT(관세무역일반협정)라는 무역기구가 설립됐다.

II. 국제경제기구의 설립 배경과 목적

첫 세계대전 직후 안보문제의 미국식 해결은 초기 국제기구의 동인이었다. 국제연맹이 유명무실화된 뒤 얼마 지나지 않아 제2차 세계대전이 발발했다. 제1차 세계대전만 해도 경제문제가 꼬이면서 전쟁이 터진 것은 아니었다. 하지만 두 번째 세계대전은 국제경제의 파국 상황이 전쟁의 핵심 원인이었다. 과거에는 없던 국제경제기구가 만들어진 배경인데, 지금까지도 이들은 국제경제 문제 조율의 핵심 기제로 남아있다. 양차 세계대전 사이 국제경제에는 도대체 무슨 일이 일어났을까? 질문은 위에서 소개한 3대 국제경제기구 설립 동인과 관련이 있다. 따라서 국제경제기구의 목적과 작동 원리를 이해하기 위해서는 제2차 세계대전 이전의 국제경제 상황에 대한 설명이 필요하다.

1. 금본위제와 통화

IMF 역시 제2차 세계대전 이전 국제경제 상황의 부산물이었다. 19세기 유럽 주요 국가들과 미국은 금본위제(gold standard)라는 통화제도를 운영했다. 금본위제는 간단히 말해 금으로 만든 화폐, 즉 금화가 유통되는 화폐 시스템을 의미한다. 1870년대 확립된 금본위제 전에는 금과 은을 모두 통화로 활용하는 복분위제(bimetalism)가 통용됐다. 인류에게 가장 소중한 금속이 활용됐다는 점에서는 차이가 없었다. 교환의 매개 기능은 통화의 가장 중요한 역할이다. 하지만 교환을 통해 이득이 창출되고 잉여 자산이 축적되는 경우, 그 가치가 유지되는 것 역시 대단히 중요하다. 화폐가치가 변하면 개인이 축적한 자산 가치도 변하는데, 특히 화폐 가치가 하락하면 자산 가치도 떨어진다.

화폐 가치를 유지하는 수단으로 금과 은은 제격이었다. 귀금속이 화폐로 사용된 최초의 기록은 기원전 6세기 지금의 터키 지역에 위치한 리디아(Lydia) 왕국의 유적에서 찾아 볼 수 있다. 금과 은 모두가 동전으로 주조되어 활용됐는데, 금과 은의 교환비율은 1:13이었다. 19세기 초 나폴레옹 시절 유럽의 금/은 비율이 1:15$\frac{1}{2}$이었으므로, 놀랍게도 약 2,500년 동안 두 귀금속의 가치 변화가 거의 없었다는 사실을 알 수 있다.[3] 금속화폐의 가치가 안정적으로 유지됐던 이유는 경제발전을 통해 증가하는 재화와 용역(goods and services)의 규모가 발견하기 힘든 것은 물론 채굴하기도 어려운 금 및 은의 산출량과 거의 일치했기 때문이다.

---

3) Kenneth W. Dam, *The Rules of the Game: Reform and Evolution in the International Monetary System* (Chicago: The University of Chicago Press, 1982), p. 20.

경제재의 산출량이 급속하게 증가하면 어떻게 될까? 금과 은의 채굴량이 같은 규모로 늘어나야만 할 것이다. 하지만 금과 은의 발견과 채굴이 대단히 어렵다는 현실에 비추어 그것은 역사적으로 불가능한 일이었다. 18세기 중반 영국에서 일어난 산업혁명의 가장 큰 특징은 과거 물품 생산의 핵심 동력이었던 인간과 동물의 노동력을 석탄과 같은 자원이 대체했다는 점이다. 인간이 생산성이 낮은 고된 노동에서 해방됐음은 물론, 경제재 산출 또한 획기적으로 증가했다. 여기서 화폐 부족 현상은 피할 수 없었는데, 경제재에 비해 화폐량이 부족하면 물가가 하락하는 디플레이션(deflation)이 발생한다. 그렇다면 창출에 거의 제약이 없는 지폐를 활용하면 어떨까?

원래 지폐는 금과 은 부족분을 메우기 위해 만들어진 것이 아니었다. 17세기 영국에는 귀금속과 금/은화를 중계하는 거래상 금장(goldsmith)이 있었다. 금장의 신용은 대단히 높아 고객은 귀금속을 맡긴 후 그것을 증명하는 증서를 받아 보관하곤 했다. 증서를 금장에 내밀면 언제고 맡긴 귀금속을 찾을 수 있었다.[4] 신용이 확실하다면 증서는 사실상 금인 셈이고, 따라서 화폐와 동일시 됐다. 바로 이것이 현대적 지폐의 기원이고, 금태환(gold convertibility) 제도 및 그 유명한 은행 신용창조(credit creation)의 출발점이었다. 여기서 금태환은 지폐를 관계 당국에 제시하는 경우 언제고 지폐 가치에 해당하는 금을 내준다는 약속을 의미한다. 하지만 체계화된 것은 아니었으므로 전문가들이 위의 증서를 은행권의 효시로 여기지는 않는다. 일반적으로 1694년 설립된 영란은행(Bank of England, 후일 영국의 중앙은행 역할을 수행) 지폐가 은행권의 기원으로 간주된다.[5]

---

4) 피에르 빌라르, 『금과 화폐의 역사 1450-1920』, 김현일 역 (서울: 까치글방, 1977), p. 262 [원전: Pierre Vilar, *Or et Monnaie dans L'histoire 1450-1920*].

5) John H. Wood, *A History of Central Banking in Great Britain and the*

여기서 중요한 것은 화폐가치를 유지하기 위해 은행권 발행 규모는 경제재의 총량을 넘지 않아야 한다는 사실이고, 은행권이 언제고 금과 교환될 수 있어야 한다는 조건(gold convertibility)이었다. 위의 지폐 발전 과정은 또 다른 중요한 사실, 즉 신용이 확실하다면 어떤 증서건 화폐 기능을 할 수 있다는 점을 암시하고 있다. 지금은 우리에게 대단히 친숙한 은행 수표(checks)는 당시 이미 화폐 대신 쓰이고 있었다. 은행이 망하지는 않는다는 신뢰가 있어서였다. 금본위제 하에서 신용도가 높은 증서, 특히 영국의 계좌증서(certificate of deposits), 상업어음(commercial papers), 채권(bonds) 등은 화폐대용품이었다.[6] 현재 전 세계에서 가장 신용도가 높은 미국 재무부의 채권(Treasury Bonds)이 사실상 화폐로 인정되는 이유 역시 위의 논리와 흡사하다.

얼마만큼의 지폐를 발행하는 것이 적당할까? 영국의 경우는 화폐가치 안정을 위해 중앙은행이 보유한 금의 량(gold reserve)과 정확히 일치하며 화폐를 발행하도록 법으로 규정했다. 대표적으로 1844년 통과된 유명한 은행법(Bank Charter Act 1844)에는 다음과 같은 구체적인 내용이 있었다. 발권량(지폐의 총 가치)은 영란은행 금보유고와 정부 빚을 합한 금액과 정확히 일치해야만 했다. 지폐발행이 엄격히 제한됐지만, 은행 예금계좌 등 유사 통화를 만들어 낼 능력은 충분했으므로 통화 부족 현상이 가시화되지는 않았다.

그렇다면 전쟁 혹은 극심한 불황 등 위기 시에는 어떤 일이 일어났을까? 전시에는 신용 붕괴의 두려움을 느낀 일반인들이 보유 지폐를 금으로 태환하는 일이 자주 발생했다. 중앙은행 금이 모두 소진

United States (New York: Cambridge University Press, 2005), p. 33.

6) Giulio M. Gallarotti, *The Anatomy of an International Monetary Regime: The Classical Gold Standard* (Oxford: Oxford University Press, 1995), pp. 28, 51.

되는 상황(bank run)이 실제로 벌어졌던 것이다. 경제위기 시에도 비슷한 현상이 반복됐다. 위기를 극복하기 위해 불가피하게 금태환 금지령이 내려지곤 했는데, 아무튼 은행의 신용에는 금이 갔다. 그런 상황이 반복되는 가운데 중앙은행의 운영기술 역시 발전하여 위기 시에는 중앙은행이 위의 은행법에 구애받지 않고 발권할 수 있도록, 즉 유동성을 필요만큼 늘릴 수 있도록 조치가 취해졌다. 바로 이것이 지금은 익숙한 용어가 된 '유동성의 최후 공급자(the lender of last resort)'로서 중앙은행의 역할이다.[7] 금태환 쇄도가 있기 전에 위기를 진정시키자는 의도였다.

이상의 논의가 암시하듯 금본위제의 가장 큰 공헌은 물가안정이었다. 금과 연계된 본원 통화량이 통제되면 다른 신용도 제약되고, 따라서 통화의 과잉 발행 때문에 발생하는 물가상승도 막을 수 있었다. 금본위제도가 정착하기 시작한 한 1821년부터 제도가 폐지된 1914년까지 영국의 국내물가가 연평균 0.4% 오히려 하락했다는 통계는 금본위제의 공헌을 보여준다.[8] 금본위제의 또 다른 장점은 특히 국제경제 분야에서 두드러졌다. 금본위 통화제도와 국제경제의 연계는 IMF의 설립 배경과 관련이 있으므로 주의 깊게 살펴볼 필요가 있다.

2. 금본위제와 국제경제

금본위제 하에서 통화량은 대외경제관계와 직접 연계돼 있었다. 따라서 국내경기의 변화 혹은 상품가격의 등락에 맞춰 국제경제의

---

7) Niall Ferguson, *The Ascent of Money* (New York: The Penquin Press, 2008), pp. 54-55.
8) Michael D. Bordo, "The Classical Gold Standard-Some Lessons for Today," *Federal Reserve Bank of St. Louis Review*, Vol. 63, No. 5 (May 1981), p. 8.

균형은 자연스레 이루어졌다. 철학자 흄(David Hume)의 가격정화흐름(price-specie flow)이란 이를 두고 한 말인데, 내용은 다음과 같다. 무역적자가 발생하여 국내 금이 대외지불을 위해 해외로 유출되면 국내 통화량은 감소한다. 통화량이 감소하면 국내 상품 값이 내려가고 임금도 하락한다. 결과적으로 수출상품 가격도 낮아질 것이므로 수출은 늘어나고 수출을 통해 받은 대금 역시 불어날 것이기에 국내 통화량은 다시 증가한다.[9] 한 마디로 금, 즉 통화량의 변화를 통해 국제경제가 자동 조절되는 셈이었다. 무역이 아닌 외국과의 자본거래에서도 통화량 증감, 이와는 반비례인 이자율 등락을 통해 외국자본의 유출입 또한 자동 조절됐다.[10]

환율 고정이라는 중요한 비밀이 숨겨져 있었다. 영국과 프랑스를 가정하면 파운드화 가치는 영국 내 시장 금값과 일치하고, 프랑화 역시 같은 방식으로 가치가 평가된다. 그런데 금 수출입은 자유이므로 만약 프랑스 시장 금값이 영국의 그것보다 비싸지면 이득을 취하기 위해 금 거래상들은 영국 금을 프랑스에 수출할 것이다. 결과적으로 프랑스 금값은 영국의 그것과 일치하는 수준까지 하락하는 상황이 벌어진다.[11] 그런 상황에서 영국업자가 금을 수출하는 일은 더 이상 없을 것이므로 파운드화와 프랑화 가치는 결국 같아진다는 사실을 알 수 있다. 금본위제를 실시하는 국가 간에 환율은 사실상 변하지 않았다. 인류역사상 최초의 고정환율제는 이렇게 완성됐다.

환율이 고정돼 있다는 것은 금본위제의 가장 중요한 자산이

---

9) David Hume, "On the balance of trade," Barry Eichengreen and Marc Flandreau, eds., *The Gold Standard in Theory and History*, 2nd ed. (New York: Routledge, 1997), pp. 34-35.

10) Bordo, "The Classical Gold Standard-Some Lessons for Today," p. 6.

11) Dam, The Rules of the Game, pp. 27-28; Gallarotti, *The Anatomy of an International Monetary Regime*, pp. 210-211.

었다. 환율이 요동치는 경우 무역을 비롯한 국제거래에서 손실 발생 요인은 증가할 것이고, 원활한 국제거래를 기대하기는 힘들어진다. 따라서 금본위제가 잘 작동하던 19세기 자유무역의 전성기가 도래한 것은 이상한 일이 아니었다. 후일 IMF의 설립 목적 중 핵심이 환율안정이었다는 사실을 비추어 보면 환율의 중요성을 아는 데는 무리가 없다. 환율이 고정된 금본위제 하에서 현재도 유효한 핵심 경제원리 하나가 발견됐다. 지금은 경제 법칙을 트릴레마(trilemma)라고 부르는데, 국제통화금융질서 전체를 이해하는 기본 틀로 받아들여지고 있다.

트릴레마란 "정부의 세 가지 정책 선택 옵션을 의미하는데, 환율안정(환율 고정), 개방된 자본시장(자유로운 자본 이동), 독립적인 국내 통화정책 등이 그것이다. 정부는 그 중 두 가지를 취할 수 있지만 나머지 하나는 포기해야 한다는 법칙이다. 예를 들어 고정환율제를 채택함으로써 환율을 안정시키고, 자본시장을 개방 자유로운 자본 이동을 허용하는 경우 국내 통화정책의 독립성에는 제약이 가해진다. 반대로 통화정책 독립성과 자본시장 개방을 견지할 때는 환율안정을 포기해야만 한다. 같은 맥락에서 환율안정과 통화정책의 독립성을 선택하면, 대신 자본시장의 통합(개방)은 접어야 한다."[12] 그렇다면 금본위제는 어땠을까?

금본위제 하에서 대외거래는 사실상 자유였다. 금의 유출입이 자유로웠듯이 자본시장 역시 완전히 개방돼 있었다. 자유무역, 즉 상품거래에도 사실상 제약은 없었다. 19세기 중반 이후 영국 관세율이 제로(0)였다는 사실을 보면 개방의 정도를 아는 데는 무리가 없다.[13]

12) Alan M. Taylor, "Global Finance: Past and Present," *Finance & Money*, March 2004, p. 29.

13) Paul Bairoch, *Economics and World History: Myths and Parodoxes* (Chicago: The University of Chicago Press, 1993), p. 24.

금본위제를 인류역사상 가장 개방적인 경제체제로 간주하는 데는 이유가 있는 셈이다. 여기에 트릴레마 원리를 대입해 보면, 환율이 고정된 가운데 대외적으로 자본시장은 완전 개방됐으므로 국내 통화정책의 독립성은 포기해야만 했다. 구체적인 작동원리를 살펴 보면 다음의 그림이 그려진다.

금본위제의 환율고정이란 통화가치가 금과 연계돼 있어 변화가 없다는 것을 의미한다. 만약 영란은행이 이자율을 낮춘다면, 신용팽창과 물가상승 현상이 나타날 것이다. 유동성 수요 역시 늘어나는데, 통화팽창 때문에 임금 상승, 소비 증가, 투자 확대가 연쇄적으로 발생하면, 은행대출은 더욱 늘어나게 된다. 경기가 좋아지지만, 고정 환율의 전제 조건인 통화가치 불변은 영란은행의 준비자산 비율, 즉 금준비량과 통화량의 비율이 일정하다는 것을 전제하므로 통화팽창은 이 법적 비율을 위반하게 된다. 바로 이 제약 때문에 영란은행은 이자율을 다시 올릴 수밖에 없다.[14] 환율고정의 원칙 때문에 국내 통화정책에 제약이 가해지는 셈이다. 위의 설명을 통해 금본위제 국가들의 이자율이 동질화된다는 점도 알 수 있다. 각국 이자율의 가시적 변동과 환율 변화가 국제 자본거래의 장애 요인이라면, 금본위제 하에서는 자본거래의 안정성이 확보되면서 자본이동 규모도 급팽창했다.[15] 지금은 익숙한 용어인 세계화 역시 금본위제의 산물임을 알 수 있다.

대외 개방 대신 국내 경제정책에는 제약이 있었으므로 논리상 지금과 같은 골치 아픈 국제경제 문제는 사실상 존재하지 않았다.

---

14) Dam, *The Rules of the Game*, p. 16.

15) Maurice Obstfeld and Alan M. Taylor, "Globalization and Capital Markets," Michael D. Bordo, Alan M. Taylor, and Jeffrey G. Williamson, eds., *Globalization in Historical Perspective* (Chicago: The University of Chicago Press, 2003), pp. 125, 129.

다시 말해 국제경제 문제를 조율하는 국제경제기구가 필요치 않았다는 뜻이다. 같은 맥락에서 이 글의 논제인 국제경제기구가 왜 제2차 세계대전 후에 설립됐는지도 짐작할 수 있다. 금본위제가 유지되는 한 국제경제기구는 필요 없다는 뜻이므로, 금본위제의 운명과 국제경제기구의 생성은 밀접한 관계가 있다는 점도 분명해진다.

제1차 세계대전이 시작되자 미국을 제외한 유럽 강국들은 일반인의 금태환 쇄도를 방지하기 위해 태환 정지 조치를 내렸다. 전대미문의 대규모 전쟁이었기에 전쟁 비용 또한 천문학적이었다. 연합국인 영국과 프랑스는 미국으로부터 많은 돈을 빌렸고, 전시 채권도 발행했다. 그것도 부족해지자 최후의 수단인 발권력이 동원됐다.[16] 금본위제는 사실상 붕괴된 셈이었지만, 금본위제의 장점을 누구보다도 잘 아는 금본위제의 종주국 영국은 1925년 어려움을 무릅쓰고 금본위제로 복귀했다.

문제는 파운드화와 금 연계 비율을 전쟁 전으로 한다는 결정이었다. 즉 늘어난 통화만큼 추가로 금을 보유하든지, 아니면 통화량을 적정 수준으로 줄여야 한다는 의미였다. 무리한 조건이었으므로, 이때부터는 금을 대신해 지폐를 유통시킬 수밖에 없었다. 금태환은 유지됐으므로 여기서 금의 역할은 지폐의 신뢰성을 담보하는 보조수단으로 바뀌었다.[17] 변형된 제도는 과거와는 달리 취약한 금본위제였다. 통화량에 비해 금보유고가 적었으므로 경제에 충격이 가해지면 금태환 요구가 많아질 가능성이 그만큼 커졌기 때문이다. 1929년 미국은 경제공황에 휩싸였다. 전쟁 때문에 진 영국정부의 부채가 여전히 많다

16) Charles P. Kindleberger, *A Financial History of Western Europe* (London: George Allen & Unwin, 1984), p. 295.

17) Miroslav A. Kriz, "Gold in World Monetary Affairs Today," *Essays in International Finance*, No. 34 (June 1959), Princeton University, pp. 3-4.

는 현실이 어우러지자, 1931년 파운드에 대한 금태환 요구(bank run)가 쇄도했다. 영국은 금본위제를 포기할 수밖에 없었고, 화폐가치가 이미 떨어진 파운드화 역시 현실에 맞춰 평가절하됐다.[18] 그 후 영국은 금본위제로 돌아갈 수 없었다.

이상 제2차 세계대전 이전 국제경제의 기본 틀이었던 금본위제를 자세히 살펴봤다. 17세기 대항해 시대를 거치며 국제무역은 과거와는 비교할 수 없을 정도로 활성화됐다. 오랫동안 화폐 역할을 했던 금과 은 같은 귀금속을 활용하면 자연스레 국제경제 관계가 조율된다는 사실을 유럽의 경제 전문가와 상인들은 알게 됐다. 시장의 자동조절 기능 때문에 국제경제가 조화롭게 조절된다는 의미였다. 자유방임주의(laissez fair)라는 용어의 배경을 알 수 있는 대목이다. 아무튼 금본위제의 공헌을 아는 데는 무리가 없는데, 당시 발견된 수많은 경제법칙은 지금도 활용되고 있다. 제2차 세계대전 후 등장하는 국제경제기구의 기본 설계 역시 그 때의 지식에 기초하고 있다. 금본위제에 대한 이해 없이 현대경제, 특히 국제경제관계를 파악하는 것은 어렵다는 뜻이다.

3. 국제통화기금(IMF: International Monetary Fund)

1) IMF의 설립 배경

종주국인 영국이 금본위제를 포기하자 환율변동이라는 국제경제의 불안정 현상이 유럽을 덮쳤다. 금본위제를 유지하고 있던 다른 국가들의 통화가 평가절하된 파운드화와 경쟁하기는 힘들었다. 당

---

18) Leland B. Yeager, *International Monetary Relations: Theory, History, and Policy* (New York: Harper and Row, 1966), pp. 296-298.

연한 결과로 다른 유럽국가들 역시 환율고정이 핵심 내용인 금본위제를 버리게 된다. 1936년 프랑스가 금본위제를 포기하며 유럽의 금본위제는 사실상 붕괴됐다.[19] 유일한 예외가 미국이었는데, 제1차 세계대전 시 엄청난 전쟁 물자를 판매하며 막대한 금을 보유하게 된 것이 이유였다. 1931년 세계 금의 40%를 미국이 보유했다는 통계는 상황을 보여준다.[20] 문제는 금본위제가 사라지면서 환율 불안정과 보호주의가 고개를 들기 시작했다는 사실이다.

우선 금본위제의 기본 틀, 즉 통화 및 환율의 안정과 연계된 자유무역이 붕괴되는 현상이 가시화됐다. 흥미로운 점은 막대한 금보유고에 기초 가장 부유해진 미국, 사실상 세계경제 패권국이 된 나라가 보호주의 불을 지폈다는 사실이다. 미국이 보호주의로 기운 데는 다양한 이유가 있다. 유럽과는 달리 미국은 전통적으로 자유무역주의가 강하지 않았다. 이 점은 당시 국제경제상의 혼란을 이해하는 데 중요하므로 자세히 살펴보기로 한다. 앞서 소개한 바와 같이 1800년대 중반 획기적인 무역자유화 조치를 단행한 영국의 영향으로 유럽대륙도 자유화 파고에 휩싸였다. 1870년대 독일 평균 관세율이 5% 내외였고, 1875년 유럽대륙 국가들의 평균관세율이 10% 안팎으로 떨어진 것을 보면 상황을 짐작할 수 있다. 반면 당시 미국의 평균 관세율은 50%를 상회했다.[21]

미국은 세계화와 다소 동떨어진 셈이었는데, 그러던 국가가 약 100년 후인 1980년대 세계화를 주도했다는 사실은 아이러니가 아

---

19) Dam, *The Rules of Game*, p. 48.

20) Barry Eichengreen, "The Political Economy of the Smoot-Hawley Tariff," *National Bureau of Economic Research Working Paper*, No. 2001 (August 1986), p. 44.

21) Bairoch, *Economics and World History*, p. 24.

닐 수 없다. 어쨌건 위의 설명을 통해 미국의 강한 보호주의 전통은 분명해진다. 하지만 세계경제의 전체 흐름을 완전히 외면할 수는 없었으므로 20세기로 들어오면서 관세율은 점차 인하됐다. 특히 국제주의의 상징인 국제연맹을 주도했던 윌슨 행정부 시절의 무역자유화는 독보적이었다. 1913년에는 미국 평균관세율이 기존 19.3%에서 9.1%까지 가시적으로 낮아졌다. 하지만 제1차 세계대전 직후 1921년에는 공화당의 하딩(Warren Harding)이 집권하면서 국제연맹 비준은 물 건너갔고, 보호주의 역시 고개를 들어 1922년 관세율은 14%로 다시 인상됐다.[22)]

위의 설명은 무엇을 뜻할까? 금본위제와 자유무역, 그리고 자본자유화에 대한 이론과 정책이 발전한 곳은 분명 영국이었다. 오랫동안 자유주의 국제경제에 대한 철학과 신념이 영국에서 확고하게 자리 잡았다는 것을 의미한다. 당연히 영국은 자유주의 국제경제를 주도할 이해와 의지가 있었다. 반면 국내적으로는 자유주의 시장경제를 신봉했지만, 국제적으로 오랫동안 고립됐던 미국은 사뭇 달랐다. 한마디로 국제주의 혹은 세계화의 전통이 별로 없었던 셈이다. 국제연맹 조약의 비준에 실패하고, 제1차 세계대전 직후 언제 그랬냐는 식으로 보호주의를 강화하며 고립주의로 돌아간 것을 보면 당시 미국의 수준을 아는 데는 무리가 없다. 문제는 그런 국가가 가장 부유해졌고, 특히 최대 규모의 금을 보유하고 있었다는 사실이다.

그런 상황에서 1929년 미국에 경제위기가 도래하자 보호주의에 다시 불이 붙었다. 1930년 지금도 보호주의의 상징으로 간주되는 스무트-홀리 관세법안(Smootly-Hwaley Tariff Act)의 통과는 결정적이었다. 관세율 인상폭은 5% 정도로 크지 않았지만 국제적 영향은 다음

---

22) Alfred E. Eckes Jr., "U.S. Trade History," William A. Lovett, Alfred E. Eckes Jr., and Richard L. Brinkman, *U.S. Trade Policy: History, Theory, and the WTO*, 2nd edition (New York: M.E. Sharpe, 2004), pp. 51-52.

과 같이 지대했다.[23] 미국이 관세율을 올리면 수입이 줄면서 외국으로 빠져나가야 할 외환 혹은 금의 량 역시 감소하게 된다. 이렇게 되면 가뜩이나 많은 기존의 금보유량은 상대적으로 다시 증가하게 되고, 반대로 준비금(reserve)이 약한 국가는 대미 무역적자를 벗어나지 못하면서 자국 화폐의 평가절하 카드를 쓸 수밖에 없었다. 당시 미국은 무역흑자였고, 달러화에 대한 위협 요소도 존재하지 않았다. 여기에 엄청난 준비금을 축적한 상태였으므로, 위의 정책 때문에 자금의 국제적 순환이 막히면서 국제경제는 당연히 혼란스러워졌다.[24]

이상이 1930년대 각국이 자국 화폐의 평가절하와 관세율 인상 등 각종 보호주의 정책을 경쟁적으로 추진한 배경이다. 1939년 드디어 제2차 세계대전이 발발했다. 많은 경제사가들은 국제경제의 위와 같은 혼란을 대전의 주요 원인으로 꼽는다. 여기서 시장경제를 지향하는 자본주의 초강국이 개방정책을 거부하는 경우 자유주의 국제경제 질서는 유지될 수 없다는 교훈이 도출됐다. 경제력이 약해지면서 1900년 이후 영국 역시 보호주의 성향을 드러내기 시작했다. 1903년 영국 역사상 처음으로 관세개정연합(Tariff Reform League)이라는 정치 이익단체가 쳄벌레인(Jeseph Chamberlain)과 같은 유력 정치인을 등에 업고 등장한 것을 보면 당시 영국이 얼마나 변했는지를 알 수 있다.[25] 1931년 자유주의 경제의 보루였던 금본위제도 포기한 사실은 앞서 설명한 바와 같다.

당시 영국보다 월등한 경제력으로 무장한 미국은 오히려 고립주의 전통을 고수하면서 국제화의 길을 사실상 거부하는 행보를

23) Eichengreen, "The Political Economy of the Smoot-Hawley Tariff," p. 22.
24) Ibid., pp. 43-44.
25) Jeffry A. Frieden, *Global Capitalism: Its Fall and Rise in the Twentieth Century* (New York: W.W. Norton and Company, 2006), p. 106.

보였다. 결과는 국제경제상의 대혼란이었는데, 유명한 '패권안정이론(hegemonic stability)'은 바로 이를 두고 한 말이다. 세계경제에 절대적인 영향력이 있는 자본주의 국가가 개방적인 정책을 취하지 않으면 국제경제는 혼란에 빠진다는 주장을 담고 있다.[26] 1931년 금본위제를 포기한 직후 실시된 파운드화의 평가절하 때문에, 벨기에 중앙은행이 보유하고 있던 1,200만 파운드 중 25%의 가치가 하루아침에 사라졌다 사실은 패권국의 불안정이 어떤 결과를 초래하는지를 보여준다. 벨기에 중앙은행은 당연히 안정통화인 달러화 구매를 통해 가치 보전을 위한 투기에 나설 수밖에 없었다.[27]

이론의 핵심 내용은 다음과 같다: "초강국은 특히 수요가 위축된 상품에 대해 상대적으로 개방적인 시장을 공급해야 하고, 경제침체를 극복하는(counter cyclical) 대출을 해야 하며, 상대적으로 안정적인 환율정책과 다른 국가와 보조를 맞춘 거시경제정책을 시행해야만 하는 것은 물론, 국제적인 금융위기 시 마치 국내 중앙은행과 같이 다른 국가의 채권 등 신용상품을 할인하거나, 아니면 일방적으로 유동성을 공급하는 방식으로 '최후의 대부자(the lender of last resort)' 역할을 수행해야만 한다."[28] 앞서 소개한 영국, 특히 미국의 행위는 이론과는 정반대였음이 분명해진다.

세계대전은 미국, 영국 그리고 소련의 승리로 끝났다. 모든 국가가 만신창이가 됐고, 유일하게 본토가 전쟁터가 되지 않았던 미국만

26) Charles P. Kindleberger, *The World in Depression 1929-1939*, Revised and Enlarged Edition (Berkeley: University of California Press, 1986), 특히 p. 289.

27) Barry Eichengreen, "Hegemonic Stability Theories of the International Monetary System," *National Bureau of Economic Research Working Paper*, No. 2193 (September 1989), p. 53.

28) Kindleberger, *The World in Depression 1929-1939*, p. 289.

이 멀쩡했다. 전후에도 금본위제를 유지한 것을 보면 미국의 경제적 위상을 아는 데는 무리가 없다. 그러나 다른 주요 국가의 경제 사정은 엉망이었으므로 과거와 같이 핵심 국가들이 금본위제로 돌아가는 것은 애초부터 불가능했다. 논리상 금본위제의 국제경제 자동조절 기능을 복원하는 것 또한 기대할 수 없었다. 무엇으로 대체가 가능할까? 우선 최대 승전국인 미국이 과거와 같이 고립주의를 고집할 수는 없었다. 어떤 형태로든 전후 질서를 만들어야만 했는데, 그렇다면 미국의 대안은 무엇이었을까?

미국의 국제관은 앞서 설명한 바와 같다. 미국의 이상은 국제연맹의 설립 시 이미 드러난 바 있다. 관점(view), 즉 관(觀)이라는 것은 인간의 기본 가치체계이므로 쉽게 변하지 않는다. 미국의 국제관 역시 예외가 아니었으므로 미국의 갈 길은 이미 정해졌다고 보면 된다. 국제연맹에서와 같이 법에 의한 지배, 즉 국제경제기구를 만들어 금본위제 폐기 후 국제경제 문제를 해결하자는 아이디어가 미국에 의해 현실화된 것은 이상한 일이 아니었다. 국제경제기구는 미국의 고집스런 국제 이상주의와 미국이 고립주의를 버리고 국제문제를 주도하겠다는 결심의 타협물인 셈이다.

2) IMF의 핵심 내용

제2차 세계대전에서 독일을 물리칠 자신이 생기자 종전 한참 전인 1941년에 이미 핵심 전승국인 미국과 영국은 전후 국제경제 문제를 다루기 위한 교섭을 시작했다. 독일의 패전이 확실해진 1943년 4월 영국의 제안이 공개됐고, 3개월 후에는 미국의 생각이 밝혀졌다. 전자에는 국제청산동맹안(Proposals for International Clearing Union)이라는 명칭이 붙어 있었고, 후자의 제목은 국제안정기금 초안(A Draft for an International Stabilization Fund)이었다. 언뜻 봐도 IMF의 마지막 글자 기금(Fund)이 미국의 제안에서 비롯됐다는 사실을 알 수 있다. 실제 교섭에서도 경제력은 그대로 투사됐다. 이미 쇠락기에 접어든 영국이 욱일승천하는 미국의 힘을 당할 수는 없었다.

전전(戰前) 혼란스런 국제경제의 중심에는 환율 불안정이 있었다. 당연히 환율안정이 핵심 논제였는데, 영국의 제안은 명칭이 암시하듯, 국제청산은행(international clearing bank)을 통한 문제 해결이었다. 새로 설립되는 청산은행은 가치가 금과 연계된 방코(banco)라는 가상통화를 만들고, 방코를 통해 각국의 통화가치, 즉 환율이 정해지도록 했다. 일단 정해진 환율은 특별한 사유가 없는 한 변할 수 없었다. 각국의 국제거래는 위의 환율에 기초 이루지고, 결과는 국제청산은행에 각국이 지니고 있는 방코 계좌에 플러스 혹은 마이너스로 기록된 다음, 일정 기간이 지난 후 청산한다는 것이 영국의 계획이었다.[29] 중요한 것은 회원국들이 국제청산은행 설립을 위해 돈을 납부할 필요가 없었다는 사실이다.

미국의 제안은 다소 달랐다. 국제안정기금을 설립하되, 회원국은 기금에 경제력에 따라서 출자를 하고, 기금은 회원국으로부터 권한을 위임 받아 출자금에 기초 회원국과 자금을 거래하는 방안이었다.

---

29) "Proposals for an International Currency (or Clearing) Union (February 11, 1942)," J. Keith Horsefield, ed., *The International Monetary Fund 1945-1965: Twenty Years of International Monetary Cooperation, Volume III: Documents* (Washington, D.C.: International Monetary Fund, 1969), p. 4; "Proposals For An International Currency Union(September, 1941)," Donald Moggridge, ed., *The Collective Writings of John Maynard Keynes, Vol. XXV, Activities 1940-1944, Shaping The Post-War World: The Clearing Union* (London: Macmillan Press, 1980), p. 34; "Proposals For An International Currency Union(November, 1941)," Moggridge, ed., The Collective Writings of John Maynard Keynes, *Vol. XXV*, p. 61, Appendix A.

각국 통화는 기금이 그 가치를 평가하여 정하되, 한번 정해진 환율은 원칙적으로 변할 수 없었다. 영국의 제안인 방코와 같은 국제통화는 존재하지 않았으므로 환율을 평가할 수 있는 기준이 필요했는데, 금이 기준이 된다고 봤다.[30] 중요한 것은 영국의 제안과는 달리 회원국이 자금을 납부해야 한다는 아이디어였다. 기금은 이 자금을 활용할 수 있었으므로 영국의 청산은행보다는 권한이 강화된 국제경제기구 설립이 미국이 목표였음을 알 수 있다. 또한 영국과는 달리 미국의 제안에는 기금의 제일 목표가 "유엔의 환율안정"이라는 점이 분명 명시돼 있었다.[31] 환율안정을 위해서는 더욱 강한 국제경제기구가 필요하다는 의미였다.

양국 제안의 공통점을 살펴보면, 둘 다 환율안정이 핵심 목표였다는 사실을 알 수 있다. 새로운 국제통화기구가 고정환율제를 채택한 이유지만, 금본위제와는 다음이 달랐다. 금본위제에서는 시장의 자동조절 기능에 의해 환율안정이 이루어졌으나, 이번에는 국제통화기구의 관리 및 통제를 통해 환율을 안정시킨다는 점이 달라진 내용이었다. 각국 통화가치는 금으로 평가됐기에 금본위제에서와 비슷하게 금은 여전히 중요한 역할을 했다. 결국 환율체계와 금의 역할에 비추어 보면, 국제통화기금은 금본위제의 장점을 일단 계승한 셈이었다.[32] 그러나 금본위제와는 달리 국내경제정책의 독립성이 보장돼야 한다는

30) "Preliminary Draft Proposal for a United Nations Stabilization Fund and a Bank for Reconstruction and Development of the United and Associated Nations (April 1942)," Horsefield, ed., *The International Monetary Fund, Volume III*, p. 41.

31) 원문은 다음과 같다: "The Purposes of the Fund are: 1. To stabilize foreign exchange rates of the United Nations(Ibid.)."

32) John H. Williams, "Currency Stabilization: The Keynes and White Plans," *Foreign Affairs*, Vol. 21, No. 4 (July 1943), p. 648.

점이 양국 제안에 공통적으로 담겨 있었다. 바로 이것이 케인즈(John M. Keynes) 이론의 핵심 내용이 반영됐다고 보는 근거인데, 대공황을 거치며 국내 통화 및 재정정책의 중요성을 깨달은 미국이었기에 케인즈의 논리를 마다할 이유는 처음부터 없었다.[33)]

여기서 앞서 소개한 트릴레마의 원칙을 적용하면 어떤 그림이 그려질까? 새로 만들어지는 국제통화기금은 우선 고정환율제를 통해 환율안정을 취했고, 아울러 국내 경제정책에 대한 독립성을 인정했다. 그렇다면 나머지 변수, 즉 국가 간 자본거래는 당연히 통제될 수밖에 없었다. 과거 금본위제와는 완전히 다른 세계경제질서가 IMF라는 새로운 국제경제기구를 통해 형성됐음을 알 수 있는 대목이다. 케인즈가 작성한 영국의 초안에는 "외국에서 들어오는 것이든 혹은 대외적으로 유출되는 것이든 자본이동에 대한 통제(control of capital movement)는 전후 체제의 영구적인 특징이 되어야 한다"는 내용이 있었다.[34)] 트릴레마 법칙에 따라 대외적으로 자본이동이 통제됐음을 확인할 수 있다.

마지막으로 미국이 은밀하게 손본 내용이 있었다. IMF 최종안은 1943년 4월 영국 대표 케인즈와 미국 대표 화이트(Harry D. White)의 마지막 회합을 통해 확정됐다. 미국의 제안이 사실상 그대로 반영됐는데, 원안에는 '금 혹은 금 태환이 가능한 외환(gold-convertible exchange)'이 각국 통화가치의 판단 기준이었지만, 미국은

---

33) "Proposals for an International Clearing Union (April 1943)," Horsefield, ed., *The International Monetary Fund, Volume III*, p. 24. 구체적으로 다음의 내용이 존재한다: "기본적으로 세계무역에 대한 긴축압력을 팽창압력으로 대체하는 것이 목적이다(Ibid.)."

34) "Proposals for an International Currency (or Clearing) Union (February 11, 1942)," Horsefield, ed., *The International Monetary Fund, Volume III*, p. 13.

이것을 영국과 상의 없이 '금과 달러화'로 바꿔 최종안을 확정했다.[35] 따라서 최종안에는 "각국의 통화가치는 금 혹은 1944년 7월 1일의 미국 달러화 가치로 평가된다"라는 내용이 들어 있었다.[36] 은밀한 파워게임이 있었다는 의미지만, 미국에게 잔뜩 빚을 지고 있는 영국이 그것을 문제 삼을 입장은 아니었다. 중요한 것은 바로 이 조항이 미국의 통화패권을 보장하는가에 대해 지금까지도 논쟁이 지속되고 있다는 사실이다.

IMF는 영국의 국제청산은행안이 방코라는 가상통화를 상정한 것과는 달리 국내통화가 국제거래에 직접 사용되는 특징이 있었다. 당연히 기준통화가 필요했는데, 달러화가 통화가치 산정의 기준이었으므로 달러화가 자연스레 기준통화가 되면서 각국은 달러화를 매개로 국제거래를 할 수밖에 없었다는 주장이 가능해진다. IMF가 미국의 영향권에 있고, 같은 연장선에서 달러의 통화패권이 구축됐다는 논리의 근거였다. IMF 규정 확정 시 미국 대표였던 화이트는 달러화와 파운드화가 경쟁관계라는 사실, 나아가 통화패권이라는 개념이 존재한다는 점 등을 분명 인지하고 있었다.[37] 여기에 달러화가 사실상 금이라는 규정은 시장 금값과 금으로 환산된 달러화 가치가 일치해야 함을 의미했다. 미국은 이를 지킬 의무가 있었다. 다른 국가와는 차원이 다른 그런 책무가 달러화에 부과된 셈이므로, "브레튼우즈 통화 시스템의 경우 현실적으로는 달러화가 태양 역할을 하는 태양계"를 상정하고 있다는

---

35) Dam, *The Rules of Game*, pp. 86-87.

36) IMF Article IV, Section 1-(a), "Article of Agreement of the International Monetary Fund(July 22, 1944)," Horsefield, ed., *The International Monetary Fund, Volume III*, p. 189.

37) James M. Boughton, "Why White, Not Keynes? Inventing the Postwar International Monetary System," *IMF(International Monetary Fund) Working Paper*, WP/02/52 (March 2002), p. 8.

주장도 눈에 띈다.[38)]

반대 의견도 물론 존재한다. 당시 미국만이 금본위제를 유지하며 35달러 대 금 1온스의 고정가치를 유지하고 있었다. 그러므로 위의 조항은 달러화가 금과 등가라는 생각의 자연스런 표현일 뿐 그 이상 이하도 아니라는 논리다. IMF 어느 규정에도 달러화가 기축통화라든가, 달러화로만 대외거래를 해야 한다는 내용은 없었다. 결국 국내통화가 기축통화가 되는 요건은 "통화가치가 안정적으로 유지될 수 있는가"이지 위의 조항은 아니라는 주장이다.[39)] 실제의 통계도 이를 뒷받침하고 있다. IMF 출범 직후인 1947년 각국 중앙은행의 총 외환보유고 139억 달러(달러 가치로 환산한 금액) 중 파운드화 비중이 121억 달러인 반면 달러화는 18억 5,000만 달러에 불과했다. 당시만 해도 파운드화의 위상은 압도적이었는데, 비율이 역전된 것은 1954년이었고,[40)] 파운드화가 기축통화권에서 완전히 배제된 시기는 1972년이었다.[41)] 결국 달러가 IMF의 통화가치 평가 기준 통화였다는 사실만으로 달러화가 기축통화가 되는 것은 아니라는 주장도 일리는 있는 셈이다.

이상의 논의를 정리해 보면, IMF 설립 배경 중 가장 중요한 것

---

38) Dam, *The Rules of Game*, pp. 94-95.

39) Paul De Grauwe, *International Money: Post-war Trends and Theories* (Oxford: Oxford University Press, 1989), p. 8-9.

40) Michael D. Bordo, "The Bretton Woods International Monetary System: A Historical Overview," Michael D. Bordo and Barry Eichengreen, eds., *A Retrospective on the Bretton Woods System: Lessons for International Monetary Reform* (Chicago: The University of Chicago Press, 1993), pp. 47-48; "International Reserves and Liquidity: A Study by the Staff of the International Monetary Fund(September 16, 1958)," Horsefield, ed., *The International Monetary Fund, Volume III*, p. 371.

41) C. Fred, Bergsten, *Dilemmas of the Dollar: The Economics and Politics of United States International Monetary Policy*, 2nd ed. (New York: M.E. Sharp, 1996), p. 89.

은 우선 환율 불안정의 해결이었다. 금본위제의 장점인 환율안정을 도모한 반면, 시장의 자동조절이 아닌 관리를 통해 환율을 안정시켜야 했으므로 IMF는 타협안을 수용한 셈이었다. 즉 환율은 고정하되, IMF는 공정환율의 플러스-마이너스 1 퍼센트를 시장환율의 적정 변동 폭으로 인정하고 있었다.[42] 여기에 회원국에 국제수지상 '근본적인 불균형(fundamental disequilibrium)'이 존재하는 경우 회원국은 기금과 협의해 환율을 변경시킬 수 있었다.[43] 바로 이점이 IMF의 새로운 환율체계가 금본위제 환율안정의 장점과 최초로 도입된 관리 환율의 현실적 어려움을 절충한 '변화 가능한 고정환율제(adjustable peg system)'로 간주되는 이유다.[44]

그렇다면 환율 변경은 어떻게 이루어질까? IMF는 주요 사안의 경우 총회 투표 85% 이상의 찬성이 있어야 한다고 규정하고 있다. 환율 변경을 원하는 회원국은 근본적인 불균형이 존재한다는 점을 입증해야 하고, 환율 변경은 당연히 주요 사안이므로 IMF 총회에 상정 지분 85% 이상의 찬성을 얻어야 했다. 여기서 투표 지분 문제가 발생하는데, 창립 초기 IMF의 미국 투표권은 33.5%였고,[45] 지금은 17.41%로 낮아졌다. 어느 경우든 미국의 동의 없이 환율을 변경하는 것은 불가능하다는 점을 알 수 있다. 미국의 비토권(veto power)을 의미하는바,

---

42) IMF Article IV, Section 3-(i). 금본위제의 정화수송점(gold point)이 그렇게 산정된 기준이었다. Dam, *The Rules of Game,* p. 93.

43) IMF Article IV, Section 5-(a).

44) Barry Eichengreen, *Globalizing Capital: A History of the International Monetary System* (Princeton: Princeton University Press, 1996), p. 93.

45) J. Keith Horsefield, "Derivation and Significance of the Fund's Resources," J. Keith Horsefield, ed., *The International Monetary Fund 1945-1965: Twenty Years of International Monetary Cooperation, Volume II: Analysis* (Washington, D.C.: International Monetary Fund, 1969), p. 378.

다음과 같은 중요한 사실이 숨겨져 있었다.[46)]

한 국가의 대외경제관계에서 가장 중요한 것은 아마 환율일 것이다. 환율변동이 무슨 방식으로, 어떤 방향으로 변하는지는 대외경제는 물론 국내경제에도 심대한 영향을 미친다. 전쟁 전 금본위제가 무너진 후 주요 국가들이 경쟁적으로 자국 화폐를 평가절하한 것을 보면 환율의 중요성을 알 수 있다. 그토록 중요한 환율결정권이 IMF에 있고, IMF 의사결정 구조상 미국의 동의 없이 환율 변경이 불가능하다면 미국은 세계의 환율결정권을 쥐고 있는 셈이 된다. 전후 국제경제기구, 즉 브레턴우즈체제를 통해 미국이 권력을 행사했다고 주장하는 경우, 그 중심에는 IMF가 고정환율제를 유지한 시기에 가시화된 미국의 환율결정권이 있었다.

4. 관세무역에 관한 일반협정(GATT)

1) 설립 배경

IMF와 더불어 관세무역에 관한 일반협정(GATT: General Agreement on Tariffs and Trade)은 브레턴우즈체제의 또 다른 축이었다. 명칭이 그와 같이 복잡한 데는 나름 이유가 있다. IMF 설립 배경이 그랬듯이 세계대전 이전 보호주의 발흥이 논의의 출발점이었다. 보호주의 강화가 금본위제 붕괴와 관련이 있다는 점은 이미 설명한 바와 같다. 시장경제 주도국들이 보호주의로 흐르는 경우 세계경제는 걷잡을 수 없이 경쟁적인 보호주의 성향을 띤다는 사실도 패권안정 이

46) Michael Bordo and Harold James, "The International Monetary Fund: Its Present Role in Historical Perspective," *National Bureau of Economic Research Working Paper*, No. 7724 (June 2000), pp. 5-6.

론을 통해 살펴봤다. 그 때는 보호주의의 주동자였지만, 전후 경제질서 구축의 책무를 짊어진 미국 입장은 과거와 같을 수 없었다. 국제경제 기구를 중심으로 세계경제를 안정시키겠다는 것이 미국의 생각이었으므로 IMF와는 별도로 자유무역 진흥을 위한 국제무역기구를 만들게 된다.

미국은 IMF와 대등한 수준의 세계무역기구를 만들 생각이었다. 환율을 포함 국제통화 문제의 해결이 가장 시급하다는 생각에서 1944년 7월 미국 뉴햄프셔주의 작은 휴양 도시 브레턴우즈(Bretton Woods: 브레턴우즈체제의 기원)에서 열린 국제회의를 통해 IMF를 먼저 출범시켰다. IMF가 마무리된 후, 1945년 10월 미국 주도로 국제무역기구 설립을 위한 회의가 개최되면서 논의는 구체화됐다. 약 3년의 교섭을 거쳐 1948년 3월 '국제무역기구(ITO: International Trade Organization)를 위한 하바나 헌장(Havana Charter)'이 쿠바의 수도 하바나에서 개최된 국제회의에서 최종 서명됐다. 그러나 약 30년 전 미국 의회가 비준을 거부하며 국제연맹을 무산시켰듯이 미국의회는 이번에도 ITO 헌장 비준을 거부했다.

이후 GATT가 ITO를 대신했고, 지금은 GATT를 승계한 세계무역기구(WTO: World Trade Organization)가 국제무역기구의 명맥을 잇고 있다. 여기서 설립이 무산된 ITO에 관심을 갖는 이유는 GATT 혹은 WTO와는 비교할 수 없는 수준의 잘 정비된 국제무역 규범이 ITO 헌장이었기 때문이다. 대표적으로 비즈니스 제한행위(restrictive business practices)를 금지하는 포괄 규정이 독립된 하나의 장(Chapter V)에 다음과 같이 명시돼 있었다: "민간 혹은 공기업 가릴 것 없이 경쟁을 억제하는, 시장 접근을 제한하는, 혹은 독점을 조장함으로써 국제무역에 영향을 미치는 사업 행위(business practices)를 금지하기 위해 회원국은 ITO와 협조하고, 적절한 조치(measures)를 취해야 한다." 이상이 전문(preamble)이라면, "어떤 상품이든 구매, 판매, 임대 시 다른 국가와 교섭을 하게 되는데, 그때 가격과 그 밖의 거래 조건을 미리 정해놓는 행위, 기술발전을 저해하는 행위, 특허권의 확장 적용 행위 등을 금지한다"는 세부 조항에서는 국제상업의 자유를 더욱 구체적으로 못 박고 있다.[47)]

2) 미국의 이해와 국제무역기구

위의 조항은 그 후 등장하는 GATT와 WTO에도 없는 불공정 무역행위(unfair trade practices) 금지를 위한 포괄적 규정이다. 국제무역기구사에서 아직까지는 전무후무한 규정인 셈인데, 미국의회는 특히 이 조항에 신경이 곤두섰다. 미국이 지금도 사실상 독립적으로 행사하고 있는 대표적인 무역 보복조치인 반덤핑관세(antidumping duties) 혹은 상계관세(countervailing duties) 부과 권한을 살펴보면, 미국의회가 민감해지는 이유를 이해하는 데 도움이 된다.

미국은 국내법으로 위의 두 관세를 부과할 수 있는 장치를 마련하고 있었다. 반덤핑관세는 수출상품 가격이 수출국의 국내가격 혹은 생산비보다 쌀 때, 즉 덤핑 수출 시 수입시장 교란이라는 이유로 부과된다. 상계관세는 특정 국가의 정부가 수출을 촉진하기 위해 해당 수출업체에게 보조금을 지급하는 경우 불공정 경쟁이라는 명목으로 수입국이 부과하는 관세다. 보조금은 정부 행동이므로 GATT나 WTO 등 국제무역기구에서 금지돼 있다. 하지만 덤핑은 민간기업의 행위이

47) Chapter V Restrictive Business Practices, Article 46-1, 46-3-(a), 3-(e) and 3-(f), *Havana Charter for International Trade Organization* (United Nations Conference On Trade and Employment Final Act And Related Document April, 1948).

고, 그것이 경쟁을 저해하는가에 대해 통일된 견해가 존재하지 않으므로 덤핑 자체는 금지 사항이 아니다. 아무튼 수입국 피해를 유발하는가가 핵심 논점인데, 바로 여기서 통일된 원칙을 마련하는 것이 쉽지 않다. 물론 미국 이외의 다른 국가도 같은 권한이 있지만, 다음과 같은 이유에서 외국의 눈에 비친 미국의 권한은 막강할 수밖에 없었다.

ITO 협상 시절에도 미국은 세계 최대 수입시장이었다. 개방된 시장이라고 가정할 경우 대미 수출의 성공 여부는 각국 상품의 경쟁력 척도였다. 미국의 수입 물량은 세계 최대였으므로 대미 수출이 제한된다는 것은 모든 국가의 가장 큰 우려 사항일 수밖에 없었다. 이런 현실에 다음의 기술적인 문제가 더해지면 미국의 이해는 더욱 분명해진다. 농업 분야는 예외였지만, 미국은 전통적으로 산업에 보조금을 지급하지 않았다. 반면 유럽 국가 및 개도국 모두는 보조금을 지급하고 있었기에 상계관세는 미국이 사실상 독점적으로 행사하는 권한이었다.[48] 반덤핑관세는 국제규정 자체가 불분명하므로, 미국 입장에서는 국내법을 통해 마음대로 수입상품에 대해 관세를 부과할 수 있는 장치였다. 여기에 위에서 소개한 ITO의 포괄 규정을 대입해보면, 두 관세의 자의적인 행사는 가시적으로 제한될 수밖에 없었다. 예를 들어 덤핑의 경우 경쟁을 촉진하는 요인이 분명히 있고, 기업이 미래에 대한 투자의 일환으로 덤핑을 하는 경우도 있기 때문이다.[49] 즉 ITO 규정에 따르면 문제될 것이 없다는 해석이 가능해진다. 지적재산권 위반을 가장 강하게 제재하는 미국의 전통 역시 ITO 규정에 따르면 약화될 것이

48) 박노형, "WTO 보조금 협정의 법적 분석," 김기수 편, 『WTO 정부 보조금 및 상계관세』(성남: 세종연구소, 1996), p. 54.

49) Alan V. Deardorff, "Economic Perspectives on Antidumping Law," in John H. Jackson and Edwin A. Vermulst, eds., *Antidumping Law and Practice: A Comparative Study* (Ann Arbor: The University of Michigan press, 1989), p. 39.

분명했다.

이상은 규정의 구체적인 내용에 대한 설명이지만, 무역과 관련 미국 행정부가 너무 많은 국내 권한을 ITO에 위임했다는 것이 미국 의회의 인식이었다. 1930년대 미국 보호주의의 시작이 미국의회의 보호주의 법안 통과였듯이, 의회는 전통적으로 보호주의 성향이 강했다. 여기에 "국제경제 문제에 있어서 미국의회는 그것이 의회의 관할 사항임을 주장할만한 여러 조항이 미국 헌법에 있음을 주장해 왔다"는 해석이 더해지면 그림은 더욱 선명해진다.[50] 미국 헌법 1조 제8절, "의회는 외국과의, 주 상호간의, 그리고 인디언부족과의 통상을 규제한다"는 규정은 중요한 법적 근거였다.[51] 아무튼 보조금을 지급하지 않는 미국 경제의 시장주의 원칙과 대외통상 권한을 의회가 독점하고 있는 미국만의 독특한 특성이 미국의회의 심기를 자극했다고 보면 된다.

그렇다면 ITO를 거부한 미국의회가 IMF는 왜 쉽게 비준했을까? 앞서 살펴봤듯이 ITO 헌장의 세부 내용은 미국 국내법, 나아가 의회 권한을 침해하는 요소가 분명 있었다. 반대로 IMF 규정에는 그런 요소를 찾기 힘들었다. IMF 규정과 달러화 관계를 살펴보면 미국의 이해 구도가 드러난다. IMF 규정에서 달러화와 관련된 것은 단 하나였다. '회원국의 통화가치가 금 혹은 달러화로 평가된다'는 것이 전부였다. 당시 유일하게 금본위제를 유지하던 국가가 미국이었지만 금 1온스의 가치를 35달러로 규정한 것은 어디까지나 미국의 국내법이었지 IMF 규정은 아니었다. 그런 달러화 가치를 법적으로 정한 주체가 미국 의회

50) John H. Jackson, *The World Trading System: Law and Policy of International Economic Relations* (Cambridge: The MIT Press, 1989), pp. 61-62.

51) 원문은 다음과 같다: "To regulate Commerce with foreign Nations, and among the several States, and with the Indian Tribes," The Constitution of the United States, Article 1, Section 8.

였으므로 IMF와는 본질적으로 상관없는 문제였다.

1930년대 들어오면서 미국경제가 혼란스러웠다는 사실은 앞서 지적한 바와 같다. 신용체계 역시 흔들렸으므로 금태환이 전제인 미국 금본위제도 성할 수는 없었다. 급기야 1933년 3월 미국 역시 몇 해 전의 영국과 같이 금본위제를 일시적으로 정지시키게 된다. 하지만 영국과는 달리 경제의 기본에는 문제가 없었으므로 사태가 진정되자, 1934년 1월에는 다시 금본위제로 복귀했다. 문제는 혼란을 겪으면서 달러화의 시장가치가 떨어졌다는 사실인데, 금본위제로 복귀하면서 달러화를 평가절하 시킨 이유였다. 과거 금 1 온스 대 20.67 달러였던 달러화 가치는 35 달러로 하락했다.[52] 따라서 IMF에서 상정한 미국 달러화 가치는 이미 10년 전에 정해졌음을 알 수 있다.

중요한 것은 미국 금본위제와 달러화 가치는 IMF 규정과는 상관없이 미국 국내법에 의해 확정됐다는 사실이다. 미국 국내법이 정한 달러화 가치가 IMF 규정에 간접적으로 투영됐다고 보면 된다. 미국은 영국이 제안한 새로운 국제통화인 방코를 거부했으므로 국내법에 의해 가치가 보장되는 달러화가 국제적으로 통용되는 길도 열린 셈이었다. 반면 IMF 규정에는 달러화의 가치 보존 의무가 존재하지 않았다. 바로 여기서 달러화 역시 국내 사정에 따라서 평가절하 등 가치가 변할 수 있다는 해석이 가능해진다.[53]

---

52) "Presidential Proclamation of Franklin D. Roosevelt fixing the Gold Value, by Weight, of the United States Dollar, making the Dollar convertible to Gold at the new Price of $35.00 per Ounce(31 January 1934)," Mark Duckenfield, *The Monetary History of Gold: A Documentary History, 1660-1999* (London: Pickerring & Chatto, 2004), pp. 386-388.

53) Ronald I. McKinnon, "The Rules of the Game: International Money in Historical Perspective," *Journal of Economic Literature,* Vol. XXXI (March 1993), p. 15.

위의 논의를 정리해 보면, IMF가 미국 국내법에 어느 정도는 종속돼 있다는 의미이므로 미국의회가 IMF를 반대할 이유는 처음부터 없었다. 후술 하겠지만, 이 문제는 1970년대 초반 IMF 환율체제가 붕괴되는 과정에서 중요한 논점으로 등장한다. 국제경제기구에 미국의 이상주의가 반영된 것은 분명하지만, 미국의 이해에 반하는 경우 기구의 설립 및 작동이 어렵다는 사실 역시 이상의 설명은 보여준다. 국제경제기구에 미국의 힘이 투사됐다는 주장을 완전히 부인할 수는 없는 이유다.

3) GATT의 등장과 작동 원리

1950년 12월 미국의 트루먼(Harry S. Truman) 대통령은 하바나 헌장의 의회 비준을 포기했다. 당연히 ITO는 빛을 못 본 채 역사 속으로 사라졌다. 명칭이 조금은 이상한 GATT(관세무역에 관한 일반협정)가 무대 위에 오를 수 있는 기회는 이렇게 마련됐다. GATT는 원래 ITO 기능 중 가장 중요한 관세(tariffs)만을 별도로 다루기 위한 다자간 회합이었다. 기본 협약(Agreement)은 1947년 10월 하바나 헌장 서명보다 조금 앞서 미국, 영국 프랑스 등 선진 여덟 국가에 의해 조인됐다. ITO 설립이 무산되면서 기능이 다소 다른 GATT가 임시방편으로 ITO를 대신하는 엉뚱한 상황이 벌어진 것이다. 한참 후인 1995년 세계무역기구(WTO: World Trade Organization)가 GATT를 승계한 것은 모두가 안다. 그렇다면 관세는 도대체 무엇이고, 얼마나 중요하기에 GATT라는 별도의 회합이 필요했을까? 아래의 설명이 보여주듯, 질문에 대한 대답은 국제무역기구의 작동원리를 이해하는데 가장 중요한 열쇠가 된다.

자유무역을 제한하는 보호주의 조치는 크게 관세장벽(tariff

barriers)과 비관세장벽(NTBs: nontariff barriers)로 나누어진다. 관세 장벽은 문자 그대로 수입품에 대해 세금(관세)을 부과하는 정부 행위다. 비관세 장벽은 관세 이외의 무역제한 조치를 뜻하는바, 수입할당제(quotas), 정부조달제, 수입과징금, 수입예치금 등이 이에 해당한다. 문제는 비관세장벽이 강도를 측정하기 힘들고, 대단히 복잡하며, 불확실하다는 점이다. 수시로 변할 수 있음은 물론, 계측하기도 어려워 국제 거래의 필수 조건인 투명성을 저해한다. 반면 관세는 누구나 알도록 관세율, 즉 숫자가 공시되므로 대단히 투명하다. 여기서 비관세장벽을 관세로 바꾸는 것이 우선 중요하다는 사실을 알 수 있는데, 이를 관세화(tariffication) 원칙이라고 한다. 관세화 원칙을 관철시키기 위해 GATT가 별도로 가동된 이유를 알 수 있다.

반복되는 얘기지만, GATT의 첫 번째 목적은 관세화 원칙에 기초, 비관세장벽을 관세로 전환시켜 수입 규제에 대한 투명성을 확보하는 것이었다. GATT의 첫 번째 작동 원리인 '투명성 원칙(transparency principle)'의 탄생 배경이다. 일단 관세율이 정해지면 내려갈 수는 있으나 올릴 수는 없다. 관세양허(tariff concession)는 이를 두고 한 말이다. GATT는 비록 다자기구지만, 회원국 모두는 개별적으로 행동한다. 예를 들어 한 국가가 다른 국가의 수입시장에 관심이 있는 경우, 시장 접근을 위해서는 대상국에 뭔가를 양보할 수밖에 없을 것이다. 상호주의(reciprocity) 원칙을 의미하는바, 협상을 통해 두 국가가 특정의 무역자유화 조치에 합의하면, 합의 내용은 GATT의 다른 회원국 모두에게 무조건적으로(unconditional) 동일하게 적용된다. 이를 최혜국대우(MFN: most favoured nation), 즉 무차별 원칙이라고 한다.[54)]

---

54) 김기수, "관세 및 무역에 관한 일반협정: 세계무역기구의 국제정치," 윤영관·황병무 외, 『국제기구와 한국외교』 (서울: 민음사, 1996), pp. 223-226.

위의 설명을 보면 특히 MFN 원칙이 자유무역을 확산시키는 핵심 동인임을 알 수 있다. MFN 원칙을 확실하게 뿌리내린 국가는 영국이었다. 19세기 중엽 영국이 관세율을 없애며 자유무역을 선도했다는 사실은 이미 살펴봤다. 미국의 국제경제기구에 대한 열망과 비슷하게 영국은 자유무역이 세계적으로 확산되기를 원했다. 그런 바람이 처음 현실화된 것은 1860년 프랑스와 맺은 유명한 콥든-슈발리에(Cobb-Chevalier) 자유무역협정이었다. 가장 확실한 형태의 무조건적(unconditional) MFN 조항이 명문화됐는데, 효과는 대단히 컸다.[55] 위의 협정 다음해 프랑스와 벨기에 간에 비슷한 협약이 체결됐고, 1867년이 되자 주요 유럽국 대부분이 쌍무자유무역협정을 받아들였다.[56] 1800년대 초반 유럽의 평균관세율은 50%를 상회했지만, 1875년 새로운 산업 강국 독일의 경우 4-6%, 다른 유럽 국가의 평균 세율이 9-12%로 줄어든 것을 보면 MFN과 무역협정의 효과를 아는 데는 무리가 없다.[57]

GATT와 같은 국제무역기구가 없었을 뿐, 많은 국가가 자유무역에 합류하는 메커니즘은 금본위제 시절 유럽에 이미 존재했다. IMF와 비슷하게 GATT 역시 금본위제의 연장선상에 존재한다고 보는 이유를 알 수 있는 대목이다. 문제는 GATT의 불완전성이었다. 애초 관세 문제를 전문적으로 다루기 위한 조직이었으므로 무역 문제 전체를 아우르는 것은 무리였다. GATT가 공식적으로 출범한 직후부터 라운드(Round)라고 불리는 GATT 규정 보완 작업이 수시로 개최된 이유였다.

55) Ronald Findlay and Kevin H. O'Rouke, "Commodity Market Integration, 1500-2000, "Bordo, Taylor, and Williamson, eds., *Globalization in Historical Perspective*, p. 38.

56) Bairoch, *Economics and World History*, p. 23.

57) Ibid., p. 24.

1947년 제네바 라운드(Geneva Round)를 시작으로 1986년 우루과이 라운드(Uruguay Round)까지 무려 8차례의 다자 협상이 이어졌다. 논의의 핵심은 역시 관세화와 관세율 인하였는데, 1979년 제7차 도쿄라운드가 끝난 후 3,000개 양허 품목의 세계 평균 관세율이 4.7%까지 떨어진 것을 보면 성과는 분명했다.[58)]

4) 국제무역기구의 한계

우루과이라운드가 1993년 타결되면서 GATT는 세계무역기구(WTO: World Trade Organization)로 대체됐다. 문제는 WTO가 과거 ITO와 같이 한 단계 높은 포괄적 국제무역기구가 되기는 힘들었다는 사실이다. 농산물 보조금을 포함한 농산물 개방 문제, 지적소유권, 서비스무역 등 GATT가 다룰 수 없었던 다양한 새로운 이슈가 등장하면서 이들을 포괄하는 국제협정이 필요했다. WTO가 필요한 이유였다. 아무튼 1995년 WTO가 출범하면서 한 고비는 넘겼지만, 여전히 보충할 부분이 많았다. 2001년 카타르 도하에서 또 다른 다자간 무역회의가 이번에는 WTO 주관으로 개최됐다. 개도국의 반발로 라운드라는 말 대신 도하개발어젠더(Doha Development Agenda)라는 새로운 명칭이 등장했다.

핵심 의제인 서비스, 지적소유권, 그리고 농산물 분야의 무역자유화 협상은 당연히 힘들었다. 미국은 이번 기회에 총체적인 무역자유화를 꾀했다. 다시 말해 의제 전체를 포괄 타결하겠다는 의도였다.[59)] 그러나 개도국은 값싼 농산물을 생산할 수 있었고, 따라서 농산물 수

58) 김기수, "관세 및 무역에 관한 일반협정," pp. 228-229.

59) Ian F. Fergusson, "World Trade Organization Negotiations: The Doha Development Agenda," *Congressional Research Service*, December 12, 2011, p. 1.

출 증대를 기대했지만, 선진국의 농업 분야 보호주의 벽은 여전히 높았다. 막대한 규모의 농업 보조금이 선진국에서 계속 지급되는 현실이 특히 쟁점이었다. 이 문제의 개선 없이 선진국이 무역자유화를 주장하는 것은 위선이라는 개도국의 주장이 이어졌다.[60] 서비스업과 지적소유권은 반대로 개도국의 경우 처음부터 선진국의 경쟁 상대가 아니었다. 선진국은 이 분야의 자유화를 열망했는데,[61] 바로 여기서 선진국과 개도국의 대립이 더욱 가시화됐다. 1947년 제네바 라운드 종결 시 23개에 불과했던 GATT 회원국 수가 2001년 도하개발어젠다 협상이 개시될 때는 무려 155개국(WTO 회원국)으로 늘어난 현실도 협상 타결이 어려운 이유였다. 그런 상황에서 미국이 주장한 모든 문제의 일괄타결 원칙이 적용되면서, '모든 것이 타결되기 전에는 어떤 것도 타결된 것이 아니'라는 묘한 상황이 전개됐다.[62]

놀라운 것은 도하개발어젠다 타결이 어렵게 된 상황에서 WTO와는 별도로 양자 혹은 다자간 지역 자유무역협정(FTAs: bilateral or regional free trade agreements)이 급증한 사실이다. 2011년 말까지 발효된 무역협정 수가 313건이라는 통계는 FTA 확장세를 보여준다.[63] 유럽의 시장통합과 이에 대응하는 미국의 미-캐나다 FTA, 그리고 여기에 멕시코를 합한 북미자유무역협정(NAFTA: North American Free Trade)이 무역협정의 불을 지핀 것은 사실이지만,

---

60) Jagdish Bhagwatti, "The World Trade System: Trends and Challenges," Paper presented at the Conference on Trade and Flag: *The Changing Balance of Power in the Multilateral Trade System*, April 7-8, 2014 at the International Institute for Strategic Studies in Bahrain, p. 16.

61) Ibid., p. 18.

62) *The Economist*, "Goodbye Doha, hello Bali," September 8th 2012.

63) Fergusson, "World Trade Organization Negotiations," p. 2.

WTO 규약 역시 자유무역협정을 금지하지는 않고 있다.[64] 문제는 배타적인 자유무역협정이 WTO와 병립할 수 있냐는 것이다.

앞서 설명한 바와 같이 국제무역기구의 작동 원리 중 가장 중요한 것은 MFN(최혜국대우) 원칙이지만, FTA는 MFN 원칙을 정면으로 위반하고 있다. FTA를 체결한 국가만이 무역 자유화의 과실을 향유할 수 있기 때문이다[배타적무역협정(PTAs: Preferential Trade Agreements)]. 바로 이점이 FTA를 비판하는 다자주의 시각인데, 궁극적으로 WTO와 같은 국제무역기구를 약화 혹은 무력화 시킬 수 있다고 본다.[65] 이에 대한 반론은 먼저 MFN 원칙 때문에 무임승차국(free rider)이 발생한다는 사실에 주목한다. 자신은 양보하지 않은 채 남의 양보 분을 아무 조건 없이 향유한다는 지적이다. 자유무역의 기본 가정인 상호주의에도 맞지 않다고 주장한다.[66] 더욱 중요한 것은 FTA 자체가 자유무역 확산에 도움이 된다는 역설적인 해석이다. 몇 개 국가가 FTA 협정을 체결하더라도 세계적 관점에서는 자유무역이 확장되는 셈이고, 그런 FTA의 장점이 알려져 다른 국가가 가입하게 되면 자유무역은 더욱 진흥된다는 논리가 뒤를 잇는다.[67] FTA를 통해 가입국 사

---

64) GATT Article XXIV와 The General Agreement on Trade in Services(WTO), Article V, Richard H. Snape, "History and economics of GATT's Ariticle XXIV," Kym Anderson and Richard Blackhurst, eds., *Regional Integration and the Global Trading System* (New York: Harvester Wheatsheaf, 1993), p. 273; Bhagwatti, "The World Trade System: Trends and Challenges," p. 10.

65) Ibid., p. 11.

66) Akiko Yanai, "The Function of the MFN clause in the Global Trading System," *Institute of Development Institute APEC Study Center Working Paper* 01/02-No. 3, pp. 15-16.

67) John McMillan, "Does regional foster open trade? Economic theory and GATT's Ariticle XXIV," Anderson and Blackhurst, eds., *Regional Integration and the Global Trading System*, p. 306.

이에 경제적 이득이 증대되는 것은 확실하지만, 그것은 비회원국의 이득을 침해하는 대가일까? 이론적으로는 그렇지 않다는 사실이 이미 1960년대에 켐프-바넥 정리(Kemp- Vaneck theorem)를 통해 규명된 적이 있다.[68]

국제무역기구의 관점에서 이상의 논의는 무엇을 의미할까? 그동안 GATT를 중심으로 자유무역이 세계적으로 진흥된 것은 사실이지만, 한계는 분명했다. WTO 기능이 완전히 활성화되지 못한 상황에서, FTA가 세계적으로 확산된 것은 국제무역기구, 즉 WTO의 한계를 보여줬다. 여기에 국제정치경제학에서 발전된 논리를 대입해보면 문제가 간단치 않음을 알 수 있다. 역사적으로 FTA는 끼리끼리 뭉쳐 형성되는 경우가 많았는데, 주로 군사 동맹국들 사이에 FTA가 체결된다는 특징이 있었다. 국제정치의 원리상, "국제무역(상업)에 개입하는 경우 국가는 힘의 분배에 그것이 어떤 영향을 미치는가를 반드시 고려해야 하기 때문이다."[69] 일반적으로 "그와 같은 FTA는 지역주의(regionalism)라고 부를 수 있고, 이 경우 정치는 경제논리를 앞서게 된다. 특히 유럽, 북미 대륙 그리고 동아시아는 궁극적으로 경제 및 지정학적 우의를 점하기 위한 경쟁이 벌어지고 있는 대표적인 지역이다."[70]

앞서 소개한 패권안정이론이 설명하듯 패권이라는 절대 힘이 없으면 자유주의 경제질서가 유지되기 힘든 것처럼, 자유무역이 목

68) Ibid., pp. 293, 306.

69) Edward D. Mansfield, "Effects of international politics on regionalism in international trade," Anderson and Blackhurst, eds., *Regional Integration and the Global Trading System*, p. 207.

70) Andrew Wyatt-Walter, "Regionalism, Globalization, World Economic Order," Louise Fawcett and Andrew Hurrell, eds., *Regionalism in World Politics: Regional Organization and International Order* (New York: Oxford University Press, 1995), p. 74.

표인 "국제무역기구 역시 힘의 배분과 군사 동맹체제에 변화가 있는 경우 압박을 받게 된다."[71] 경제 논리를 넘어 국제정치경제적 관점에서도 WTO와 같은 국제무역기구를 정상화시키는 것이 쉽지 않다는 의미다. 최근 뜨거운 이슈로 떠오른 환태평양경제동반자협정(TPPA: Trans Pacific Partnership Agreement)을 위 논리에 비춰보면 다음의 그림이 그려진다. "TPP가 서명된 직후 오바마 대통령은 올해 1월 '중국은 세계에서 가장 빠르게 성장하는 지역에 대한 규칙을 만들려고 한다(AIIB, 일대일로 등). 하지만 규칙은 우리가 만들어야 한다'고 단언한 바 있다."[72] 국제경제 문제에 권력이 투사되면서 일종의 블록 간 힘의 경쟁이 벌이지고 있는 셈이다. 미국은 자신의 패권에 도전하고 있는 중국을 견제하기 위해 중국이 배제된 새로운 무역협정을 중국의 코앞인 동아시아를 중심으로 결성했고, 중국에 위협을 느끼는 국가, 특히 미국의 동맹국인 한국과 일본은 당연히 이 협정에 들어와야 한다고 생각한다. 문제는 WTO와 같은 국제무역기구가 그런 정치적 현상을 극복할 수는 없다는 사실이다.

ITO 설립 무산을 통해 알 수 있듯이 국제무역기구는 처음부터 파행을 겪었다. GATT가 국제무역기구로 격상되는 임시방편이 취해졌다. GATT가 WTO로 대체되면서 획기적인 전기가 마련되는 듯 했으나, 시간이 지나면서 WTO의 한계가 들어나자 국제무역기구에 대한 전망 역시 어두워졌다. FTA가 세계를 휩쓸면서 이제는 권력이 국제무역질서에 깊숙이 개입되는 상황을 부인하기 힘들어졌다. 그렇다면 IMF는 비교적 순탄한 길을 걸어왔을까? 외형상 지금까지는 큰 탈이 없어 보

---

71) Mansfield, "Effects of international politics on regionalism in international trade," p. 213.

72) *The Economist*, "The Asian Infrastructure Investment Bank: The infrastructure gap," Mar 21st 2015.

이지만, 현실은 딴판이다. 1970년대 초 IMF도 엄청난 파워 게임에 휩쓸렸고, 지금 현재 우리가 목격하고 있는 IMF는 설립 시의 그것과 상당한 차이가 난다. 이점에 대해서는 후술하기로 한다. 이상의 설명을 통해 브레턴우즈 체제의 핵심 경제기구는 나름의 역사적 배경과 정교한 기획에 기초 탄생 운영됐다는 사실을 알 수 있다. 그런 점이 중요한 이유는 AIIB에 대한 이해에 도움을 주기 때문이다. AIIB의 탄생 및 운영 배경은 무엇이었을까? AIIB의 설립에서는 위와 흡사한 배경을 발견할 수 있을까?

제2장

다자개발은행(MDB)

제2장

다자개발은행(MDB)

전후 국제경제기구(international economic organization) 중심의 세계경제질서를 브레턴우즈체제라고 부른다. 1944년 7월 미국 뉴햄프셔의 작은 도시 브레턴우즈(Bretton Woods)에서 국제경제질서의 근간인 국제통화체제 최종안이 확정된 역사적 사실에서 기인한 명칭이다. IMF로 대변되는 국제통화체제가 완성된 후 국제무역을 총괄하는 또 다른 국제기구인 GATT가 출범했다. 외형상 국제경제의 기본 골격은 갖춘 셈이었지만, 전후 질서에는 또 다른 특징이 있었다. 제1차 세계대전이 종식된 후 혼돈의 국제경제관계는 뼈아픈 교훈을 남겼다. 제1차 세계대전의 패전국인 유럽 최강 독일경제가 회복되지 않는 경우 유럽경제 전체가 마비된다는 현실이었다. 1929년 경제 대공황의 씨앗이 그때 이미 뿌려졌다는 인식은 오랫동안 지식 세계를 질타했다.

실수를 반복하지 않기 위해서는 초토화 된 유럽경제의 복구가 필요했다. 그렇지 않으면 IMF와 GATT도 제대로 작동할 수 없다는 인식이었다. 이 문제를 해결하기 위해 국제부흥개발은행

(IBRD)이 별도로 설립됐다. 활동은 성공적이어서 1950년대 후반이 되자 서유럽과 일본의 전후 복구는 사실상 마무리됐다. 결국 전후 국제경제는 국제통화와 환율을 담당한 IMF, 국제무역을 조율하는 GATT, 그리고 전후 복구를 위한 IBRD 등 세 개의 국제조직에 기초하고 있었던 셈인데, 브레턴우즈 체제는 이들 국제경제기구를 총칭하는 용어다. 1950년대 후반이 되자 IBRD의 기본 임무가 사실상 완료되면서 IBRD의 미래에 대한 토의가 있었다. 개도국 지원이 IBRD의 향후 역할이 되어야 한다는 것이 결론이었다. 이른바 다자개발은행(MDB: Multilateral Development Bank)이 탄생한 배경이다. 말은 위와 같이 간단하지만 아래의 설명이 보여주듯 MDB의 출범 배경은 다소 복잡하다.

Ⅰ. 세계은행(World Bank)

1. 설립 배경

앞의 설명을 통해 IMF와 GATT 모두는 사실상 금본위제의 연장선에 있다는 사실을 알 수 있다. IMF가 금본위제의 고정환율제를 수용한 것은 대표적인 사례였다. 금본위제의 시장 자동조절 기능은 사라졌으므로 그것을 국제경제기구인 IMF가 대신하자는 것이었다. GATT 역시 금본위제 시절 활성화된 자유무역을 되살리는 것이 목표였다. 당연히 IMF를 통한 환율안정은 불가피했고, GATT의 핵심 운영원칙 3가지도 필요했다. 환율 안정 그리고 무역자유화를 위해서는 폐허가 된 전쟁 당사국들의 경제 회복이 필수적이었고, 이를 위해 국제부흥개발은행(IBRD: International Bank for Reconstruction and Development)도 설립됐다. 명칭이 보여주듯 재건을 해야 경제가 발전한다는 생각은, 제1차 세계대전 후의 잘못, 특히 독일경제의 추락을 통해 유럽경제 전체가 타격을 입었던 사례를 통해 얻은 교훈이었다. 경제부흥 작업 역시 국제경제기구를 통해야만 한다는 미국의 고집스런 국제관에는 여전히 변화가 없었다. 과거에는 듣도 보도 못한 새로운 제도였으므로 IBRD가 금본위제와는 상관이 없을 것이라고 생각할 수도 있다. 하지만 아래의 설명은 그렇지 않다는 사실을 보여준다.

IMF 설립을 위해 1944년 7월 미국 뉴햄프셔의 브레턴우즈에서 국제회의가 열렸던 사실은 앞서 소개한 바와 같다. 같은 장소에서 전쟁 복구를 위한 별도의 국제경제기구가 필요하다는 결의가 있었고, 그것에 기초 1945년 12월 IBRD가 설립됐다. 명칭이 의미하듯 초기에는 전쟁으로 붕괴된 전쟁 당사국, 특히 유럽의 부흥을 위해 힘을 쏟았다. 첫 업무는 1947년 프랑스를 위한 2억 5,000만 달러의 차관 제공이었는데, IBRD의 목적은 이로써 분명해진다.[73] 1950년대 중반까지는 IBRD 자금의 거의 대부분이 서유럽(일부 일본)으로 흘러들어 갔다.

제2차 세계대전 때문에 생산시설과 사회간접자원(infra)의 상당 부분이 파괴 된 이들 국가의 신용 상태를 볼 때, 민간은행의 융자를 기대할 수는 없었다. 바로 이 문제를 극복하기 위한 것이 IBRD의 지원이었는데, 1945-1950년 당시로서는 큰 금액인 5억 4,300만 달러가 서유럽 국가들에게 대출됐다. 경제의 기본 구조, 즉 기술력, 제도 등은 이미 완비돼 있었던 서유럽에서 초기 투자는 금

73) World Bank Archives, "World Bank History," (www.worldbank.org).

방 효과를 냈다. 하지만 미국의 민간 직접투자 역시 상당한 규모였다. 같은 기간 10억 7,600만 달러를 기록하며 IBRD의 융자를 압도했다. 서유럽 부흥에서 IBRD보다는 미국 민간의 직접투자가 핵심 역할을 했다는 주장이 가능해지는 대목이다.[74)]

1950년대 후반이 되자 서유럽과 일본의 경제 부흥이 분명해졌다. IBRD 역할이 끝났다는 의미인바, IBRD의 존속과 역할 변경 문제가 논의의 도마 위에 올랐다. 존속시키되 역할은 개도국 경제발전을 위한 지원으로 바뀌었다. 개도국 특히 빈곤국의 경제발전 지원을 위한 별도의 조직인 국제개발협회(IDA: International Development Association)가 1960년 설립됨으로써 IBRD의 변화는 구체화됐다. IDA 설립 이전 미국의 민간 직접투자가 유럽 부흥의 견인차였다는 앞의 설명을 통해 드러나듯이 민간자본의 참여는 여전히 중요했다. 민간투자, 즉 개도국 투자를 원하는 외국기업에 융자를 제공하는 국제금융공사(IFC: International Finance Corporation)가 1956년 설립된 것을 보면 상황을 이해할 수 있다. 외국의 민간 직접투자 시 분쟁은 피할 수 없을 터였고 투자 증진을 위해 문제 해결은 필수적이었으므로, 1966에는 쟁점을 다룰 수 있는 일종의 국제재판소인 국제투자분쟁해결기구(ICSID: International Centre for Settlement of Investment Disputes)도 설립됐다. 마지막으로 개도국의 특징인 정치 불안과 그것과 연계된 사업상의 위험을 완화시키기 위해 일종의 보험기관인 국제투자보증기구(MIGA: Multilateral Investment Guarantee Agency)가 1988년

74) Bryan Johnson, "The World Bank and Economic Growth: 50 Years of Failure," *The Heritage Foundation Backgrounder,* No. 1082, May 16, 1996, p. 6.

마지막으로 창설됐다.[75)]

오늘날 세계은행그룹(World Bank Group)은 위의 다섯 개 기관을 총칭하는 용어이며, 대외 금융업무의 실천 주체인 IBRD와 IDA는 별도로 세계은행이라고 부른다. 초기 IBRD가 휘청거리던 전후 주요 경제에 자금을 공여했다면, 그 다음에는 개도국 경제발전을 지원하는 주체가 됐으므로 다음의 평가는 나름 타당한 측면이 있다: 애초 IBRD는 "최후의 대부자(the lender of last resort)였지만, 지금의 세계은행은 국제후생기관(international welfare agency)"로 변한 셈이다.[76)] 어쨌건 세계은행은 개도국 경제발전을 지원하게 위해 인류역사상 처음 만들어진 국제경제기구였다. IMF와 GATT는 과거의 장점을 계승했기 때문에 금본위제의 연장선상에서 이해할 수 있었다. 반면 세계은행은 그 획기적인 발상 때문에 금본위제와는 단절된 역사 위에 존재한다고 추정하는 경우가 많다. 그러나 이래의 설명을 보면 반드시 그렇지는 않다.

금본위제의 가장 큰 특징은 국내외적으로 자유방임, 즉 국가 간섭이 최소화된 상황이었다. 뒤집어 말하면 시장의 자동조절 기능이 극대화된 시기였다. 그렇다면 당시 개도국이 필요한 개발자금은 어떻게 조달됐을까? 정부의 간섭이 거의 없었고 국제경제기구 또한 존재하지 않았으므로 논리상 민간 대형 금융기관 이외는 대안이 없었다. 실제로도 그랬는데, 대표적으로 1889년 영국의 초대형 민간 금융기관인 베어링 은행(Bearing bank) 사건은 개도국의 개발자금 출처와 국제 금융자본 순환에서 개도국이 맞닥뜨리는 위험을 보여준다.

75) *The Levin Institute(SUNY)*, "International Monetary Fund and World Bank," *Globalization 101* (www.globalization101.org), pp. 14-15.
76) Bryan Johnson, "The World Bank and Economic Growth," p. 7.

19세기 전성 시절 영국경제의 최대 강점은 금융산업 및 시장의 발전과 그것에 기초 외국 자본을 끌어들일 수 있는 능력이었다. 예를 들어 외국기업이 자금을 얻고자 회사채 혹은 어음을 발행하고 싶지만, 자국 금융시장에서는 그것이 불가능할 경우 외국기업은 런던 금융시장을 찾는 경우가 많았다. 일반적으로 발달하지 않은 금융시장은 신용평가 능력의 부재와 유동성 부족, 즉 금융시장의 자금 부족 현상을 겪게 된다. 반대로 흑자국가의 경우는 남는 돈을 운영할 필요가 있었다. 이때도 런던에 있는 각종 금융상품에 투자하는 것이 상대적으로 안전했고, 수익성도 높았다. 돈이 영국으로 몰렸으므로 런던 금융시장은 세계에서 유동성이 가장 풍부했고, 대부분의 사안에 대해 신용 평가가 가능했으므로 외국의 채권 혹은 어음은 상시 대규모로 할인(discounting)될 수 있었다.[77] 그런 할인 업무에 특화된 할인은행(discount banks)이 발달할 수밖에 없었는데, 고위험 고수익을 추구하는 금융기관은 그 때 이미 자리잡은 셈이었다.

1866년부터 저수익 안정성을 추구하는 일반 상업은행과 위의 할인은행이 통합되면서 합작은행(joint-stock bank)이라는 더 큰 규모의 금융기관이 탄생했다.[78] 엄청난 자본과 고수익 고위험을 추구하는 금융기술로 무장한 대형 은행은 해외 진출에 더욱 적극적이었다. 지금의 투자 패턴과 비슷하게 신흥국에는 고수익을 좇는 돈이 몰렸다. 자본이 많다는 것은 장기로 돈을 빌려줄 수 있는 능력

77) Ramaa Vasudevan, "The Borrower of Last Resort: International Adjustment and Liquidity in a Historical Perspective," *Journal of Economic Issues*, Vol. XLII, No. 4 (December 2008), p. 1059.

78) Rondo Cameron and V. I. Bovykin, *International Banking 1870-1914* (Oxford: Oxford University Press, 1991), p. 32.

을 의미했다. 한참 발전하던 남미 국가들은 대규모 사회간접자본 투자(infrastructure investment)가 필요했고, 따라서 영국 대형은행들이 사업에 뛰어든 것은 이상한 일이 아니었다. 그러나 영국의 초대형 은행 베어링사(Bearing)와 아르헨티나 금융위기 정부의 금융관계를 살펴보면 심각한 문제가 감춰져 있었음을 알 수 있다.

무려 6,000만 페소가 베어링사를 통해 대출됐는데, 아르헨티나 1년 수출의 40%에 해당하는 큰 규모였다.[79] 자금은 수도 부에노스아이레스의 상하수도 시설 확충에 쓰였다. 그러나 1889년 영란은행이 경기과열을 우려 기준 금리를 2.5%에서 6%로 대폭 올리면서 문제가 터졌다. 위의 채무 이자율이 동반 상승하면서 아르헨티나는 금융위기를 맞았고, 베어링사 역시 자금이 물리면서 위기에 봉착했다.[80] 이것이 유명한 베어링 사태의 전말이다. 여기서 논의의 초점인 세계은행의 필요성이 부각되는데, 다음의 사태 해결 수순을 보면 이유는 분명해진다.

영국의 중앙은행, 영란은행이 베어링사에 구제금융을 제공하면서 베어링사는 위기를 넘겼고, 그 후 상당 기간 번성했다. 흥미로운 점은 구제금융 자금으로 영란은행의 준비금이 아닌 영국정부 채권을 담보로 프랑스와 러시아 중앙은행으로부터 빌려온 돈을 활용했다는 사실이다.[81] 바로 이것이 영국이 지닌 금융상의 강점인데, 언제고 저리로 자금을 빌릴 수 있는 능력을 통해 금융강국이 어떻게 자금을 순환시키는지를 알 수 있다. 현재 미국의 금융능력이 이와 비슷하다고 보면 별 무리가 없을 것이다. 반면 아르헨티나는

79) Vasudevan, "The Borrower of Last Resort," p. 1065.

80) Barry Eichengreen, "The Bearing Crisis in a Mexican Mirror," *International Political Science Review*, Vol. 20, No. 3, 1999, p. 253.

81) Ibid., p. 264.

금융위기를 피할 수 없었다. 과거 1997년 한국의 금융위기 시와 비슷하게, 우선 긴축정책을 펴야 했고, 막대한 국가소유 재산을 매각시킨 것은 물론, 부실은행도 청산할 수밖에 없었다. 채무 불이행 때문에 채무이행 조건의 재조정도 감내해야만 했다. 20세기 초에야 아르헨티나 경제가 겨우 회복한 사실을 보면 당시의 충격이 어느 정도였는지를 알 수 있다.[82)]

세계은행의 설립에는 바로 위와 같은 민간금융의 폐해를 반복하지 말자는 여망이 담겨 있었다. 어찌 보면 대단히 선한 판단이었지만, 앞서 소개한 IMF의 작동 원리를 보면 그런 생각은 필연일 수도 있다. 트릴레마의 원리상 IMF는 환율안정과 국내경제정책의 독립성을 취한 대신, 자유로운 자본이동은 통제했다. 즉 해외직접 투자와 같은 건전한 자본 이동 외에 지금과 같은 금융기관 간의 대규모 대외 자본거래는 사실상 금지됐다고 보면 된다. 문제는 이 경우 위의 베어링사와 같은 대형 금융기관의 개도국에 대한 융자가 어렵게 된다는 사실이다.

유럽 전쟁 당사국의 경제부흥이 목적이었던 IBRD 설립 초기에는 이 문제가 부각되지 않았다. 하지만 미국의 국제적 이상이 현실화되면서 다음의 설명이 보여주듯 쟁점을 피하기는 어려워졌다. 국제기구를 통해 국제관계를 관리하자는 것이 미국의 첫 번째 이상이었다면, 미국은 식민지가 존재하지 않는 또 따른 세계를 꿈꾸고 있었다. 세계대전의 주요 원인으로 미국이 유럽 강대국의 식민지 쟁탈전을 꼽은 것을 보면 미국의 입장에서 위의 생각은 당연한 것이었다. 미국의 아이디어가 처음 표출된 것은 제1차 세계대전 직후였다. 윌슨 대통령의 유명한 국제관계 비전인 14개 원칙에는

82) Ibid., p. 265; Vasudevan, "The Borrower of Last Resort," p. 1065.

식민지의 공정한 처리 조항이 있었고, 사가들은 그것을 민족자결주의라고 불렀다.

이미 그 때 미국의 머리에 그려진 식민지 독립 구상을 짐작할 수 있는 대목이다. 따라서 제2차 세계대전 후 새로운 세계질서 구축의 주도권을 쥔 미국이 자신의 생각을 밀어붙이는 것은 이상한 일이 아니었다. 그때까지 방대한 식민지를 보유하고 있던 영국의 입장에서는 발등에 불이 떨어진 격이었다. 영국이 고수하던 식민지와 그것에 기초한 배타적인 영연방 특혜 경제체제(Imperial Preference 혹은 Commonwealth Preference)는 미국의 구상인 다자주의(multilateralism), 즉 국제경제기구와 정면으로 배치됐기 때문이다.[83] 당연히 미국은 식민지 독립과 영연방의 해체를 요구했고, 영국은 이를 거부할 수 없었다. 영국 경제규모는 미국의 약 1/5에 불과했고, 영국경제는 1945년 확정된 무려 37억 달러의 미국 차관에 의존하고 있었다. 힘으로 미국을 감당하기에는 역부족이었던 셈이다.[84] 하여간 식민지 독립과 다자 국제경제기구는 이렇게 현실화됐다.

다음의 국제정세 변화가 추가되면서 또 다른 상황이 연출됐다. 1947년 그리스 및 터키가 공산화 위험에 처하게 되자 미국의 태도는 급변했다. 같은 해 대소련 봉쇄를 의미하는 투르만 독트린이 발표됐고, 냉전이라는 새로운 형태의 동서 대립 상황이 뒤를 이

---

83) James M. Boughton, "Why White, Not Keynes? Inventing the Postwar International Monetary System," *IMF Working Paper*, WP/02/52 (March 2002), pp. 4, 12.

84) Andrew Walter, *World Power and World Money: The Role of Hegemony and International Monetary Order* (New York: St. Martin's Press, 1991), p. 157.

었다.[85)] 냉전은 국제경제관계에도 당연히 영향을 미쳤다. "터키와 그리스의 경제 안정과 순조로운 정치발전을 위해 경제 및 금융 지원이 반드시 필요하다"는 내용을 담고 있는 투르만의 미국 의회 연설은 냉전과 국제경제의 상호 연계성을 보여준다.[86)] 이때부터 미국의 전후 경제원조 계획이 시작됐는데, 다음의 수순으로 이어졌다.

먼저 유럽의 경제 회복을 위해 130억 달러 규모의 마셜플랜(Marshall Plan), 즉 대규모 원조가 1948-1952년 실행되면서 유럽경제 부흥에 결정적인 역할을 했다.[87)] 원조는 미국의 제삼세계 정책에도 영향을 미쳐, "1950-60년대 마셜플랜의 기존 아이디어는 제삼세계 국가에 전환 적용됐다."[88)] 신생 독립국 모두는 아니지만 신생국 경제가 후진적인 경우 공산주의 침투가 늘 가능하다는 점이 미국의 우려였으므로 제삼세계에 대한 원조 제공 역시 불가피해졌다. 1950년대 IBRD가 개도국 지원체제로 전환된 데는 그 만한 이유가 있는 셈이다. 즉 민간금융이 위축됐던 시절 개도국이 필요한 자금을 과거 민간자본의 위험성을 피해 공공기관인 IBRD가 제공한다는 새로운 아이디어가 제시됐다고 보면 된다.

2. 세계은행의 역할

세계은행 그룹을 대표하는 IBRD는 명칭이 의미하는 바

85) G. F. Hudson, *The Hard and Bitter Peace: World Politics Since 1943* (New York: Fredrick A. Praeger, 1967), pp. 55-56.
86) Richard N. Gardner, *Sterling-Dollar Diplomacy in Current Perspective: The Origins and the Prospects of Our International Economic Order* (New York: Columbia University Press, 1980), p. 300-301.
87) David A. Baldwin, *Economic Statecraft* (New Jersey: Princeton University Press, 1985), pp. 320-321.
88) Ibid.

와 같이 은행이다. 회원국에게 자금을 대출(loan)하는 것이 주 업무다. 앞서 소개한 베어링 사태에서 볼 수 있듯이 민간 금융기관의 대출 시 발생할 수 있는 자금 사용국의 경제적 위험을 최소화 시키자는 공적인 목적이 다를 뿐이다. 2015년을 기준으로 개도국에 대한 대출 기간은 8년 미만의 단기부터 최장 20년까지 장기로 구분돼 있다. 같은 시기 단기 대출은 런던 금융시장에서 우량은행 간 단기 자금 거래 금리인 리보(LIBOR: London Inter Bank Offered Rate)에 평균 0.35-0.6%를 더한 금리를 적용하고 있다. 반면 18-20년의 장기 대출 시에는 금리가 높아 리보에 0.85-1.35가 더해진 이자율이 적용된다.[89]

변동 금리인 셈이지만, 과거와 다른 점은 최저 금리를 적용한다는 사실이고, 더욱 중요한 것은 대출 대상국의 채무상환 불이행이 분명해져도 추가 대출을 거부한 적이 결코 없다는 사실이다.[90] 대출자금은 주로 선진국 중심의 회원국 출자금에 기초하여 다음과 같이 생성된다. IBRD가 일종의 은행이라는 점이 암시하듯, 이 출자 기초 자산을 바탕으로 채권을 발행 민간금융시장에서 자금을 끌어온다. IBRD의 이름으로 기채를 하고, 그렇게 발행한 채권을 국제 민간금융시장에서 판매한다는 뜻이다. 고객은 각국의 대형 기관 투자가, 즉 큰 규모의 은행이나 연금펀드 등인 경우가 많다. 선진국의 참여로 자금이 조성됐고, 그것에 기초한 기채이므로 채권은 최상급인 트리플 A(AAA)의 신용 등급을 받고 있다.[91]

---

89) The World Bank, "IBRD Lending Rates and Loan Charges," (www.treasury.worldbank.org bdm/htm/ibrd.html).

90) Axel Dreher, "A public choice perspective of IMF and World Bank lending and conditionality," *Public Choice*, No. 119 (2004), p. 447.

91) The Levin Institute, "International Monetary Fund and World Bank," p. 13.

가장 낮은 금리로 자금을 확보하게 된다는 뜻인데, 바로 여기서 세계은행의 진가가 발휘된다. 원래는 개도국이 감내해야만 하는 고리의 자금이 세계은행의 신용과 금융 원리를 통해 저리의 자금으로 전환되기 때문이다. 국제경제기구의 가장 핵심적인 역할을 알 수 있는 대목이지만, IBRD 역시 은행이므로 대출 조건 심사 시 자금 차용국가의 대부금 상환 능력을 무시할 수는 없었다. 당연한 결과로 자금 상환 능력이 떨어지는 빈곤국이 아닌 중진국에게 대출이 몰리는 현상이 뚜렷해졌다. 아이러니 한 것은 그 정도 수준의 국가들은 국제 민간금융시장을 통해서도 자금 조달이 가능했다는 사실이다. 당연히 IBRD의 지향하는 바가 무엇이냐는 의구심과 비판이 불거졌다.[92] 같은 상황은 지금도 지속되고 있는데, IBRD가 은행 성격을 띠고 있는 한 피할 수 없는 현상이다.

위의 문제점을 해결하기 위해 1961년 별도로 설립된 것이 국제개발협회(IDA: International Development Association)였다. 자금 공여 조건은 IBRD와 확연히 차이가 났다. 대여 자금에 대해 우선 이자가 붙지 않았고, 차입 원금은 상환해야 하지만, 대단히 여유 있는 상환 조건이 제시됐다. 2011년 운영 방침을 살펴보면 대출 조건은 다음과 같다. 가장 보편적인(regular) 자금 대여의 경우 차입국은 처음 10년은 원금을 갚지 않아도 되고, 그 후 11-20년 동안 원금의 2%를 매해 상환하며, 다음 21-40년에는 원금의 4%를 매

92) Dreher, "A public choice perspective of IMF and World Bank lending and conditionality," pp. 448-449. IBRD 대출 조건은 다음과 같이 비교적 까다롭다: 차입자가 외화로 상환할 수 있는 능력이 있는지, 융자 대상 개발 계획에 실효성이 존재하는지 등이 핵심 융자 조건이고, 정부 이외의 기관이 차입할 경우는 정부 보증이 있어야 한다. 이와 같은 조건이 적용되는 이유는 IBRD 운영 자금을 민간 기관으로부터 차입하기 때문이다. IBRD 역시 돈을 갚아야 하는 처지다(Ibid.).

년 갚아야 한다.[93] 이자가 없다는 사실과 상환 기간 또한 40년 장기라는 점이 가장 차별화된 조건이다. 운영 원리가 사실상 민간은행과 흡사한 IBRD와 비교해 대출 조건이 확연히 구분된다는 점을 알 수 있다. 자금 공여 대상국은 1인당 국민총소득(GNI per capita) 기준으로 결정되며 매해 기준은 달라진다. 가장 최근인 2016년 기준은 GNI 1,215달러 이하의 저소득 국가들이었다.[94] 위와는 별개로 무상공여(grant)를 제공한다는 점도 IBRD와는 분명 차이가 난다. 2008년 이후 총 융자금액의 약 30% 정도가 무상공여였으므로 규모도 상당한 편이다.[95]

IBRD 대출 조건을 충족시키기 어려운 저개발 국가들에게 대단히 완화된 조건의 자금공여를 IDA가 현실화시켰듯이, IBRD를 보완하는 기구가 IDA 설립 전 또 하나 출범했다. IBRD와 IDA는 기본적으로 회원국 정부를 상대하는 기관이다. 따라서 발전이 미미한 개도국 민간 분야는 공백으로 남을 수밖에 없었다. 이 문제를 해결하기 위해 1956년 설립된 것이 국제금융공사(IFC: International Finance Corporation)였다. 대출 대상국의 민간업체에 정부 보증 없이 융자해주는 것이 핵심 역할이었다. 구체적으로 민간 업체에

93) The World Bank, "IDA Terms," (www.worldbank.org/ida/articles-agreement/IDA-terms-FY12.pdf). 위의 조건은 매해 달라진다. 2015년 총 기간은 38년으로 축소됐고, 상환 유예기간(grace period)은 6년, 그 후 7-20년의 원금 상환 금액은 매해 총 공여금의 3.13%, 21-38년 역시 3.13%였다.

94) International Development Association, "Borrowing Countries," (www.ida. worldbank.org/about/borrowing-countries). 2012년에 대상국 소득 판단 기준치로 GNI가 처음 도입됐다. 이 기준을 적용하면 IBRD는 1인당 GNI 7,035 달러 이하 국가를 대상으로 활동하는 반면, IDA는 위의 기준이 적용되는 셈이다. KOTRA, 「다자개발은행 재원조달 방법과 절차」, KOTRA 자료 16-008 (2016년 3월), p. 15.

95) 장형수·송정호·임을출, 「다자개발기구의 체계 및 활동」, 통일연구원, 경제·인문사회연구회 협동연구총서 08-08-06 (2008년), pp. 33-34.

직접 융자(nonconcessional loan), 주식투자(equity investment), 혹은 융자 보증(loan guarantees) 등의 업무를 수행한다.[96)] 융자조건은 7-12년 정도의 장기가 일반적이나, 최고 20년까지 늘릴 수도 있다. 이자율은 고정 및 변동 이자율 모두가 적용되고 비율은 시장 이자율에 기초, 당사자 간 합의로 결정된다. 원금 상환 거치 기간 또한 협의를 통해 정해진다.[97)]

저개발 국가와의 자금 거래에는 또 다른 위험이 있다. 일반적으로 정치적 위험(political risk)이라고 알려진 비상업적 위험인데, 일방적인 국유화(nationalization) 혹은 재산 몰수(consfication) 등이 대표적인 위험이다. 상업적 위험은 이자율 조정 혹은 분산투자 등 경제적 방법에 의해 어느 정도 통제가 가능하지만, 위의 비상업적 위험은 차원이 다른 문제다. 상식적으로 판단해도 이러한 비상업적 위험이 있는 경우 투자는 당연히 제한될 수밖에 없다. 문제의 중요성을 부각되자 세계은행은 산하에 이 문제를 다룰 수 있는 다국간투자보장기구(MIGA: Multilateral Investment Guarantee Agency)를 1988년 설립했다.

자금 수혜국의 정치적 사정 때문에 투자 혹은 융자 주체가 자금을 환전할 수 없다던가, 아니면 자금을 해외로 송출하는 것 자체가 금지되는 경우가 MIGA의 주 업무 대상이다(통화 평가절하 시의 위험은 제외). 수용(expropriation), 즉 대표적으로 국유화나 몰

---

96) Jenny Otenhoff, "International Finance Corporation," *Center for Global Development Brief*, 2011, p. 2. 융자 조건 중 핵심은 다음과 같다: "IFC 회원국 중 개발도상국일 것, 민간 분야일 것, 수익이 발생할 가능성이 높을 것, 융자 대상국의 경제에 이득이 될 것, 환경 및 사회적으로 합당할 것 등." James K. Alford, "World Bank Group International Finance Corporation (IFC)," *Curtis, Mallet-Prevost, Colt & Mosle LLP*, February 23, 2011, p. 9.

97) 평균 6% 내외로 IBRD 보다는 높다. Ibid., p. 13.

수(consfication)도 사업 대상인데, 완전 몰수 외에 서서히 진행되는 수용(creeping expropriation), 예를 들어 외국 투자자에 대한 세금제도의 차별적 적용 등도 사업 범위에 포함된다. 그밖에 전쟁이나 내전으로 인한 피해, 계약 파기 역시 MIGA가 관할한다.[98] 이상의 설명이 보여주듯 MIGA의 활동은 당연히 대상국에 참여하는 외국의 민간사업이 대상이며, 사실상 금융 및 투자 보험 업무를 수행한다는 사실을 알 수 있다. 세계은행 그룹의 마지막 기관은 위의 다양한 융자 및 투자활동 시 피할 수 없는 분쟁을 조정 중재하는 국제투자분쟁해결기구(ICSID: International Centre for Settlement of Investment Disputes)였다. 1966년에 설립되어 현재까지 운영되고 있다.

세계은행 그룹의 자금 제공 규모는 가장 최근인 2015년을 기준으로 다음과 같다. IBRD의 경우 45개국 112개 프로젝트에 총 235억 달러, IDA는 103개국 190개 프로젝트에 총 190억 달러를 각각 제공했다. IFC 활동 역시 활발해 같은 해 89개국 105억 달러가 투융자됐다.[99] 특히 2008년 미국의 금융위기 전후 수치를 비교하면 세계은행의 성장세를 알 수 있는데, 위기 전 2005-2008년 IBRD의 연평균 융자 규모가 135억 달러였다는 점에 비춰 금융위기 이후 세계은행의 성장세가 오히려 높았다는 사실을 확인할 수 있다.[100] IDA의 경우도 사정은 비슷해 약 10년 전인 2007년 총 융자 규모가 85억 달러였으므로 불과 10년 사이에 융자 규모가 거의 두 배 늘어

98) Multilateral Investment Guarantee Agency World Bank Group, "An overview of MIGA," (http://siteresources.worldbank.org/FINANCIALSECTOR/Resources/Session8_b_GeroVerheyen.pdf), pp. 5-6.
99) The World Bank, *Annual Report 2015*, pp. 54-55; KOTRA, 「다자개발은행 재원조달 방법과 절차」, pp. 16-18.
100) The World Bank, *Annual Report 2015*, p. 54.

난 셈이었다.[101] 2015년 IBRD의 미수 대출 총 규모는 1,570억 달러였고, IDA 역시 1,310억 달러로 비슷한 규모였다.[102]

II. 다자개발은행(MDB)의 확산

1. 주요 다자개발은행

세계은행 활동이 저개발국 경제발전에 도움이 된다는 사실이 확인되면서, 전 세계적으로 유사한 은행의 설립이 줄을 이었다. 이들을 통칭 다자개발은행(MDB: Multilateral Development Bank) 혹은 개발금융기구(Development Financial Institutions)이라고 칭하는데, 세계은행의 운영 모델이 상당 부분 그대로 활용되고 있다. 세계은행이 문자 그대로 전 세계 국가를 대상으로 활동하는 데 반해, 특정 지역의 특성에 맞고 지역 내 개발에 특화된 지역 다자개발은행이 주로 설립된 것도 다자개발은행 발전의 또 다른 특징이다. 각 지역의 이름을 딴 주요 다자개발은행이 세계은행에 이어 가장 큰 규모의 다자개발은행으로 인식되는 이유이기도 하다.

1957년 중남미 경제개발을 위해 설립된 미주개발은행(IDB: Inter-American Development Bank)은 지역 다자개발은행의 대표 격이었다. 세계은행이 IBRD를 포함 IDA 등 역할이 세분화된 또 다른 금융기관을 설립하며 세계은행 그룹을 형성했듯이, IDB 역시 거의 비슷한 과정을 거치며 순차적으로 발전했다. 1984년 역내 민간 중소기업 지원을 위해 미주투자공사(IIC: Inter-American

101) 장형수·송정호·임을출, 「다자개발기구의 체계 및 활동」, p. 38, 표 III-5.
102) The World Bank, *Annual Report 2015*, p. 58.

Investment Corporation)가 설립됐고, 1993년에는 역내 영세기업을 위한 양허성(concessional) 자금 지원이 주 업무인 다자간투자기금(MIF: Multilateral Investment Fund)이 발족했다.

IBRD를 포함 5개의 국제금융기구를 합해 세계은행 그룹이라고 칭하듯 상기의 세 기구를 묶어 미주개발은행그룹(Inter-American Development Bank Group)이라고 부른다. 미주개발은행이 세계은행과 구조가 흡사하다는 점을 짐작할 수 있는데, IDB는 세계은행의 IBRD와 역할이 사실상 같고, IIC는 IFC, 그리고 MIF는 IDA와 비슷한 역할을 수행한다고 보면 된다. 미주개발은행그룹의 기관 모두가 미국의 수도에 위치하고 있다는 점도 유사성을 더해준다. 같은 맥락에서 융자 조건 역시 세계은행그룹과 거의 흡사하다. 현존하는 지역다자개발은행 중 자본금 규모가 가장 크다는 특징도 있다.[103)]

일본이라는 지역 최대 경제 강국이 존재하고, 미국의 경제 및 전략적 이해가 깊게 드리워진 아시아 지역에도 큰 규모의 다자개발은행이 존재한다. 1966년 출범한 아시아개발은행(ADB: Asian Development Bank)은 아시아 태평양 지역 경제개발을 목표로 하고 있다. 위에서 소개한 다자은행과 차이점은 투표권을 일본과 미국이 각각 12.9%를 보유 일본의 독자적인 위상이 인정되고 있다는 사실이다.[104)] ADB는 다른 다자개발은행과는 달리 가맹국의 정부,

---

103) 한국은행 국제협력실, 「국제금융기구가 하는 일」, 한국은행 2005, p. 371.

104) IDB의 경우 미국이 30% 지분을 보유 절대 우위에 있으며, 브라질과 아르헨티나가 각각 11.2%로 두 번째로 많은 지분을 가지고 있다. IBRD에는 사실상 전 세계 국가가 가입되어 있으므로 IBRD 미국 지분의 경우 IDB와 비교해 보면 상대적으로 적은 17.1%이지만, 지분 2위인 일본의 7.9%와는 상당한 격차가 있다. 1991년에 설립, 구공산권이었던 중동부 유럽 개발이 목적인 유럽개발은행(EBRD: European Bank for Reconstruction and

정부 기관 및 민간 기업에 대한 지원을 ADB가 홀로 모두 담당하고 있다. 하지만 기관을 운영하면서 극빈국 지원, 즉 양허성 자금 공여의 필요성이 부각되면서, 1973년부터 아시아개발기금(ADF: Asian Development Fund)을 별도로 설립 운영하고 있다.[105)]

ADF 융자 조건을 설명하기 전에 ADB의 비양허성 융자(non- concessional loan)를 살펴보면 세계은행그룹 및 미주개발은행 그룹과는 다소 다른 특징을 발견할 수 있다. 초기 ADB는 자신들이 지본시장에서 빌리는 자금의 조달 시점 금리에 0.5%를 가산하는 방식을 자신의 대출 금리 산정에 일률적으로 적용했다. 일종의 고정 이자율인 셈인데, 하지만 세계화의 진전으로 풍부한 국제자금 활용이 가능해지면서, 이자율 또한 시장의 움직임에 기초 다양하게 변하게 된다. 1986년 일종의 변동이자율 개념인 통합통화풀 융자제도(PSCL: Pool-based Multicurrency Loan window)가 도입됐다. 2007년부터는 시장 이자율의 변동성과 안정성을 모두 고려한 제도, 즉 세계은행과 같은 방식의 리보베이스 융자제도(LBL: Libor-based Loan window)가 정착됐다. 반면 양허성 융자가 목적인 ADF의 경우는 융자 기간이 일반적으로 8년의 거치 기간을 포함 32년 정도며 이자는 없다. 대신 거치 기간에는 연 1%, 그 후에는 1.5%의 수수료가 부과된다.[106)]

이상이 규모가 가장 큰 3대 다자개발은행의 모습인데, 은

Development)도 미국 지분이 10.1%로 가장 많고, 2위인 프랑스, 독일, 이탈리아 그리고 일본은 공히 8.6% 지분을 보유하고 있다. 대외경제정책연구원, 「AIIB 추진 현황과 한국의 대응방향」, 오늘의 경제, Vol. 15 No. 12, 2015년 4월 27일, p. 19. ADB의 경우는 일본의 우위를 미국이 명시적으로 인정하고 있는 셈이다.

105) 한국은행 국제협력실, 「국제금융기구가 하는 일」, pp. 263-280.

106) Ibid., pp. 274-275, 279-282.

행 규모의 판단 기준이 수권 자본금 액수임은 물론이다. 세계은행 그룹 IBRD의 경우 2014년 수권자본금 규모는 2,328억 달러였다. IDB가 1,709억 달러였고, ADB가 1,638억 달러를 기록 비슷한 수준을 보이고 있다. 반면 1991년에 설립된 EBRD는 3,000만 유로에 불과했다.[107] 흥미로운 점은 위 은행들의 설립 및 적극 활동 시기가 거의 일치한다는 사실이다. 1956년 IFC(국제금융공사)와 1960년 IDA(국제개발협회)가 IBRD 산하에 설립되면서 IBRD 활동 영역이 유럽 부흥이라는 애초의 목적에서 개도국 경제개발로 변했듯이, 거의 같은 시기인 1957년 IDB(미주개발은행), 그리고 1966년 ADB(아시아개발은행) 등이 설립된 것에 비춰, 1950년대 중반 이후 1960년대 까지 지역 다자투자은행을 주도한 미국의 경제외교상 이해는 무엇이었을까?

2. 다자개발은행 확산의 국제적 배경

앞서 전후 3대 국제경제기구, IMF, GATT 그리고 IBRD의 설립 배경을 살펴봤다. 미국의 독특한 국제 이상주의, 즉 국제관계를 이해 당사자 모두가 참가하는 국제기구를 통해 조율할 수 있고, 그래야 18-19세기 유럽에서 가시화된 국가 간 음모와 불신, 그리고 끝없는 야망이 억제되면서 평화가 가능하다는 생각이 이 모두를 관류하는 논리일 것이다. 새로운 사고는 UN(국제연합)에 먼저 투영됐고, 가장 중요한 경제문제를 조율하는 국제경제기구가 함께 탄생했다. 이상이 정치적 요인이라면 경제적으로도 국제경제기구는 나름 탄탄한 논리에 기초하고 있었다. 아래의 설명은 모두를 관류하

107) 대외경제정책연구원, 「AIIB 추진 현황과 한국의 대응방향」, p. 19.

는 두 번째 논리를 보여준다.

앞에서 잠시 살펴봤듯이 IMF, GATT 그리고 IBRD 존재의 가장 중요한 경제 논리는 금본위제의 한계였다. 금본위제의 가장 큰 특징은 국내 및 국제경제 분야 모두에서 국가 간섭이 최대한 억제된 가운데 시장원리를 확대 적용하는 것이었다. 하지만 제1차 세계대전이라는 커다란 충격이 가해지자 금본위제라는 정교한 메커니즘은 쉽게 붕괴됐다. 그 여파로 국제통화의 불안정, 환율체제의 요동 현상과 보호주의 강화는 피할 수 없었다. 이런 불안정이 제2차 세계대전의 최대 승전국인 미국의 이상주의, 즉 법에 의한 국제관계의 조율 원칙과 만나면서 새로운 제도의 폭발력이 만들어졌다고 보면 된다. 여기서 중요한 것은 위의 큰 변화를 뒷받침하는 새로운 경제 이론이 생성됐다는 사실이다. 경제 사상의 변화는 지금까지도 강한 영향력을 발휘하고 있다.

금본위제 붕괴는 우선 국가가 경제에 간섭하면 안 된다는 기존 사고를 근본적으로 흔드는 계기가 됐다. 수요를 국가가 의도적으로 부추기면 경제가 활성화될 수 있다는 새로운 논리에 기초, 국가 간섭이 국제적으로도 왜 필요한지가 부각됐다. 앞서 소개한 IMF의 고정환율제는 대표적이었는데, 환율이 시장에서 외환의 수요 및 공급에 따라 결정되는 것이 아니라 국가가 간섭, 이미 확정된 환율을 유지하는 새로운 규칙이었기 때문이다. 트릴레마 법칙에 따르면 이 경우 다음의 상황이 불가피해진다. 초기 IMF 운영에서는 회원국이 국제 자금거래를 자의적으로 조절할 수 있는 권한, 즉 자본통제라는 또 다른 국가 간섭이 허용됐다. 자본거래의 투기적 요소를 배제하기 위한 자본통제에 기초, 환율안정이 이루어져야 국제무역이 활성활 될 수 있다는 것이 당시의 사고였다. 바로 이것이 GATT라는 새로운 국제무역기구가 탄생한 배경임은 이미 설명한 바와 같다.

국제경제를 새롭게 조직 운영하는 원칙이 위와 같았다면, 비슷하게 국내 경제정책에도 획기적인 변화가 있었다. 수요를 자극해서 경기를 활성화 시킬 수 있다는 새로운 이론의 연장선에서 과거에는 없던 복지국가론이 급부상했다. 여기서 복지국가의 의무는 '완전고용, 경제적 안정, 그리고 사회복지의 확충'으로 요약된다.[108)] 1945년 7월 영국 총선거에서 복지국가론을 내세운 노동당 애틀리(Clement Attlee)의 승리는 복지국가의 신호탄이었다. 경제 논리가 정치화된 셈이었는데, 다음의 논의는 그런 현상의 국제적 파장을 논리적으로 정리하고 있다.[109)]

"당시 필요했던 것은 큰 규모의 연합(coalition)을 위한 지적 및 정치적 기반이었다. 케인즈 학파라는 신 사고 집단(미국 및 영국의 엘리트)이 제공한 것이 바로 그것"이었다고 보면 된다.[110)] IMF의 고정환율제와 자본통제 허용 이유는 앞서 설명한 바와 같다. 트릴레마 법칙의 또 다른 축인 국내통화 및 재정정책 역시 국제경제 상황으로부터 영향 받을 필요가 없었다. 국내경제의 필요에

---

108) G. John Ikenberry, "The Political Origins of Bretton Woods," Bordo and Eichengreen, eds., *A Retrospective on the Bretton Woods System: Lessons for International Monetary Reform*, p. 179.

109) "노동계급의 정치적 성장과 경제적 고통의 확대 등은 사회적 보호의 필요성을 증대시켰고, 이런 현상은 이미 전 세계적인 것이 됐다. 다시 말해 새로운 사회적 요구가 모든 정치 스펙트럼과 (정통 금융가를 제외한) 모든 사회계층으로부터 분출됐던 것이다." John Gerard Ruggie, "International regimes, transactions, and change: embedded liberalism in the postwar economic order," Stephen D. Krasner, ed., *International Regimes* (Ithaca: Cornell University Press, 1983), p. 204.

110) Ikenberry, "The Political Origins of Bretton Woods," p. 180.

의해 독립적인 운영돼야 한다는 논리가 자연스레 유도되는 대목이다. 복지국가론이 전후 국제경제 운영 원칙에 영향을 미쳤다고 보는 근거인데, 왜냐하면 복지국가가 부여한 의무에 충실하기 위해서는 국내 재정 및 통화정책의 독립적인 운영이 필수적이었기 때문이다.

아무튼 금본위제에 기초한 전통적 자유주의가 변형된 것만은 분명했다. 옛 자유주의와 차별화된 내재된 자유주의(embedded liberalism)라는 새로운 용어가 등장한 배경이다.[111] 즉 '계획된 자유방임(planned *laissez-faire*)'를 의미하는바, "권위와 시장 사이의 균형을 (과거 순수 자유방임 원칙과는 다르게) 변화시키는 것을 뜻한다. 따라서 정통성 있는 사회적 목적을 과거와는 차별이 나게 정의함으로써 국가와 사회(state-society) 간의 관계 역시 지난날과는 다르게 변할 수밖에 없었다. 다시 말해 (당시의 국제경제 상황에서는) 국가권력이 과거의 자유방임 시절 최대한 억제됐던 것과는 달리 국내경제 목적을 위해서는 활용될 수 있다고 여겨졌던 것이다."[112]

이런 새로운 사고의 국제 버전은 다음과 같이 정리됐다. "서로 상반되는 성격을 지닌 19세기 식의 자유무역체제(국제주의)와 지역 혹은 국가주의적 자본주의 운영 사이에서 절충점을 찾는 조치"가 취해졌던 셈이다.[113] 즉 영국과 미국의 엘리트 계층이 "(자유주의에 기초한) 국제주의(internationalism)의 장점과 필요성"에 대해서 공감대를 형성한 것은 분명하지만, "결국 (국제주의의 도구

111) Ruggie, "International regimes, transactions, and change: embedded liberalism in the postwar economic order," pp. 198-199.
112) Ibid., p. 202.
113) kenberry, "The Political Origins of Bretton Woods," pp. 177-178.

인) 국제제도(international institutions)와 연계돼 구현될 수밖에 없는 (전후) 국제주의라는 새로운 가치에는 현대 복지국가(welfare state)가 이행해야만 하는 사회적 의무가 포함돼야 한다는 논리상으로는 서로 다른 생각 두 가지의 절충이 이루어졌다." [114]

앞서 케인즈가 작성한 영국의 IMF 초안에 "외국에서 들어오는 것이든 혹은 대외적으로 유출되는 것이든 자본이동에 대한 통제(control of capital movement)는 전후 체제의 영구적인 특징이 되어야 한다"는 내용이 있었다는 사실을 소개한 바 있다.[115] 같은 생각은 IMF 최종 규정에 다음과 같이 반영됐다: "회원국은 국제자본의 이동(capital movement)을 규제하는 데 필요한 통제(controls)를 할 수 있다. 하지만 경상거래(current transaction) 결제를 제한하거나, 기금(IMF)과 약속한 사항을 이행하기 위해 필요한 자금의 이전을 늦추기 위한 목적으로 통제를 활용해서는 안 된다."[116] 특히 투기자본의 이동에 대해서는 통제가 가능하다는 것을 의미했고, 넓게 해석하면 자본거래 즉 금융거래 전체가 통제의 대상이었다.[117]

금융적 관점에서 중요한 것은 국가 통제가 강화된 결과, 즉 IMF의 자본통제 허용이 국제금융의 위축으로 이어졌다는 사실이다. 국가의 자본통제가 없었던 19세기 금본위제하에서 국제금융이 전성시절을 맞았던 것과는 정반대 상황이 전개된 셈이었다. 앞

114) Ibid., p. 179.

115) 각주 34의 본문 참조.

116) IMF Article VI. Section 3.

117) IMF와 GATT를 통해 알 수 있듯이 자유무역과 환율 안정은 당시 최우선 과제였다. 반대로 금융산업은 이를 위해 희생됐는데, 즉 "자유로운 자본 이동이라는 명제가 국제무역이라는 (상위의) 렌즈에 투영되면서 전후 국제경제질서에서는 국제금융이 1급이 아닌 2급의 지위(second-class status)를 얻게 됐다." Lawrence Krause, "Private International Finance," *International Organization*, Vol. XXV, 1971, p. 536.

서 설명한 바와 같이 금본위제하에서 개발도상국에 대한 장기투자는 선진국 민간은행이 담당했다. 하지만 그것의 위험성과 폐해는 영국의 대형 금융기관 베어링사의 도산 위기와 아르헨티나 경제위기를 통해 구체적으로 드러난 적이 있다.[118]

개도국 경제발전을 위한 장기투자라는 관점에서 두 가지 조건이 생성됐음을 알 수 있다. 우선 IMF의 자본통제 허용 때문에 국제금융이 위축되면서 대형 투자금융기관이 활성화될 수 없었고, 따라서 개도국에 대한 민간의 장기투융자 역시 금본위 시절처럼 기대할 수는 없었다. 금본위제 시절 민간금융의 지나친 약진이 국제경제 전체의 안정을 해친다는 인식이 브레턴우즈 체제의 형성 배경이었음은 이미 소개한 바와 같다. 같은 맥락에서 개도국 경제발전을 위한 자금 공여는 민간이 아닌 국제기구와 같은 공적 기관이 담당해야 한다는 생각은 자연스런 것이었다.

정리해 보면 미국의 새로운 이상, 즉 국제기구를 통한 국제문제 해결, 그리고 식민지 통치가 없는 국제질서 등의 새로운 원칙이 확립되면서 세계은행을 포함한 국제경제기구가 활성화됐음을 알 수 있다. 국제경제의 새로운 운영 원칙, 대표적으로 자본통제 허용, 고정환율제 실시, 금융이 아닌 무역 우선주의 등은 자연스레 국제민간금융을 위축시켰고, 결과적으로 개도국이 민간 국제금융 자본을 활용하기는 대단히 힘들어졌다. 여기에 냉전 격화라는 국제정치 요소가 추가되면서 개도국에 대한 미국과 소련의 영향력 확대 경쟁에도 불이 붙었다. 미국이 애초의 목적과는 다르게 IBRD를 개도국 지원 경제기구로 전환시킨 또 다른 이유였다. 다자투자기구가 미국 주도 하에 세계적으로 확대된 까닭을 알 수 있는 대목이

118) 각주 79, 82의 본문 참조.

다. 식민지 독립 원칙이 적용된 결과 수많은 신생 독립국의 탄생했고, 세계 공산화가 국가 목표인 소련과 이를 좌시 않겠다는 미국 모두에게 신생국을 자신의 권역에 편입시키는 것은 외교정책의 최우선 과제일 수밖에 없었다.

IBRD의 애초 설립 목적은 이미 설명한 바와 같이, 제2차 세계대전 주요 관련국의 파괴된 시설 복구였다. 임무가 어느 정도 완수된 1950년대 후반 IBRD를 없앨 것인가가 쟁점으로 등장했지만, 1956년 IFC, 그리고 1960년에는 IDA가 설립되면서 논쟁은 종식됐다. 1966년 국제투자분쟁해결기구(ICSID)가 뒤 이어 창설된 후 오늘날 세계은행 그룹의 모습이 갖춰진 것을 보면, 시기적으로 1950년대 중반 이후 약 10년 동안 IBRD의 목적에 극적인 변화가 있었음을 알 수 있다. 흥미롭게도 이 10년은 전후 국제질서의 특징이 가장 가시화된 시기였다. IMF가 본격 가동되면서 고정환율제와 자본통제 원칙이 자리 잡았고, 식민지 독립의 결과 신생국가 탄생이 봇물을 이뤘다. 소련의 중동 침투 전략과 미국의 맞대응 때문에 발생한 1956년의 수에즈 위기(Suez crisis), 소련의 분단 독일에 대한 야심과 유럽 안보체제에 대한 시험이 원인이었던 1958년, 1961년 두 차례의 베를린 위기(Berlin ultimatum and wall), 그리고 미국의 의지와 능력에 대한 소련의 테스트였던 1962년 쿠바 미사일 위기(Cuba missile crisis) 등은 당시 미국과 소련의 갈등 수준을 보여준다. 중요한 것은 IBRD가 신생국(개도국) 경제발전을 위한 기제로 전환된 시점이 이상의 국제환경 변화 시기와 일치한다는 사실이다. 특히 1968년 세계은행 총재로 취임한 미국의 전 국방부 장관 맥나마라(Robert MacNamara)의 역할은 지대했다. "현재 IDA의 기본 목표이자 이념이 된 지속 가능한 경제발전(sustainable development)이라는 새로운 개념이 도입됐고, 그 결과 취임 연도인 1968년 8억 8000만 달러였던 연간 대출 금액이 1981년 퇴임 시에는 열배 이상 늘어난 120억 달러로 확대됐다."[119]

3. 다자개발은행의 운영 원리와 융자의 다양성

다자개발은행은 회원국의 납입 자본금에 기초 운영 자금을 확보한다. 각국의 경제력에 따라서 총 납입 자본금이 산출되고, 당연히 그것을 기반으로 은행의 주요 운영방침을 결정하는 투표권이 배분된다. 중요한 것은 일반적으로 자본금(ordinary capital)으로도 불리는 회원국의 총 출자금(subscribed capital)이 납입 자본금(paid-in capital)과 약정 자본금(callable capital)으로 구성된다는 사실이다. 여기서 납입 자본금은 회원국이 다자개발은행에 실제로 납부하는 자본금을 의미하고, 약정 자본금은 "(채무변제) 혹은 그 밖의 위급 상황 시 다자개발은행이 회원국에게 요구하는 경우 회원국이 상응하는 자금의 출연을 약속한 자본금"을 뜻한다.[120] 즉 약정 총출자금에서 실제 납입금을 제외한 남은 금액으로서 은행의 요구 시 언제고 추가 납부가 가능한 일종의 대기성 자금(stand-by capital)인 셈이다.

신용 창조 원리가 숨겨져 있다는 점은 더욱 중요하다. 은행은 실제 현금으로 납부된 납입 자본금은 물론, 국가의 약속이기에 부도 확률이 대단히 낮은 약정 자본금 모두를 준거금으로 활용,

119) Bryan Johnson, "The World Bank and Economic Growth," p. 7.
120) Chris Humphrey, "Developmental revolution or Bretton Woods revisited?" *The Overseas Development Institute Working Paper* 418, April 2015, p. 10.

민간금융시장에서 막대한 자금을 무리 없이 차입할 수 있다. 회원국에게도 비슷한 혜택이 돌아간다. 실제로는 납부하지 않은 자본금이 회원국의 약정만으로도 실제 자본금 역할을 할 수 있으므로 자금을 그만큼 절약할 수 있기 때문이다. 바로 이점이 다자개발은행의 가장 큰 장점인 신용창조 메커니즘인데, 2015년 현재 무려 20개의 다자개발은행이 활동한다는 사실은 신용창조의 편의성을 보여준다.[121)]

결국 신용창조 정도는 다자개발은행이 얼마나 용이하게 추가 자본을 확보할 수 있는가에 달려있는 셈이다. 회원국이 이미 납입한 자본금과 민간보다는 상대적으로 부도 가능성이 낮은 약정 자본금 덕분에 다자개발은행의 신용은 민간 금융시장에서 일반적으로 상급으로 분류된다. 즉 자금을 빌리는 비용(이자)이 그만큼 낮아진다는 의미다. 미국 등 선진국 모두가 참여한 IBRD의 경우 신용등급은 최고 수준인 AAA를 받고 있는데, 그 결과 "1945-2013년 불과 134억 달러의 회원국 납입 자본금에 기초 누적 총액 무려 5,860억 달러의 비양허성(non-concessional) 융자를 시행할 수 있었다."[122)]

다음의 설명은 다자개발은행의 돈 빌리는 능력을 구체적으로 보여준다. 자본금(출자금) 대 대출 비율(equity-loan ratio)은 중요한 지표가 되는데, 여기서 출자금은 납입 자본금(paid-in capital)을 의미한다. 상업적으로는 자기 자본금(equity capital)이라고 부른다. 따라서 자본금 대 대출 비율(자본금/대출)은 다자개발은행이 납입 자본금에 기초 얼마나 많이 융자를 했는지를 보여

121) Ibid., p. 2.
122) Ibid., p. 3.

주는 지표가 된다. 비율이 적을수록 자본금에 비례 융자가 많이 이루어졌다는 뜻이고, 그것은 곧 은행의 자금 창출 능력, 즉 민간시장에서 돈을 빌릴 수 있는 능력이 뛰어나다는 점을 보여준다. 2013년 아시아개발은행(ADB)의 비율은 32.3%, 그리고 미주개발은행 역시 33.3%를 기록 두 은행의 능력은 엇비슷했다. 이 비율은 민간은행의 그것보다는 약 두 배 낮은 수치였다. 다자개발은행의 자본 동원 능력이 앞서는 셈인데, IBRD의 경우는 더욱 낮아 같은 해 27.9%를 기록했다.[123] 결국 IBRD의 자금 창출 능력이 가장 뛰어나다는 점, 민간에 비해서는 다자개발은행의 자금 동원 능력이 월등하다는 현실을 확인할 수 있다. 여기에 높은 신용등급 덕분에 융자 이자율을 낮출 수 있다는 사실이 추가되면, 다자개발은행이 세계적으로 확산된 이유를 확인하는 데는 무리가 없다.

부도 위험이 낮은 국가의 자금 납부 약정이 다자개발은행이 누리고 있는 높은 신용등급의 이유이긴 하지만, 신용등급이 메겨지는 메커니즘은 다음과 같이 다소 복잡하다. 민간 금융시장은 회원국의 기존 국가 신용등급을 가장 중요한 요소로 간주한다. 다자개발은행의 자본금 지분 비율을 국가 별로 계산하고, 이에 그 국가의 국가신용등급(sovereign rate)을 합산하면 전체 자본금의 신용등급을 알 수 있다. IBRD의 경우 자본금 출자국 중 선진국들이 많아 전체 자본금 중 최상급 AAA 비율은 28.8%이고, AA로 분류되는 비율은 60.8%다. 결국 A 이하의 등급 비율은 10% 내외므로 IBRD가 자금 조달을 위해 발행한 채권은 최소 AA 등급 이상임을 알 수 있다. 초강대국 미국이 주도적으로 참여하고 있고, 전 세계 선진국이 모두 망라돼 있음은 물론, 상기 AAA 비율이 거의 30%에 이르므

123) Ibid., p. 16, 그리고 p. 35, Appendix Table 2.

로 IBRD이 발행한 채권은 최고 신용등급인 AAA를 받아 왔다.[124] 이상이 나중에 소개할 AIIB 발행 채권 등급의 기준이 됨은 물론이다.

다자개발은행의 금융 지원은 앞서 소개한 융자 종류와 조건에 암시돼 있듯이 비양허성(non-concessional lending window)과 양허성(concessional) 자금 지원으로 나누어진다. 여기서 '비양허성'이란 시장원리(market-based)가 적용되는 민간 융자와 비슷한 방식으로 자금이 공여되는 경우다. 융자 조건은 민간금융과 차이가 나지만, 일정의 이자가 붙고, 상환 기간이 정해져 있다는 점은 민간 금융시장의 운용 원칙과 사실상 같다.[125] 차관(loans), 보증(loan guarantee) 그리고 출자(equity investment) 등이 다자개발은행의 대표적 자금 융자 방식인데, 이 모두는 당연히 비양허성 대출로 분류된다. 반면 양허성 자금 공여는 시장원리가 배제된(below market-based) 자금 공여를 의미한다. 파격적인 저금리의 융자라던가 초장기의 저리 융자 혹은 무상 원조(grants) 등이 이에 속한다.[126]

2013년 세계은행그룹 IBRD와 IDA의 융자 총액은 315억

---

124) Ibid., p. 18, Figure 9. 국가 신용등급 AAA의 일본, 미국 그리고 호주가 납입 자본금의 약 30%를 차지하고 있는 ADB의 발행 채권 역시 신용등급 AAA를 받고 있다. 미국의 출자 비중과 투표권이 30%라는 절대 비중을 차지하고 있는 IDB 또한 발행 채권 등급은 AAA다. IBRD를 제외하고는 유일하게 G7 국가가 모두 참여했고, 이들의 출자 비율이 전체의 50%를 넘는 유럽부흥개발은행(EBRD: European Bank for Reconstruction and Development) 발행 채권도 당연히 AAA로 분류된다. 한국은행 국제협력실, 「국제금융기구가 하는 일」, p. 265, 표 IV-1; p. 353, 표 IV-62, p. 375, 표 IV-72; KOTRA, 「다자개발은행 재원조달 방법과 절차」, p. 56.

125) Rebecca Nelson, "Multilateral Development Banks: Overview and Issues for Congress," *Congressional Research Service Report for Congress,* November 8, 2013, p. 2.

126) Ibid.

달러였다.[127] 이 중 양허성 융자는 50%가 약간 넘는 163억 달러였고, 비양허성 융자 총액은 152억 달러였다. ADB는 총 143억 달러의 융자 중 104억 달러가 비양허성(양허성 39억 달러)이어서 세계은행 보다는 비양허성 비중이 높았다. IDB는 총 융자 155억 달러의 대부분인 153억 달러가 비양허성이었다. EBRD의 경우는 총 융자 108억 달러 전부가 비양허성 대출이었다.[128] 즉 양허성 대출이라는 잣대를 적용하는 경우 중남미는 대상국이 소수임을 의미하고, EBRD는 전무하다는 점을 알 수 있다. 이익의 창출과 거리가 먼 양허성 대출이 반을 넘을 수 있는 이유는 위의 설명대로 싼 이자로 많은 자금을 빌릴 수 있는 세계은행의 능력과 비양허성 융자를 통해 얻는 수익 덕분이다. 2013년 IBRD의 자기자본 대비 수익률(ROE: return on equity)은 2.1%였다.[129]

이상이 시장원리 기준의 통상적인 구분이라면 대상 분야를 중심으로 융자를 구분하는 것도 다자개발은행 활동을 이해하는데 도움이 된다. 철도, 발전소, 항구, 댐 건설 등 인프라 투자와 보건/교육 등과 같은 사회 프로젝트 투자 모두를 포괄하는 의미로 프로젝트 융자(project loans)라는 용어가 사용된다. 반면 대출 대상국의 정책과 연계된 융자도 있는데, 국유기업의 민영화를 조건으로, 혹은 농업 및 전기 공급 정책의 변화 등을 전제로 융자가 제공되는 경우를 의미한다. 지속가능한 경제발전을 위한 다자개발은행

127) 여기서 융자 총액(investment)은 융자(loans), 보증(quarantees), 주식투자(equity investment) 등을 포괄한다. Humphrey, "Developmental revolution or Bretton Woods revisited?" p. 2, Table 2.

128) Ibid.

129) Ibid., p. 35, Appendix Table 2. 참고로 IBRD 등 3대 다자개발은행 외에 아프리카개발은행(AfDB)과 안데안개발은행(CAF)를 포함한 5개 은행의 평균 ROE는 3.5%였다.

정책의 산물이라고 볼 수 있는바, 주로 "융자 대상국가가 특정의 정책을 개혁한다는 조건이 붙는 경우"가 많고 이를 총칭하여 정책연계 융자(policy-based loans)라고 부른다.[130] 전통적으로 정책연계 융자는 IMF가 주로 시행해 왔다. 1997년 한국의 금융위기 시 긴축정책을 조건으로 IMF 자금이 수혈된 것은 대표적인 사례일 것이다(IMF austerity measures).[131] 그러나 세계은행 역시 초기 인프라 중심 대출에서 벗어나 지속가능한 경제발전을 위한 사회 전반 조건의 향상을 강조한 후에는 아래의 설명이 보여주듯 정책 연계 대출이 꾸준히 늘어났다.

4. 다자투자은행 관심 영역의 변화

금본위제 시절 베어링 사태를 통해 알 수 있듯이 개도국 경제발전의 가장 큰 걸림돌은 열악한 사회간접자본이었다. 생산을 위해서는 전력이, 물품 혹은 자재를 운송하기 위해서는 도로나 철도가 필요했다. 물자 혹은 상품을 수출입하기 위해서는 항만이나 공항의 확충도 필요조건이었다. 문제는 이들의 건설에 막대한 자금이 들어가고, 투자된 자금을 회수하는 데도 많은 시간이 걸린다

130) Nelson, "Multilateral Development Banks: Overview and Issues for Congress," p. 1.

131) IMF의 경우는 금융 안정이 최우선 목적인 반면 다자개발은행의 정책연계 대출에서는 금융안정 의제가 배제된다(Ibid.). 구체적으로 국제수지(balance of payments) 문제가 IMF의 핵심 관심 분야인데, 국제수지는 금융 안정과 밀접한 관계가 있고, 이 문제를 해결하기 위해서는 중장기적으로 긴축정책이 필요하다는 것이 IMF의 입장이다. Martin A. Weiss, "International Monetary Fund: Background and Issues for Congress," *Congressional Research Service Report for Congress*, September 19, 2011, p. 11.

는 사실이다. 개도국의 능력으로는 풀 수 없는 문제였는데, 따라서 서방의 대형 금융기관이 자신들에게 유리한 조건으로 사업에 참여하거나 대출해주는 일은 피할 수 없었다. 앞서 소개한 영국 베어링사의 아르헨티나 사회간접 자본 투자는 대표적인 사례였고, 이 경우 투융자 유치국이 감수해야 하는 위험이 대단히 크다는 현실을 극복하기 위해 IBRD 등 다자투자은행이 활성화된 사실을 이미 밝힌 바와 같다.

문제는 사회간접자본에 대한 집중 투자로 개도국의 지속적인 경제 발전이 가능한가였다. 애초 세계은행(IBRD/IDA) 초기의 통계를 보면 1960년대 중후반까지만 해도 총 융자의 70%를 약간 상회하는 금액이 사회간접자본 투자를 위해 배분됐다. 하지만 해가 갈수록 비율은 줄어들어 2000년대 초반부터는 30% 내외를 기록하고 있을 뿐이다.[132] 세계은행(IBRD와 IDA)의 경우 2014년 총 융자(408억 달러)에서 전통적 사회간접자본인 교통(transportation) 분야 17% 그리고 에너지 및 광산(energy and mining) 분야에 16%가 배분되어 사회간접자본을 넓게 해석해도 33%만이 투자됐음을 알 수 있다. 반면 공공행정, 법률, 공정성(Public administration, Law, and Justice) 등 제도 개선에 무려 22%, 교육 8%, 보건과 그 밖의 사회 서비스 8%, 그리고 수질개선, 위생 및 식품 안전에 11%가 배분됐다.[133] 앞서 초기 IBRD가 "최후의 대부자(the lender of last resort)였던 반면, 지금의 세계은행은 국제후생기관(international

132) Humphrey, "Developmental revolution or Bretton Woods revisited?" p. 4, Figure 2. 비슷한 현상은 IDB와 ADB 활동에서도 감지된다. 1980년대 중반 사회간접자본 확충을 위한 융자는 이들 은행 총 융자의 약 65% 정도였다.

133) The World Bank, *Annual Report 2015*, p. 57, Figure 16.

welfare agency)으로 변했다" 평가는 바로 이를 두고 한 말이다.[134)]

다시 말해 애초 전후 복구와 이어 개도국 인프라 투자에 집중됐던 다자개발은행의 융자가 발전을 위한 사회의 전반적인 조건 향상으로 초점이 옮겨졌다는 의미인바, 다음의 설명을 통해 그렇게 된 이유의 일단을 엿볼 수 있다: "IBRD는 발전의 우선 순위가 변하는 것에 대응 IFC, IDA 등 부속 기구를 만들었다... 이 같은 제도상의 진화는 발전에 대한 과거와는 다른 변화된 인식과 잘 융합됐다. 초기에는 (주로 인프라 분야의) 개별 프로젝트에 초점을 맞췄지만, 시간이 지나면서 정책(policies), 전략(strategies), 제도(institutions)에 주안점을 두게 됐고, 그것은 발전에 대한 보다 총체적인 접근(a more holistic approach to development)을 의미했다. 같은 맥락에서 현재 세계은행 그룹의 우선 관심 사항은 인간(people) 자체에 대한 투자, 그것에 기초한 지속가능한 성장(sustainable growth)을 촉진함으로써 세계은행으로부터 자금을 차입한 국가들이 빈곤을 줄이고 생활수준을 향상 시키는 것이다."[135)]

경제가 지속적으로 발전할 수 있는 조건에 대한 기존 인식이 변한 것은 세계은행이 축적한 경험의 산물이기도 했지만, 조건에 대한 이론적 연구 또한 중요한 역할을 했다. 우선 이론적 관점에서도 경제 이외의 제반 조건 정비가 지속적인 발전의 필수 요소라

---

134) 각주 76의 본문 참조.

135) James M. Boughton and K. Sarwar Lateef, eds., *Fifty Years After Bretton Woods: The Future of the IMF and the World Bank*, Proceedings of a conference held in Madrid, Spain, September 29-30, 1994, International Monetary Fund and World Bank Group, p. 3. 이하 발전 이론 내용은 다음에 기초하고 있다. 김기수, "중국 경제개혁의 정치적 역학: 지속적인 경제발전을 위한 정치동력의 약화," 「세종연구소 세종정책연구」 2013-2, 2013년 2월, pp. 64-77.

는 점이 밝혀졌다. 제도주의(institutionalism)이라고 불리는 새로운 논리는 경제발전의 사회적 요건을 다음과 같이 진단하고 있다.

> 특화가 상당히 진행된 사회는 효율적이고, 일반적인(impersonal) 계약의 준수를 요구하게 된다. 왜냐하면 복잡하고 일반적인 거래방식이 부각되면서 개인적인 친분, 자발적인 구속, 집단의 규율 등을 이탈하는 사람에 대한 강제추방 등은 더 이상 효과가 없기 때문이다. (결국 발전의 막바지 단계에 이르면) 특화 때문에 사회가 가지고 있는 더 많은 자원이 거래에 개입될 것이고, 그러므로 거래 부문이 국민생산에서 차지하는 비율은 클 수밖에 없다. 바로 이것이 거래를 담당하는 대단히 전문화된 조직이 필요한 이유다. 비슷한 맥락에서 자본시장이 그 안에서 활동하는 사람들의 신뢰에 기초 성장하기 위해서도 국제수준의 특화와 노동분업은 국경을 넘어 소유권을 보장할 수 있는 제도나 조직을 요구하게 된다.[136)]

결국 "특화가 상당히 진행된 사회는 복잡해지는 만큼 효율적이고, 일반적인(impersonal) 계약의 준수를 요구하게 된다"는 것인데,[137)] 당연히 이를 법적으로 확인 및 강제할 수 있는 제도 등이 필요하게 된다. 한 걸음 나아가 분석은 다음의 구체적인 조건을 제시하고 있다: "그렇게 되려면 우선 입법부가 객관적인 법률을 만들어야 한다. 법률을 위반한 사람에게는 적절한 제제가 가해져야 하고, 제재의 판단과 이행은 사법부과 행정부가 맡아야 한다. 결국 권력은 견제와 균형의 원칙에 따라서 분리돼야 하고, 그것에 기초 합리적인 입법과 법 집행상의 객관성 유지가 가능해질 때 제도경제

136) Douglas C. North, "Institutions," *Journal of Economic Perspectives*, Vol. 5, No. 1(Winter 1991), pp. 101-102.
137) Ibid., p. 100.

학의 주장이 현실화된다는 뜻이다."[138] 앞서 소개한 바와 같이 최근 세계은행의 집행 총 자금 중 무려 22%가 '공공행정, 법률, 공정성(Public administration, Law, and Justice) 등 제도개선'에 투자된 이유를 알 수 있다.

세계은행이 개도국 지원으로 방향을 새로 설정한 시기에 현대화 이론(modernization theory)이라는 또 다른 논리가 등장했다. 논의의 초점은 조금 더 정치 및 사회적인 요소에 맞춰졌다. 우선 '경제발전'과 '정치민주화'는 어떤 관계인가가 논의의 주제였는데, 초기 이론은 "나라가 잘살게 될수록 민주주의가 자리 잡고, 유지될 가능성은 그와 비례해서 커진다"였다.[139] 즉 경제만 발전시키면 다른 정치 및 사회문제가 자동으로 해결된다는 경제결정론을 놀랍게도 정치 전문가들이 받아들였던 셈이다. 그러나 현실은 경제발전이 자동으로 민주화와 연계될 가능성은 높지 않은 것으로 밝혀졌다. 그렇다면 역으로 그런 상황은 지속적인 경제발전과 어떤 관계일까? 즉 민주화 없는 지속적인 경제성장이 가능한가라는 질문이 이어졌다.

여기서 경제발전과 민주화라는 두 변수 외에 구조개혁(structural reforms) 변수가 추가되는데, 우선 구조개혁 없이 민주화가 되는 것은 쉽지 않고, 나아가 세 변수는 상호의존적이어서 구조개혁과 민주화가 이루어지지 않으면 경제발전의 과실이 공평하게 분배될 수 없으므로 지속적인 경제성장이 어려워진다는 분석에 힘이 실렸다.[140] 중요한 것은 이런 논의가 미국 대개도국 원조의 경

138) 김기수, 『중국경제 추락에 대비하라』 (파주: 살림출판사, 2012), p. 46.

139) Seymour Lipset, *Political Man: The Social Bases of Politics* (New York: Doubleday, 1960), p. 31.

140) Samuel P. Huntington, "The Goals of Development," Myron Winer

우 대상국가의 정치 및 사회적 조건 변화와 연계돼야 한다는 주장의 논리적 기반을 제공했다는 사실이다.[141] 앞서 소개한 최근 세계은행의 자금 배분 통계에서 제도개선이 22%, 교육 8%, 그리고 보건 및 그 밖의 사회 서비스가 8%를 차지한 이유를 알 수 있는 대목이다.

위의 논의는 구체적으로 다음과 같이 이해할 수 있다. 앞서 "융자 대상국가가 특정 정책을 개혁한다는 조건이 붙는 경우"가 많고 이를 총칭하여 정책연계 융자(policy-based loans)라고 부른다는 사실을 소개한 적이 있다.[142] 2014년 IBRD와 IDA의 융자를 분야(sector)가 아닌 주제(theme) 별로 구분한 통계는 정책연계의 실체를 보여준다. 총 융자 408억 달러 중 금융 및 민간 영역 발전(financial and private sector development)에 무려 20%, 공공분야 거버넌스(public sector governance) 13%, 인간개발(human development) 13%, 그리고 사회적 보호와 위험 관리(social protection and risk management)에 9%가 배정되어, 이들 분야의 융자는 전체의 반을 넘었다.[143] 용어가 명시하듯 위의 분야는 구조개혁과 밀접하게 관련이 있으므로 세계은행 융자 중 상당액이 정책과 연계돼 있음을 알 수 있다.

이상의 이론적 논의는 1980년대 들어오면서 다자개발은행의 새로운 활동 지침에 반영됐는데, 1989년 라틴아메리카 외채 위기의 해소 방안 강구가 계기였다. 외채 문제를 해결하기 위해 새로

---

and Samuel P. Huntington, eds., *Understanding Political Development* (Boston: Little, Brown and Company, 1987), pp. 8-9.

141) Ibid.

142) 각주 130의 본문 참조.

143) The World Bank, *Annual Report 2015*, p. 57, Figure 17.

운 신용 제공 이외에 근본적인 구조개혁이 있어야한다는 주장이 강력히 개진됐기 때문이다. 워싱턴 컨센서스(Washinton consensus)로 알려진 새로운 처방은 개도국의 지속 가능한 발전을 통해 경제위기를 원천적으로 봉쇄할 수 있는 지침을 담고 있었다. 총 10개 항목으로 구성된 새로운 제안은 '재정긴축(fiscal austerity), 민영화(privatization) 그리고 시장자유화(market liberalization)' 등이 핵심 내용이었다.[144] 민간과 시장이 강조된 경제분야 개혁이 경제 지원의 조건이 돼야 한다는 주장이었는데, 두 가지 특징적인 면을 발견할 수 있다.

하나는 시장원리의 실천 여부에 기초, 정책 연계 융자조건이 더욱 분명해졌다는 사실이다. 즉 10개의 구체적인 개혁과제를 제시하고, 이들 조건의 이행 여부에 따라서 융자 규모와 조건이 결

144) Joseph E. Stiglitz, *Globalization and Its Discontents* (New York: W. W. Norton and Company, 2002), p. 53. 장황하게 나열된 10개의 개혁과제는 다음과 같다: 1) 정부 재정부문의 개혁, 즉 적자재정을 청산하여 균형재정을 유지해야 한다. 2) 주로 기업에 대한 보조금(subsidies) 형태로 낭비되던 정부지출은 지속적인 경제성장에 중요한 교육, 의료, 그리고 사회간접자본 등에 투자돼야 한다. 3) 세원 확대와 세율 인하를 통해 선진국 형의 세제정책이 도입돼야 한다. 4) 이자율도 선진국과 유사하게 시장의 결정에 맡겨야 한다. 5) 수출 증대를 위한 산업 경쟁력 유지 차원에서 환율이 조정될 필요가 있지만 장기적으로는 시장이 환율을 결정해야 한다. 6) 보호주의 억제책과 수입자유화정책을 실행함으로써 무역거래 전체가 자유화돼야 한다. 7) 외국인 투자 역시 시장원칙을 적용 자유화시켜야 한다. 8) 이를 통해 자본 부족분이 보충돼야 하고, 9) 나아가 국유기업의 민영화(privatization) 및 기업의 자유로운 설립과 투자 자유화를 의미하는 규제완화(deregulation)가 단행돼야 한다. 10) 만족할 만한 수준에 이르지 못한 개도국의 재산권 보호도 강화돼야 한다. John Williamson, "What Washington Means by Policy Reform," *Peterson Institute for International Economics*, 1990 (www.piie.com/publcations/papers). 이하 워싱턴 컨센서스 관련 논의는 다음에 기초하고 있다: 김기수, "중국의 경제적 팽창과 그 한계,"「세종연구소 세종정책연구」2011-22, 2011년 8월, pp. 29-34.

정된다는 원칙을 강조함으로써 융자 대상국의 경제개혁을 촉진할 수 있다는 판단이었다. 경제 조건과 정치 및 사회 조건이 처음 분리돼어 다루어졌다는 또 다른 특징이 있었다. 과거 현대화 이론과는 달리 정치와 사회적 조건에 대한 언급 없이 경제구조 및 정책만을 개혁의 도마 위에 올린 셈이었다. 문제는 이것이 가능한가인데, 다음의 비판을 보면 그렇지 않다는 사실을 알 수 있다.

> 워싱턴 컨센서스는 시장경제라는 단순 모델에 기초하고 있다. 아담 스미스의 보이지 않는 손(invisible hand)이 그것도 완벽하게 작동하는 균형모델을 의미한다... 이것이 워싱턴 컨센서스가 시장 근본주의(market fundamentalism)에 기초한 신자유주의(neo-liberal)로 불리는 이유다... 하지만 선진국에서 조차 자유시장 정책은 거부되는 경우가 많았고, 결과적으로 정부와 시장 간의 균형을 어떻게 창출할 것인가에 대해서는 지금도 논쟁이 진행 중이다... 설사 아담 스미스의 보이지 않는 손 이론이 선진국에는 어울린다고 가정하더라도, 개발도상국의 경우는 그렇게 되기 위해 필요한 조건을 결여하고 있다. 예를 들어 시장 시스템은 명료하게 확립된 재산권, 그리고 이것을 강제할 수 있는 법정(사법권)이 있어야 하지만 개발도상국에게 그렇게 잘 정비된 제도를 기대할 수는 없다. 시장체제는 경쟁과 완전 정보를 필요로 하지만, 잘 작동하는 경쟁적 시장이 하루 밤 사이에 만들어질 수는 없는 일이다. 아무튼 효율적인 시장경제는 위의 모든 조건이 충족되는 것을 전제로 한다. 더욱 중요한 것은 다른 분야의 개혁은 이행되지 않은 채, 한 분야의 개혁만이 이루어지는 경우 사태는 오히려 악화된다는 사실이다. 연쇄성(sequencing) 문제가 바로 그것인데, 하지만 이데올로기는 그런 점을 고려하지 않고, 가능한 한 빨리 시장체제로 옮겨가라고 강요한다. 그러나 이론과 역사는 연쇄성이 무시되는 경우 상황이 얼마나 파괴적인지를 보

여주고 있다.[145)]

결국 논의는 경제와 정치 및 사회가 분리될 수 없다는 사실을 강조하고 있다. 따라서 현대화 이론, 그리고 이를 바탕으로 발전한 경제발전, 민주화, 그리고 구조개혁의 핵심 세 변수가 동시에 이루어져야 한다는 주장이 다시 부각되는 상황이 전개됐다. 문제는 이 세 변수가 동시에 개선 및 향상되는 것이 가능한가인데, 현대화 이론을 주장한 전문가들조차 논리적인 답변을 제공하는 데는 실패했다.[146)] 세 분야의 발전이 동시 및 자동적으로는 이루어지지 않는다는 것이 현실인 셈이다.

가장 최근인 2010년 이후 위의 복잡한 논쟁을 극복하기 위한 노력이 있었다. 새로운 이론은 앞의 주장들과는 다르게 정치권력이 경제제도를 결정한다는 가정에 기초하고 있다: "어떤 경제제도를 채택하느냐에 따라서 사회의 경제행위와 자원배분은 달라진다. 여기서 경제제도는 특정의 사회가 자체적으로 지니고 있는 내적인 성향에 기초하게 되는데, 경제제도는 사회의 집단적인 선택에 의해 결정된다는 사실이 그렇게 보는 이유다. 물론 사회 내의 개인 및 집단 이해에 따라서 어떤 경제제도가 좋은지에 대한 다툼은 피할 수 없다. 그 때 다툼을 정리해주는 것이 바로 정치권력인바, 어

145) Stiglitz, *Globalization and Its Discontents*, p. 74. "문제는 이것들이 공정하고 지속 가능한 성장을 위한 수단이 아닌 목적이 됐다는 사실이다. 결국 상기의 정책들은 마치 그것 자체가 목적인 양 너무 급하고 과도하게 추진됐고, 따라서 그 밖의 필요한 다른 정책들을 배제하는 부작용이 두드러졌다. 당연히 애초의 의도 혹은 목적과는 배치되는 부작용이 가시화됐는데, 긴축 재정정책은 불경기를, 높은 이자율은 겨우 자리 잡은 기업들을 망치는 결과를, 민영화와 자유화는 그것을 감당하기에는 정비가 잘 안된 사회에 많은 비용을 초래했다(Ibid., pp. 53-54)."

146) Huntington, "The Goals of Development," pp. 8-9.

떤 집단의 힘이 더 크냐에 따라서 그들이 선호하는 경제체제가 형성된다는 맥락에서, 결국은 정치권력이 경제제도를 결정한다는 사실이 분명해진다."[147)]

정치권력의 특성을 담고 있는 정치체제는 두 특징 중 하나를 보이는데, 즉 수탈적(extractive) 혹은 포용적(inclusive) 성격을 띠게 된다: "수탈적인 정치제도란 소수의 지배계층이 권력을 독점하는 체제인 반면, 포용적 제도란 정치권력이 사회 전체에 고르게 배분됨으로써, 권력의 자의적인 행사가 억제되는 다원적 제체를 의미한다."[148)] 경제체제에도 같은 분류 방식이 적용될 수 있다. 여기서 수탈적 경제제도란 "사회 특정 계층의 소득과 부가 다른 계층으로 이전 되면서 착취되는 체제를 뜻한다." 수혜 계층이 소수의 지배계급인 것은 물론이다. 포용적 경제제도는 반대 모습을 띠게 된다. 특히 "개인에게 그들의 적성에 가장 맞는 직업을 선택할 자유를 보장하고, 공정한 경쟁무대(level playing field)를 제공하는 포용적인 시장(inclusive market)이 존재한다는 특징이 있다."[149)]

문제는 "속성상 수탈적인 경제제도는 자신의 생존을 위해 자연스레 수탈적인 정치제도와 어울리게 된다"는 사실이다. "수탈적인 경제제도의 특징, 다시 말해 소수 계층이 부를 독점하는 현상이 유지되기 위해서는 정치적 지배력에 의존, 다른 계층에 대한 통

147) Daron Acemoglu, Simon Johnson, and James R. Robinson, "Institutions as a Fundamental Cause of Long-run Growth," Philippe Aghion and Steven N. Durlauf, eds., *Handbook of Economic Growth*, Volume 1A (Amsterdam: Elsevier B.V., 2005), p. 390.

148) Daron Acemoglu and James A. Robinson, *Why Nations Fail: The Origins of Power, Prosperity, and Poverty* (New York: Crown Business, 2012), pp. 79-80.

149) Ibid., pp. 76-77.

제가 필수적이기에 그렇다."[150] 이상의 설명을 합해보면 경제제도를 정치권력이 정한다는 사실, 그리고 수탈적 체제는 서로를 필요로 하고 따라서 같이 어울린다는 점 때문에 과거 현대화 이론의 논리, 즉 경제발전이 정치 및 사회발전을 동반한다는 가정이 성립되기 어렵다는 현실이 새로운 이론을 통해 분명해진다. 비슷한 맥락에서 경제성장 조건 역시 다음과 같이 한정된다.

> 가장 중요한 것은 정치와 경제제도 중 하나라도 수탈적인 성격을 지니게 되면 지속적인 경제성장이 어렵다는 사실이다. 지속적인 경제성장을 위해서는 우선 기술혁신이 필요하다. 그런데 혁신은 기존 것을 대체 혹은 파괴하는(destructive) 속성을 지니고 있다. 당연한 결과로 혁신은 경제 영역에서 옛 것을 새 것으로 대체시킴은 물론, 기존 정치 권력관계 역시 불안정하게 만들 수 있다. 같은 맥락에서 수탈적 체제를 지배하고 있는 엘리트들은 공포를 느끼게 되므로, 이들은 저항할 것이고, 결과적으로 수탈적 체제에서 싹튼 경제성장은 수명을 다하게 된다. 나아가 사회 다른 계층의 이득을 자기 것으로 만드는 수탈적 체제를 지배하는 자들의 능력은 결국 그것을 가능하게 하는 권력을 선망의 대상으로 만든다. 따라서 많은 사회그룹과 개인은 권력을 얻기 위해 싸울 수밖에 없는데, 결과적으로 권력투쟁의 강력한 힘이 수탈적 정치체제를 정치 불안정(political instability)으로 몰고 가는 것은 필연이 된다.[151]

과거의 논의와 대비해 보면, 옛 것들이 "포용적 정치 및 경제제도가 경제성장에 결정적인 영향을 미친다는 사실을 간과하고 있다는 사실을 알 수 있다."[152] 결론적으로 포용적 체제가 정치와

150) Ibid., pp. 81-82.
151) Ibid., p. 430.
152) Ibid., p. 444.

경제분야 모두에 자리 잡지 않으면 세계은행이 바라는 지속적인 경제성장은 불가능하다는 점이 분명해진다. 경제발전이 우선 목표인 세계은행의 노력을 통해 개도국 경제발전이 현실화된다고 하더라도 포용적인 정체제제가 자동으로 창출되는 것은 아니라는 사실도 확인할 수 있다.

논리가 이와 같이 복잡하기에 세계은행이 1960년대 확립한 지속가능한 발전의 경제적 개념과 그것을 현실화시키기 위해 만들어진 세계은행의 융자 다양화 정책이 과연 실효성이 있는가에 대한 논쟁이 끊임없이 제기되는 것은 이상한 일이 아닐 것이다. 이 말은 지난 반세기 세계은행의 활동이 과연 성공적이었냐는 질문과 연계되는데, 성과가 없었던 것은 아니지만, 다음의 설명은 그렇지 않다는 사실을 가감 없이 보여주고 있다: "1944년 이래 (1996년 현재까지) 세계은행은 경제발전을 위해 무려 3,460억 달러를 쏟아 부었다. 돈이 모두 상환된 것도 아니었다. 제2차 세계대전 종전 후 유럽이 제자리를 잡는데 세계은행은 중요한 역할을 했다. 그 후 목적은 전후 부흥에서 국제 복지 담당 기관으로 변했다. 그러나 융자와 원조를 받은 많은 국가가 이것을 처음 받았을 때보다 현재 나아지지 않았다. 오히려 많은 국가가 상황이 악화됐다. 세계은행의 경제발전 접근 방식은 명백히 실패했다고 볼 수 있다. 세계은행의 후원을 받은 국가들은 여전히 가난에서 헤매는 반면 (지원이 없었던) 홍콩과 싱가포르는 전례 없는 경제성장을 구가하고 있다."[153]

흥미롭게도 위의 분석은 실패 원인을 경제 자유의 결여에서 찾고 있다: "경제발전이 없었던 가장 큰 이유는 자금 투입에 상응하는 경제 자유의 결여였다. 경제 자유 결여는 이들 국가가 부와

153) Johnson, "The World Bank and Economic Growth," p. 17.

번영을 창출할 수 없도록 했다. 최근 실시된 헤리티지 파운데이션의 조사는 세계은행 자금 수혜국 중 많은 국가의 경제는 '자유가 아닌 억압(repressed)' 상태에 놓여 있었다.... 즉 높은 세금, 무역 장벽, 외국인 투자에 대한 규제, 엉망진창인 금융체제, 끔찍한 수준의 각종 정부 규제, 잘못된 통화정책, 광범위한 임금과 가격 통제, 대규모 암시장 등은 자유 결여의 구체적인 사례다." [154]

위의 분석은 워싱턴 컨센서스가 나온 지 얼마 지나지 않아 발표됐다. 여기서 경제적 자유는 워싱턴 컨센서스가 강조한 '민영화 및 시장자유화'와 상당 부분 겹친다. 비슷한 맥락에서 지속적인 경제발전에 대한 지금까지의 논의에 공통점이 존재한다는 점을 알 수 있는데, 자유로운 계약 원칙과 그것을 법적으로 보장하는 제도를 중시한 초기 제도주의도 결국은 경제적 자유를 지향하고 있기 때문이다. 경제가 발전하는 경우 정치 분야에서도 민주화가 가능하다는 현대화 이론 또한 논의의 초점은 경제 및 정치적 자유에 맞춰져 있다. 가장 최근 이론인 포용적 체제론도 전제는 자유로운 의사소통과 합리적인 결정이 가능한 자유로운 체제의 기능과 중요성을 강조한다. 결국 지속적인 경제발전을 위해서는 자유로운 경제, 정치 및 사회체제가 필수적이라는 의미인바, 문제는 어떻게, 즉 세계은행이 어떤 정책을 활용해야 자금 수용국에 그와 같은 체제를 자리 잡게 할 수 있느냐는 것이다. 지향점에는 컨센서스가 이뤄졌으나, 이를 위한 방법에 대해서는 현재까지 뚜렷한 방안이 도출되지 않고 있다.

다소는 복잡한 논쟁을 비교적 자세히 소개한 이유는 중국의 주장을 이해하는 데 도움이 되기 때문이다. 중국의 경우 자신의

154) Ibid., p. 11.

처지에 비추어 워싱턴 컨센서스를 비롯한 서구의 발전 처방에 문제를 제기해 왔다. 경제, 정치 및 사회 발전을 동시에 추진하는 것은 현실이 아니라는 것이 핵심 논지였다. 2004년 베이징 컨센서스(Beijing Consensus)로 포장되며 나름 이론적 틀을 갖춘 중국의 대개도국 정책은 다음의 설명이 보여주듯 국제경제기구가 취한 자유주의 접근 방식의 실패를 공격함으로써 개도국에서는 나름 설득력이 있었다.

5. 중국의 새로운 시각: 베이징 컨센서스

2004년 중국식 발전모델의 특징과 장점에 기초 워싱턴 컨센서스에 대한 대응 논리로 이른바 베이징 컨센서스(The Beijing Consensus)가 등장했다. 다양한 내용이 포함돼 있지만 다자개발은행을 비롯한 국제경제기구와 관련 중요한 것은 자금 수혜국인 개도국에 대한 기존과는 다른 인식이었다. 중국의 발전 과정이 다른 국가와 다르다는 현실에 비추어 혼란(chaos)의 관리가 무엇보다 중요한 과제임을 다음과 같이 강조한다: "이 문제는 일인당 국민소득(per-capita GDP)이라는 단순 지표를 넘는 논제인데, 중국의 발전에 수반되는 커다란 모순(massive contradictions)을 관리하는 방안이 논의의 초점이 될 수밖에 없다."[155] 따라서 서구의 시각인 단순 수치 향상은 발전 지표가 될 수 없고, 대신 국내에 산재한 모순과 혼란을 관리하는 것이 최우선 과제일 수밖에 없다는 주장이다. 따라서 선진국과 같은 호사스런 생활이 아닌 체제가 유지되면서 점진적으로 변하는 것을 의미하는 지속가능성(sustainability)과 평등

155) Joshua C. Ramo, *The Bejing Consensus* (London: The Foreign Policy Center, 2004), p. 15.

(equality)이 발전의 기초라고 본다. 바로 이 두 변수가 혼돈을 관리하는 핵심 기제라는 주장이 뒤를 잇는다.[156)]

워싱턴 컨센서스가 보여주듯 국제경제기구 특히 세계은행과 같은 다자개발은행이 적용하는 자금 대여 조건(conditionality)의 경우 개도국의 고유 주권을 침해하는 경우가 많은 현실을 꼬집고 있다. 대신 자결의 원칙(self-determination)을 강조함으로써 중국의 제삼세계 시각은 근본적으로 다르다는 점을, 개도국 이해를 침해할 수 있는 패권국가의 행보를 중국은 답습하지 않는다는 사실을 강조한다.[157)] 뒤집어 보면 불간섭 원칙을 뜻하는바, 이를 거부할 국가는 없으므로 불간섭 원칙에 기초 국제사회의 합의를 도출하는 것은 어렵지 않다고 본다. 중국이 기존 발전모델과는 다른 방식으로 눈부신 발전을 특히 자결주의에 기초하여 이뤘듯이 각국은 나름의 독특한 경제발전 방식을 견지할 수 있다는 주장이 이어진다.

중국의 특징에 초점을 맞춰보면 중국 경제발전의 중심에는 국가 혹은 정부가 존재한다는 사실을 부인할 수 없다. 정부가 주도 중국의 개혁과 발전이 이루어졌으므로 특히 1990년대 공산주의 멸망 후 세를 업은 시장 중심의 사고와 경제 운용이 반드시 옳다는 주장에는 한계가 있다는 지적이다. 따라서 워싱턴 컨센서스 등에 기초 기존의 국제경제기구가 제안한 시장 중심 개혁을 개도국이 그대로 따를 필요는 없다는 논리가 가능해진다.[158)] 그렇다면 개도국은 중국식 발전 모델을 따라야 할까? 중국은 여기서도 다양성에 초

156) Ibid.

157) Ibid.

158) Lai-Ha Chan, Pak K. Lee, and Gerald Chan, "Rethinking global governance: a China model in the making?" *Contemporary Politics*, Vol. 14, No. 1 (March 2008), pp. 12-13.

점을 맞추며, 중국 모델이 하나의 참고는 될 수는 있어도 그것만이 모두라는 식으로 강요된 청사진(imposed blue print)이 될 필요는 없다고 주장한다. 결국 불간섭주의에 기초 서구의 일방적인 입장을 다시 한 번 비판하는 셈이다.[159]

논리는 국제관계 전체를 포괄하는 개념으로 발전하는데, "국제관계의 민주화"라는 새로운 개념은 대표적이다. 서구가 반복 강조하는 자유, 그리고 그것에 기초한 민주적 지배(democratic governance) 하나만이 국제관계의 단선적인(solidarist) 기본 가치일 수는 없고, 국가의 다양성과 그것을 견지할 권리인 주권이 존중되는 다원적(pluralist) 이념이 향후 국제관계의 중심 개념이 돼야 한다고 주장한다.[160] 그렇다면 다자개발은행을 비롯한 국제경제기구의 개도국 지원은 어떤 방식이어야 할까? 이미 자리 잡은 가혹한 조건부 지원(conditionality)보다는 무조건적(no strings-attached) 지원이 바람직하다는 주장이 뒤를 잇는다.[161] 서구, 특히 미국이 주도하는 국제경제기구에 미국의 패권 야심이 숨어 있다고 보는 중국의 입장에서 중국은 패권을 추구하지 않고 따라서 다른 국가를 지배하지도 않는다는 노선, 즉 평화와 조화(peace and harmony)가 중국 외교정책의 기조라는 점이 강조되는 것은 이상한 일이 아닐 것이다.[162]

중요한 것은 앞서 소개했듯이 과거 수 십 년 동안 특히 세계은행의 활동과 개도국의 발전 여부에 비추어 실망스런 결과를 숨

159) Ibid.
160) Ibid., p. 16.
161) Ibid., p. 13.
162) Wei Pan, "The Chinese Model of Development," Oct 11, 2007, London (http://fpc.org.uk/fsblob/888.pdf), pp. 2-3.

길 수 없다는 분석이 줄을 잇는 가운데, 개발도상국의 경우 서구 이외의 모델을 기대하고 있다는 사실이다. 그러므로 중국식 발전모델과 이를 대외적으로 확대 해석한 베이징 컨센서스에 개도국의 관심이 높아지는 것은 논리적으로 이상한 일이 아니다.[163] 그러한 새로운 움직임의 국제적 배경은 더욱 흥미롭다. "중국식 모델의 부상은 서구의 사고와 자유시장의 힘이 국가 간섭주의 앞에서 퇴조하는 시점과 정확히 일치하고 있기 때문이다."[164] 아이러니 한 것은 미국 자신이 주도한 세계화가 진전되면서, 즉 세계적으로 시장의 힘이 확대되면서 미국의 영향력은 오히려 약화되는 측면이 있다는 점이다.[165]

다음의 분석은 세상이 어떻게 변했는지를 보여준다: "어떠한 경우에도 미국이 G-20에서 지도적인 역할을 할 수 있다는 신념을 갖기는 힘들게 됐으며, G-20는 오히려 G-7에서 배제됐던 중국과 인도라는 새로운 강자의 입지를 확인시켜주고 있다." 그러므로 "힘의 배분으로 보아 새로운 강자들의 경제적 이해와 선진국들의 그것이 일치하지 않는 경우 합의는 어려울 수밖에 없다."[166] 이것 또한 개발도상국이 중국에 조금 더 호의적인 태도를 보이는 배경이다.[167] 즉, "서구 중심이 아닌 경제적으로 독립성을 지니고 있는 새로운 중심부의 형성, 그리고 비자유적인(illiberal) 자본주의에 대한

---

163) Stefan Halper, *The Beijing Consensus: How China's Authoritarian Model will dominate the Twentieth Century* (New York: Basic Books, 2010), p. 211.

164) Ibid., p. 214.

165) Ibid., pp. 221-222.

166) Ian Bremmer, "State Capitalism Comes of Age: The End of the Free Market?" *Foreign Affairs*, Vol. 88, No. 3 (May/June 2009), pp. 53-54.

167) 아프리카와 중남미 국가들의 중국에 대한 호감도가 미국을 훨씬 앞선다는 통계가 있다. Halper, *The Beijing Consensus*, p. 234, Table 7.2.

많은 국가의 점증하는 선호 현상 등 두 가지의 중요한 변화는 권력을 서구로부터 분산시키는 쌍발 엔진 역할을 한다"는 사실을 알 수 있다. "이 두 가지가 중국의 세계적 부상을 뒷받침하는 강력한 힘을 제공하고 있음은 물론이다."[168]

168) Ibid., p. 30.

제3장

아시아인프라투자은행(AIIB)의 실체

제3장

아시아인프라투자은행(AIIB)의 실체

Ⅰ. 인프라 투자의 효율성 논쟁

1. 다자개발은행(MDB)의 인프라 투자 감소

앞서 세계은행 역할이 오랜 세월을 거치며 변한 사실을 확인했다. 1960년대 중후반까지도 세계은행 총 융자의 70% 정도가 개도국의 인프라 투자에 할애됐지만, 2000년대 초반에 이르러 비율이 30%로 줄어든 점은 세계은행의 정책 변화를 상징했다. 지금까지의 논의를 통해 알 수 있듯이 경제발전은 자금의 투여만으로 이루어지는 것이 아니라 그것을 성장과 연계시킬 수 있는 다양한 조건이 충족돼야 한다는 자각이 원인이었다. 대표적으로 경제적으로는 '재정긴축,' '민영화,' 그리고 '시장자유화' 등이 지속적인 경제발전의 선결 요건으로 거론됐다(워싱턴 컨센서스). 논의는 경제분야를 넘어 정치 및 사회분야로 확대됐다. 정치제도의 민주화, 즉 포용적인 정치체제 없이 지속적인 발전을 기대하기는 힘들다는 주장에도 힘이 실렸다. 실제의 통계도 이를 뒷받침했는데, 2014년 세계은행(IBRD/IDA) 총 융자의 반이 넘는 금액이 금융 및 민간영역 발전, 공공분야 거버넌스, 인간개발 그리고 사회적 보호와 위험관리 등에 배정됐다는 통계는 이미 소개한 바와 같다.

이러한 논의는 21세기 들어오면서 보다 포괄적인 성격을 띤 지속가능한 발전(sustainable development)이라는 개념으로 더욱 구체화됐다. 특히 환경문제가 대두된 것이 중요했는데, 따라서 경제발전은 물론, 이를 뒷받침하는 정치를 비롯한 사회 전체의 진보, 그리고 환경을 보호하는 발전이 동시에 이루어져야 한다는 논리에 힘이 실렸다.[169] 요약하면 일자리 창출과 소득증가가 목표인 *경제발전*, 인간 자체의 개발, 즉 교육, 정보제공, 인권, 복지 증진에 대한 투자를 통해 가능해지는 *사회발전*, 그리고 환경위기에 대한 대응, 즉 재생에너지 및 산림증대 등과 같은 녹색운동에 대한 투자를 통해 이루어지는 *환경발전* 등 단순 경제분야를 넘어 인간 및 환경 발전이 동시에 이루어져야 진정한 의미의 지속가능한 발전이 이루어질 수 있다는 판단이었다.[170]

문제는 발전 개념의 확대와 투자 분산이 과연 효과적인가였다. 이 말은 개도국 경제개발 시 가장 부족한 것으로 간주되는 인프라에 대한 투자가 비효율인가라는 질문과 연계돼 있다. 즉 세계은행 초기에는 왜 그토록 많은 자금이 인프라 확충을 위해 대출됐

169) 서상원, "지속가능한 개발 원칙," 『국제법평론』 2013-II (통권 제38호), pp. 65-66.

170) 이런 합의가 가장 최근에 이루어진 것은 2012년 '지속가능한 개발에 관한 유엔회의(UNCSD),' 즉 리우+20 회의에서였다.

을까? 현재까지 논쟁은 지속되고 있다. 아무튼 중국이 창립한 최초의 다자개발은행의 명칭이 아시아*인프라투자은행*(AIIB)이라는 사실이 인프라 투자의 중요성을 다시 한 번 부각 시킨 것은 어느 정도 사실이다. 40년 전만해도 가장 가난한 국가였던 중국이 투자 활성화를 통해 고도성장을 현실화시킬 수 있었고, 그 중심에는 대규모 인프라 투자가 있었다는 경험이 중요한 논거를 제공하고 있는 셈이다.[171]

역사 및 이론적으로 인프라 투자는 다음의 긍정적인 경제효과를 유발하는 것으로 인식되어 왔다: "우선 생산성을 향상시키고 특히 민간 생산 비용을 줄이는 효과가 있다. 다음 시장 접근의 용이성 증대, 기존 자산의 수익률 증가, 인적자본(human capital) 축적과 향상, 집적경제(agglomeration economies) 촉진과 지식 전파의 용이성 증대 등을 통해 가난한 사람들의 후생과 소득 혜택 여부에 따라서 불균등한(disproportionate) 효과를 미친다."[172] 인프라

171) 여기서 인프라 투자는 과거 30년 동안 인프라 투자에 가장 적극적이었던 중국 기준으로 다음을 의미한다: "도로 및 다리 건설과 같은 교통 인프라, 전기 혹은 가스 공급을 위한 에너지 인프라, 급수·하수 시스템 및 홍수예방 체계 구축과 같은 수자원 관리 인프라, 전화·TV 네트워크 구축을 위한 통신 인프라, 쓰레기 처리를 위한 인프라, 그리고 녹지 확충 인프라 등." De Wang, Li Zhang, Zhao Zhang, and Simon Xiaobin Zhao, "Urban Infrastructure Financing in Reform-era China," *Urban Studies* 48(14), November 2011, p. 2976. 반면 인프라에 대한 세계은행의 정의는 다음과 같다: "에너지 (가스 공급 및 분배 포함, 에너지 개발은 제외), 교통(transport), 그리고 수자원" 프로젝트. World Bank Group Public-Private Partnership, "2015 Global PPI(private participation in infrastructure) Update," p. 1.

172) Timo Henckel and Warwick McKibbin, "The Economics of Infrastructure in a Globalized World: Issues, Lessons and Future Challenges," *The Brookings Institution Lowy Institute for International Policy*, June 4, 2010, p. 3. 불균등한 효과(disproportionate effects)는 다음의 예를 통해 이해할 수 있다: "(미국의) 1953-1989년 자료는 자동차를 얼마만큼 활용하는 산업인가에 따라서 (공공 자금이 투자된) 도로 건설을 통해 창출되

투자 연구의 가장 큰 문제점은 거시적 측면, 즉 총량적 측정은 상대적으로 용이하지만 위의 설명이 보여주듯 특정 계층의 후생 및 소득에 대한 효과를 계산하기는 쉽지 않다는 사실이다. 하지만 인프라 투자가 산업화를 위해 반드시 필요하다는 데는 많은 경제전문가들이 동의하고 있다.

2. 인프라 투자의 효용성 여부

특히 미국과 같이 산업화가 최고 수준에 이른 경우도, 1973-1985년 연평균 GDP의 0.3%였던 정부의 인프라 투자가 고용인구 1인 당 GDP 0.6%의 순 증가를 유발했다는 1980년대 후반의 연구 결과는 인프라 투자의 중요성을 상기시켰다.[173] 그러나 일본의 경우는 같은 기간 GDP의 5.1%를 인프라 건설에 투자했지만 순 증가는 3.1%에 그쳤다.[174] 이 말은 공공 인프라 투자의 효과가 모든 국가에 동일하게 나타나지는 않는다는 의미이므로, 인프라 투자의 효과를 일반화시키는 것이 쉽지 않다는 점을 알 수 있다.

는 이득은 불균등하게(disproportionately) 나타났다(배분됐다). 도로 건설이 정체된 1973년 이후 생산성 저하는 자동차를 많이 활용하는 산업(vehicle-intensive industries)에서 두드러졌다. 반면 그 후 도로건설이 증가하자 이들 산업의 평균 생산성은 비례하며 증가한 반면, 자동차를 덜 사용하는(nonvehicle intensive) 산업의 생산성은 오히려 떨어졌다." John G. Fernald, "Road to Prosperity? Assessing the Link Between Public Capital and Productivity," *The American Economic Review*, Vol. 89 No. 3 (June 1999), p. 632.

173) David Alan Aschauer, "Is Public Expenditure Productive?" *Journal of Monetary Economics* 23 (1989), p. 198. 그렇게 되는 이유는 "공공투자가 민간자본 수익률을 증대시키고 그 결과 민간 투자를 활성화시키기 때문이다."

174) Ibid.

인프라 건설에 특정 시간 투여되는 자본만을 기준으로 인프라 투자의 총체적 효과를 살펴봤다는 것도 위의 분석이 지닌 한계였다. 기존의 총 인프라 기준 얼마만큼의 비율로 인프라 투자를 증액하면(상대적 비율), 어떤 경제효과가 있는지를 알 수 없다는 의미다. 따라서 인프라 건설 기간 중 소요되는 물자와 인력 투입의 효과, 즉 인프라 투자의 특정 기간 경기부양 효과를 측정하는 것을 넘어 기존 인프라를 얼마만큼 더 축적하면 어느 정도의 긍정적 효과가 있는가를 분석해야 한다는 주장이 힘을 얻었다. 이렇게 되면 기본 인프라가 충분한지, 아니면 부족한지를 계측할 수 있게 된다. 한마디로 단순 지출(spending)이 아닌 축적(stock) 효과로 인프라 투자의 긍정적 효과를 살펴보자는 의도였다. 2011년 발전, 운송 인프라 그리고 통신 분야를 기준으로 88개국의 3,500건(3,500 annual observation)에 대해 연구가 이루진 적이 있다. 이미 축적된 기존 인프라의 10%를 추가(additional) 투자할 경우 1인당 GDP는 0.7-1% 증가하는 것으로 조사됐다.[175] 인프라 투자 효과가 과거 연구결과만큼은 아니지만 거의 모든 국가에서 여전히 유효하다는 사실을 보여주고 있는 셈이다.

위의 연구는 일반적인 추세, 즉 평균치를 보여주고 있다. 그러나 모든 국가에서 인프라 투자 효과가 비슷하다고 상정하는 것은 상식적으로 판단해도 무리일 수밖에 없다. 이미 인프라 투자가 많이 된 국가와 반대의 경우가 같을 수는 없기 때문이다. 인프라 투자가 충분히 이루어진 선진국과 그렇지 않은 개도국의 인프라 투자

175) César Calderón, Enrique Moral-Benito and Luis Servén, "Is infrastructure capital productive? A dynamic heterogeneous approach," *The World Bank Development Research Group, Policy Research Working Paper* 5628 (June 2011), p. 21.

효과에 차이가 날 수 있다는 사실과 이 논제는 당연히 연계돼 있다. 중국이 설립한 AIIB가 상대적으로 빈곤하며 인프라 부족 현상을 겪고 있는 아시아 개발도상국을 대상으로 하고 있다는 사실에 비추어 보면 특히 의미 있는 주장이다.

전화와 포장도로에 초점을 맞춰보면, "인프라의 경제성장 최대치(growth maximization level, an optimal level of infrastructure which maximizes the growth rate)가 존재하는바, 그 수준 이상으로 인프라를 증가시키는 경우 다른 생산적인 투자로부터 자원을 인프라 분야로 이전시키는 셈이므로, 이 때의 기회비용적 손실은 인프라 투자로부터 얻는 이득을 압도한다. 반대로 위의 수준 이하에서는 인프라 공급(provision) 증가가 장기적으로 소득을 증가시킨다. 당연히 이상의 수준에서는 장기적으로 소득 역시 감소한다."[176) 이 연구 결과는 인프라 투자가 항상 긍정적이지만은 않고, 투자 효과는 기회비용의 관점에서 상대적으로 결정된다는 의미를 내포하고 있다.

기회비용을 활용한 분석은 다른 논의와는 달리 자원배분의 왜곡 여부라는 경제 효율성의 가장 핵심 내용을 활용했다는 장점이 있다. "인프라 수준이 높은 데도 인프라 투자를 강행하면 그 경제는 다른 분야의 자본을 소득 증가가 감소하는 수준까지 인프라로 전용하는 셈이 된다."[177) 인프라 투자는 상대적으로 수익률이 더 좋은 분야에 전환되는 것이 바람직하지만, 그럼에도 정부가 인프라 투자를 강행하는 경우 자원배분 왜곡(misallocation of resources)

176) David Canning and Peter Pedroni, "The Effect of Infrastructure on Long Run Economic Growth," November 2004 (www.web.williams.edu/Economics/ wp/pedroniinfrastructure.pdf), pp. 1, 19.

177) Ibid., p. 1.

현상을 야기, 장기적으로는 국민소득을 저하시킨다는 뜻이다.[178] 다르게 보면 인프라 투자가 정도 차이는 있지만 외형상 경제성장율을 높이는 면이 있더라도 그것은 상대적으로 판단해야 한다는 점을 강조하고 있다고 보면 된다. 만약 인프라 보다 더욱 생산적인 분야가 있다면 인프라 투입 자금은 이 분야로 이전돼야 하고, 그래야 자원 배분의 왜곡이 시정될 수 있기 때문이다. 결국 인프라 투자를 통해 경제가 성장한다는 사실 자체만으로 모든 인프라 투자가 합리화될 수는 없다는 의미다.

일반적으로 인프라 수준이 낮은 빈곤국의 경우 인프라 투자의 효과가 대단히 클 것으로 예상하지만, 이상의 논의는 반드시 그렇지는 않다는 점을 암시한다. 개발도상국만을 대상으로 한 분석 중 이를 뒷받침하는 연구 결과는 위의 주장에 더욱 힘을 실어줬다. 1970-1990년 43개 개도국을 대상으로 연구가 진행됐는데, 공공 지출을 자본적 지출(capital expenditure)과 경상지출(current expediture)로 구분 각각의 효과를 검증한 분석이 대표적이었다. 놀랍게도 "(인프라를 의미하는) 운송, 통신, 보건 그리고 교육 분야에 대한 정부의 자본적 지출은 경제성장과 별 의미 없는 관계 혹은 오히려 반비례 관계라는 사실이 밝혀졌다. 넓은 의미에서 경제성장과 비례 관계를 보인 것은 경상지출이었다."[179]

"외형상 생산적으로(productive) 보였던 정부지출이 과할 경우에는 오히려 비생산적이 된다. 이 연구에서 특징적인 것은 개도국 정부는 그 동안 경상지출을 희생하는 대신 자본적 지출을 선

178) Ibid., p. 20.

179) Shantayanan Devarajan, Vinaya Swaroop, and Heng-fu Zou, "The composition of public expenditure and economic growth," *Journal of Monetary Economics* 37 (1996), p. 338.

호함으로써 자원배분의 왜곡을 초래했고, 선진국은 그 반대였다는 사실이다.... 결국 개도국의 경우 예산 중 공공투자 지분을 증가시켜야 한다는 일반적인 통념과 제언이 잘못일 수도 있는 셈이다. 개도국에서는 그 동안 경제발전의 대들보로 여겨졌던 자본적 지출이 지나쳤고, 그 결과 자본의 한계효율 저하 현상 때문에(at the margin) 이 분야의 투자는 비생산적이 됐다."[180] 바로 이런 연구 결과가 있기에 인프라 투자 효과는 심지어 개도국의 경우에도 국가마다 다를 수 있고, 따라서 일반화된 인프라 투자 효과 대신 각국의 상황을 분리하여 면밀히 살펴봐야 한다는 주장에 힘이 실리는 것이다.

이상은 인프라 투자의 경기 자극 효과와 인프라가 완성된 후 그것을 활용함으로써 얻어지는 장기 경제 이득에 대한 논의였다. 그러나 인프라가 완성된 후 그것을 어떻게 효율적으로 운영하고 관리하는가가 오히려 중요하다는 연구 결과가 있어 주목을 끈다: "경제성장에 대한 대부분의 설명은 자본형성(capital formation)을 성장의 가장 중요한 동인으로 간주한다. 당연히 새로운 자본(new capital)에 대한 투자가 논의의 초점이었다. 이미 형성된 자본 축적(capital stock)의 효과적인 활용에 대해서는 관심이 별로 없었다. 그러나 실제로는 후진 경제의 가장 큰 원인이 기존 생산 수단 운영의 부실이라면 위의 주장은 중요한 점을 생략한 셈이 된다. 나아가 기존 자본축적이 효과적으로 운영되지 않는 상황에서는, 추가 자본형성(additional capital formation) 역시 경제성장을 촉진하는 데 별 효과가 없다."[181]

---

180) Ibid., p. 339.

181) Charles R. Hulten, "Infrastructure Capital and Economic Growth: How Well You Use It May Be Important Than How Much You Have," *National Bureau of Economic Research Working Paper* 5487 December

"위의 문제는 인프라 분야에서 특히 심각하다. 1994년 세계은행 데이터는 아프리카의 경우 과거 10년간 450억 달러의 신규 인프라 수요와는 별도로 120억 달러의 기존 시설 운영 보수비가 책정됐어야 했는데 그렇지 않았다고 지적하고 있다. 비슷한 맥락에서 개도국 발전 설비는 최대 용량의 약 60%만이 가동되고 있고, 수도 공급 용량의 70%만이 활용되고 있는 실정이다. 원인은 기존 인프라의 부적절한 운영이며 이는 신규 인프라 투자와는 별개의 문제다. 1970-1990년 중간 및 저소득 국가에 대한 연구 결과는 기존 인프라 운영 향상을 위한 투자가 경제성장에 미치는 효과는 신규 투자보다 무려 7배 높은 것으로 나타났다."[182]

"아울러 개도국 간 경제성장 차이의 40% 이상은 기존 시설 활용의 효율성에서 비롯됐다. 이는 현재까지 각국의 경제성장률 차이를 설명하는 가장 강력한 수단이다.... 결론적으로 국제 지원 프로그램이 새로운 인프라 건설에 초점을 맞추는 한 경제성장에 대한 효과는 제한적일 수밖에 없다. 더욱 중요한 것은 (기회비용적 측면에서) 기존 인프라 시설의 운영 및 보수에 쓰여야할 비용을 신규 건설에 전용한다면 인프라 투자의 효과는 오히려 역으로 나타난다는 사실이다."[183]

세계은행이 과거와는 달리 신규 인프라 건설에 주안점을

1996, p. 1.

182) Ibid., pp. 1-2.

183) Ibid., p. 25. 이런 분석 결과는 개도국 성장의 핵심 요인이 무엇인가에 대한 논쟁이 왜 중요한지를 확인시켜준다. 헐튼(Hulten)은 가장 빠르게 성장한 동아시아 경제의 경우도 투입에 의존했을 뿐 진정한 의미의 생산성 향상, 즉 TFP(total factor productivity)는 낮았다는 사실에 주목한다(Ibid., pp. 3, 24). 지속가능한 경제성장을 위해서는 단순 투입이 아닌 생산성 향상이 절대 필요하다는 의미다.

두지 않는 이유는 있는 셈인데, 대안은 무엇일까? 여기서 시장원리를 다시 강조하는 주장이 힘을 얻는다. 앞서 과잉 혹은 부족이 아닌 인프라 공급의 적점(optimality, growth maximization)에 대한 분석을 소개한 적이 있다. 연구의 최종 결론은 다음과 같다: "전화와 포장도로의 경우 공급 과잉과 부족에 시달리는 국가가 어느 정도 있는 것은 사실이지만, 평균적으로 볼 때는 많은 국가가 인프라 공급의 최대치에 거의 접근한 것으로 우리는 판단한다. 전력의 경우는 일부 예외를 제외하고는 대부분의 국가가 공급 적점(optimal level of provision)에 이미 도달했다.... 만약 인프라 건설을 경쟁적인 시장에 맡긴다면 (공급자가 외부 비용을 부담하지 않기 때문에 과잉 공급하는) 외부효과(externalities)가 사라질 것이고, 그런 적정 결과(optimality result)가 우리가 바라는 것이다. 그러나 실제로는 인프라 공급이 주로 공공부문에서 이루어지므로 큰 규모의 외부효과는 피할 수 없고, 이는 자원배분의 왜곡으로 이어진다. 따라서 각국의 인프라 수익률에 대한 자세한 분석이 더욱 중요할 수밖에 없다."[184]

이상 인프라에 대한 다양한 견해를 살펴봤다. 분석 결과가 서로 다르다는 것이 놀랍고, 논의의 주제, 즉 구체적인 논점이 어떤 것이어야 하는가 역시 논쟁거리로 남아 있다. 논의의 초점을 변화시키면 연구 결과는 다르게 나타났다. 그러나 한 가지 분명한 것은 인프라 투자가 단기적인 경기부양 효과가 있든, 중장기적으로 경제성장에 지속적인 음 혹은 양의 영향을 미치든, 인프라도 분명 자원을 소비하는 재화이므로 경제 법칙상 이득이 창출돼야 한다는 사실

184) Canning and Pedroni, "The Effect of Infrastructure on Long Run Economic Growth," pp. 20-21.

이다. 정부 주도 공공 인프라 공급 효과에 대해 부정적 견해가 우위에 설 수 있는 이유를 어느 정도 알 수 있다. 아무튼 공공 투자의 장점에 대해 일반적으로 받아들일 수 있는 확실한 이론이 존재하는 않는다는 현실은 자연스레 민간 주도 인프라 건설의 중요성을 부각시켰다.[185)]

위의 평가는 이론상 당연히 시장과 정부의 실패에 대한 논의로 이어졌다. 다음과 같이 정부의 실패가 시장실패를 앞선다는 단정적인 연구 결과를 보면 인프라 관련 민간 부분의 중요성을 잠재우는 것이 논리적으로 어렵다는 사실을 확인할 수 있다: "어떤 정책은 비싼 성공 가도를 달려왔다. 정책의 이득이 비용을 넘는다 하더라도 상대적인 관점에서 보면 그런 이득은 훨씬 낮은 비용으로 얻을 수 있었기 때문이다. 다른 정책들은 비용이 이득을 넘음으로써 완전한 실패로 귀결됐다. 반면 정부가 주도하되 시장중심(market-oriented) 접근을 하는 경우 지금의 정부정책보다는 낮은 비용으로 경제의 외부효과(externalities)를 억제할 수 있기 때문에 사회적 후생 증대가 가능하다는 점은 분명하다."[186)] 비효율적인 가격 정책, 자원배분의 왜곡을 초래하는 비효율적 투자와 지출, 그리고 기술 및 경영상 혁신 부족 등은 그렇게 되는 대표적인 이유였다.[187)]

그러나 AIIB를 설립한 중국의 논리는 다소 다른 것 같다.

---

185) Henckel and McKibbin, "The Economics of Infrastructure in a Globalized World," pp. 5-6.

186) Clifford Winston, *Government Failure versus Market Failure: Microeconomics Policy Research and Government Performance* (Brookings Institution Press, D.C.: AEI-Brookings Joint Center for Regulatory Studies, 2006), pp. 42-43.

187) Ibid., pp. 42-59.

사회주의 성향의 중국경제가 지닌 특징이라고도 볼 수 있는데, 여하간 중국 경제성장에 큰 영향을 미친 것이 대규모 인프라 투자라는 점은 분명하다는 생각이다. 당연히 저개발국 인프라 투자의 경우도 상당 기간 대단히 긍정적인 효과를 기대할 수 있다는 입장을 견지하고 있다. 그렇다면 중국의 경제구조에서 투자, 구체적으로 인프라 투자는 어떤 의미를 지니고 있는 것일까? 중국의 경험은 과연 다른 아시아 국가에 적용될 수 있을까? 중국이 생각하는 아시아 인프라 투자에서 민간 역할은 어느 정도일까 등 다양한 질문이 뒤를 잇는데, 이 점에 대해서는 후술하기로 한다.

II. 세계화와 민간자본의 약진

지금까지 다자개발은행에 대해 논의한 결과, 인프라 투자 등 개도국 주요 투자의 많은 부분을 외형상으로는 다자개발은행이 담당한 것처럼 보이지만 실상은 그렇지 않았다. "역사적으로 대부분의 인프라 투자는 민간이 주도했다. 정부 참여가 두드러진 것은 오히려 20세기(2차 세계대전 이후) 현상일 뿐이다. 그러나 정부 주도 투자는 (정부실패 때문에) 모범적인 것과는 거리가 멀었다. 따라서 1980년대부터는 민간 혼자 혹은 민간과 정부가 협력하는 방식으로 민간의 인프라 투자 수요가 가시적으로 증가하기 시작했다."[188] 특히 "민간 투자가 공공 투자를 앞도하며 주역으로 떠오른 것은 1990년대 이후라고 보면 된다."[189]

188) Henckel and McKibbin, "The Economics of Infrastructure in a Globalized World," p. 5.
189) Calderón, Moral-Benito and Servén, "Is infrastructure capital

다음의 통계는 위의 사실을 확인시켜준다. 1980-1989년 개도국(emerging market economies)으로 유입된 외국 총 자금은 연평균 417억 달러였다. 그 중 다자개발은행(MDB) 비중은 약 60억 달러였고, 그 가운데 36억 달러가 IBRD 자금이었다. 반면 같은 기간 연평균 300억 달러의 민간자금이 유입됐고, 이는 총 유입금 417억 달러의 72%에 해당하는 절대 규모였다.[190] 세월이 갈수록 민간자금 규모가 가시적으로 늘어난 결과 MDB 위상은 더욱 위축됐다. 1997년 총 유입 자금은 2,805억 달러였는데, MDB 자금은 약 5%에 불과한 137억 달러였고(IBRD 66억 달러), 반면 민간 자금 유입 규모는 무려 2,653억 달러(약 95%)였다.[191]

위의 통계는 민간 자금의 위상이 시간이 갈수록 높아졌음을 보여준다. 인프라에 한정, 수치를 계산해 봐도 다음과 같이 비슷한 추세를 엿볼 수 있다. 2014년 개도국(low- and middle-income countries) 인프라에 투자된 외국 민간자금은 1,117억 달러였다.[192] 하지만 세계은행 그룹(IBRD와 IDA)의 인프라 투자는 114억 달러

productive?" p. 4.

190) Commission on the Role of the MDBs in Emerging Markets(José Angel Gurria and Paul Volcker, Cochairmen), "The Role of the Multilateral Development Banks in Emerging Market Economies," *2001 Carnegie Endowment for International Peace*, EMP Financial Advisors, LLC, Inter-American Dialogue (http://carnegieendowment.org/pdf/files/mdbreport.pdf), p. 44, Table 1. 여기서 민간자금(private net resource flow)은 개도국 민간 빚 형태로 제공된 자금(debt to private creditors), 순직접투자(net direct foreign investment) 그리고 주식 구매(portfolio equity)를 의미한다.

191) Ibid.

192) World Bank Group Public-Private Partnership, "2015 Global PPI(private participation in infrastructure) Update," p. 1.

에 불과했다.[193] 같은 해 세계 모든 MDB의 총 인프라 대출 규모 역시 540억 달러 정도로 많은 수준은 아니었다.[194] 한마디로 민간 자본 없이 개도국 인프라 투자를 충족시키는 것은 불가능한 셈인데, 2014년 세계 민간 인프라 투자 펀드의 총 규모가 무려 3,200억 달러였다는 통계를 보면 민간자본의 위력을 가늠하는 데는 무리가 없다.[195]

민간 펀드 규모와 위에서 언급한 민간 인프라 투자액을 비교해 보면 펀드 총규모의 대략 1/3만이 인프라에 투자됐음을 알 수 있다. 한마디로 민간 자금은 넘치는데 이를 적극 활용하지 못하는 셈이다. 다음의 통계 역시 자금 능력 대비 민간투자의 부진을 보여준다. "(2000년 이후) 전 세계 개도국에서 민간자본의 인프라 프로젝트 참여 금액은 총 인프라 투자액의 20% 미만이다. 인프라를 포함, 전체 투자액에 비춰보면 미미한 수준임을 알 수 있다. 다행인 것은 근자에 이르러 민간 투자가 늘어나고 있다는 사실이다. 2011년의 경우 전 세계 개도국 인프라에 투자된 민간자본은 1,450억 달러였는데, 이는 2004년에 비해 두 배 늘어난 액수였다."[196]

민간자본의 우위가 확인된 이상 세계은행 등 MDB의 인프라 투자 관련 역할 역시 다음과 같이 제고될 수밖에 없었다: "인프

193) The World Bank, *Annual Report 2015*, p. 57에서 계산.

194) Amar Bhattacharya and Mattia Romani, "Meeting the Infrastructure Challenge: The Case for a New Development Bank," *Paper Prepared for Global Economic Governance Seminar*, Madrid, 11th March 2013, p. 12.

195) John Authers, "Everybody thinks public sector projects are a good idea," *The Financial Times*, 10 November 2015.

196) Michael Trebilcock and Michael Rosenstock (University of Toronto Faculty of Law), "Infrastructue PPPs in the Developing World: Lessons from Recent Experience," March 19, 2013 (www.iilj.org/newsandevents/documents/ trebilock.pdf), p. 12.

라 분야에서 MDB의 역할은 여전히 중요하다. 그러나 과거와 같은 자금의 대여 혹은 투자가 아니라, 인프라 프로젝트의 우선순위를 정하고 선정된 프로젝트에 돈을 투자할 가치가 있다는 확신을 심어주는 등 그런 것이 MDB의 핵심 역할이 됐다. 예를 들어 인프라 투자의 계약서는 대단히 복잡하다. 이 말은 분쟁 소지가 높다는 뜻이므로 계약서를 표준화시킬 필요가 있다. 그런데 누가 하겠는가? 미국에서 조차 그렇게 할 수 있는 기관은 존재하지 않는다. 일반적으로 규칙이 약한 개도국에서 그런 작업은 더욱 중요하다. 프로젝트 관련 다양한 조언(advise)이 함께 한다면, 프로젝트에 대한 위험이 감소하거나 분산되면서 민간자본 유입은 더욱 원활해 질 수 있다. IFC의 경우 현재 20개 프로젝트에 대해 위의 작업을 진행 중인데, 투자자를 찾기 전에 프로젝트를 정교하게 기획하는 것이 목적이다."[197]

위의 설명을 통해 인프라 투자에 한정하는 경우에도 MDB 역할은 많이 변했다는 사실을 알 수 있다. 기획과 컨설팅이 MDB의 핵심 역할이 됐기 때문이다. 이와 같은 진단을 중국 주도 AIIB를 비춰보면 어떨까? 외형상 AIIB는 자금의 확보와 공여에 주안점을 두고 있다. 위의 해석과는 다른 모습이 그려지는바, 그 점에 대해서는 후술하기로 한다. 그렇다면 1980년대 이후 민간이 인프라를 포함 국제투자를 주도하게 된 이유는 무엇일까? 위의 설명에 기초하면 MDB 자금 동원력의 한계 때문에 그렇게 된 것으로 비쳐질 수도 있지만, 실상은 이보다 더 복잡하다. 자본 자유화를 뜻하는 세계화 열풍이 핵심 이유였는데, 이해를 위해서는 국제통화금융질서 변화에 대한 설명이 있어야 한다.

---

197) John Authers, "Everybody thinks public sector projects are a good idea."

1944년 출범한 국제통화기금(IMF)의 핵심 기능은 역시 새로운 환율제도의 도입과 운영이었다. 역사상 처음으로 인위적 고정환율제가 실시됐다. 회원국은 외환시장에 개입 특정 환율을 유지할 의무가 있었다. 문제는 고정환율제 유지가 대단히 힘들었다는 사실이다. 여기에 각국 통화의 환율 평가 기준이었던 달러화 가치가 떨어지자 문제는 불거질 수밖에 없었다. 1971년 12월 워싱턴 스미소니언에서 열린 G10 회의에서 전후 처음 달러화의 7.89% 평가절하가 결정됐다. 이어 1973년 8월 미국 의회가 11.1%의 추가 평가절하를 승인하면서 환율 산정 기준 통화인 달러화의 위상은 사실상 무너졌다. 회원국들이 IMF 고정환율 기준을 충족시키기 어렵게 된 셈이었는데, 1973년 3월 유럽 주요 국가들이 환율 안정을 위한 시장 개입을 포기한다는 공동성명을 발표하면서 변동환율제가 사실상 공식화됐다. 이어 1976년 1월 자마이카에서 열린 IMF 특별회의에서 회원국은 변동환율제를 선택할 수 있다는 결정이 있었고, 그 후 변동환율제는 IMF의 공식 시스템으로 자리 잡았다.

환율제도 변화가 중요한 이유는 국제금융에 직접인 영향을 미쳤기 때문이다. 앞서 금본위제 시절 발견된 트릴레마 법칙을 소개한 적이 있다. 같은 원칙을 IMF 체제에 대입해 보면 1973년 이전 IMF 운영 원리는 고정환율제를 통한 환율안정과 국내 통화(경제)정책의 독립성 견지에 기초하고 있었음을 알 수 있다. 자본이동의 제한, 즉 국내외적으로 자본통제가 허용된 이유였다. 바로 이것이 당시 국제금융이 발전하지 못했던 배경이다. 그렇다면 1973년부터 현실화된 변동환율제의 의미는 무엇이었을까? 국내경제정책의 독립성은 유지되지만, 환율안정은 포기한 셈이므로 국내외적으로 자본자유화의 진전은 자연스런 것이었다. 또 그래야만 외환시장의 유동성이 풍부해지면서 변동환율의 안정성이 어느 정도 유지될 수 있었다.

IMF의 변동환율제 도입은 경제 강대국들의 금융관련 정책에 그대로 반영됐다. 1974년 미국이 처음으로 그 동안 유지했던 자본통제를 철폐했고, 1979년에는 영국이 같은 조치를 단행했다. 1979년 영국에 대처정부, 그리고 다음해 미국에 레이건정부가 들어서면서 자본자유화는 본 궤도에 오르는데, 경제사가들은 이런 움직임을 과거 금본위제 시절 전성기를 구가했던 세계화의 부활로 묘사한다. 특히 1981년 12월 레이건 정부의 역외금융시장(IBF: international banking facilities) 개설은 매우 중요했다. 그때까지 자본 통제 하에서도 유일하게 자유로운 국제금융 거래를 대변했던 런던 중심의 유로달러시장의 복제판을 미국에 개설한 것이었으므로 금융 자유화의 상징적 조치로 인식됐기 때문이다. 간단히 말해 미국 내에서 미국은행 및 외국은행의 미국지사가 외국인(nonresidents) 혹은 외국 기관들에게 정부 규제 없이 예금과 대출을 할 수 있다는 것이 내용의 핵심이었다.[198] 1986년 대처정부가 취한 영국 주식시장 개혁과 대대적인 자유화 조치 역시 금융자유화의 중요한 진전이었다. 주식 거래비용을 낮추기 위한 혁신이 있었고, 외국 증권회사에게 영국 주식시장을 완전 개방함으로써 특히 영국

198) Eric Helleiner, *States and the Reemergence of Global Finance: from Bretton Woods to the 1990s* (Ithaca: Cornell University Press, 1994), p. 147. 유로달러 시장과 같이 IBF는 운영상 지불준비금 의무와 이자율 규제가 없었다. Henry S. Terrell and Rodney H. Mills, Jr, "International Banking Facilities and the Eurodollar Market," Paolo Savano and George Sutija, eds., *Eurodollars and International Banking* (New York: St. Martin's Press, 1985), p. 183. 중요한 것은 IBF의 개설이 그 후 금융 규제완화의 단초가 됐다는 사실이다(Ibid., p. 202).

금융시장이 국제적 연계 고리를 갖게 된 것은 금융자유화의 초석이 됐다.[199)]

세계화의 위력은 다음의 통계를 통해 확인할 수 있다. 1980년 세계 총생산(GDP)에서 세계 모든 국가의 총 대외자산이 차지하는 비율은 17.7%였다. 자본시장 자유화(세계화)의 결과 20년 후인 2000년에는 위의 수치가 92%로 높아졌다.[200)] 다음의 통계를 봐도 금융자유화의 위력을 확인하는 데는 무리가 없다. 세계적으로 해외직접투자(FDI), 주식투자(equity) 및 대외부채(portfolio bonds, bank loans 등), 그리고 그 밖의 거래[파생상품(derivatives) 투자 및 준비자산 유출입 등]의 합은 1980-1984년 5년 동안 7조 1,000억 달러였다. 금융 자유화의 영향으로 1985-89년 약 15조 달러, 1990-94년 26조 4,100억 달러를 기록 가파른 상승세가 이어졌고, 2000-04년에는 76조 달러를 기록하게 된다.[201)]

1980년대부터 물고가 터진 세계화는 전 세계 금융시장의 개방으로 이어졌다. 여기서 개도국의 경우 어떤 영향을 받았는가

---

199) Helleiner, *States and the Reemergence of Global Finance*, p. 151.

200) Nicholas Crafts, "Globalization and Growth in the Twentieth Century," *IMF (International Monetary Fund) Working Paper*, WP/00/44 (March 2000), p. 27, Table 2.3.

201) M. Ayhan Kose, Eswar Prasad, Kenneth Rogoff, and Shang-Jin Wei, "Financial Globalization: A Reappraisal," *National Bureau of Economic Research Working Paper*, No. 12484 (August 2006), p. 82, Table 1. 2008년 미국 금융위기의 핵심 원인 중 하나였던 파생상품(derivatives)의 경우도 상상을 초월하는 규모의 거래가 이루어지고 있다. 2010년 6월 기준 당시까지 거래 관계가 유지되고 있는 역외시장 파생상품의 세계 총규모는 583조 달러였다. Bank of International Settlements, *Triennial and semiannual surveys: Positions in global over-the-counter(OTC) derivatives markets at end-June 2010*, Monetary and Economic Department, November 2010, p. 13, Table A(Global OTC derivatives market); *The Economist,* "Global OTC derivatives," November 27th 2008.

를 살펴보면, 이 글의 주제인 금융자유화와 민간자본의 약진, 그리고 개도국 인프라 투자에 어떤 변화가 있었는지를 가늠할 수 있을 것이다. 1980년대 세계적인 금융자유화 전에도 자유로운 금융 창구는 존재했다. 런던을 중심으로 형성된 유로달러(Euro dollar) 시장이 그것이었는데, 간단히 말하면 해외에 축적된 달러화를 런던의 금융기관이 모아 대출업무를 했다고 보면 된다. 다른 화폐로 교환할 필요가 없었으므로 우선 환율 제약으로부터 자유로웠다. 영국정부 역시 간섭하지 않았으므로 1960-70년대 만해도 강력했던 정부 규제로부터 벗어날 수도 있었다. 제2차 세계대전 이후 금융자유화는 사실상 이로부터 시작된 셈이었는데, 1964년만 해도 유로달러 시장 규모는 90억 달러로 별로 크지 않았다. 그러나 1973년 1,880억 달러로 급팽창한 후 1980년에는 7,510억 달러로 늘어났다.[202)]

1970년대부터 규모가 팽창한 이유는 우선 1973년과 1979년 두 차례 발생한 오일쇼크 때문이었다. 오일 수출국의 대규모 무역흑자가 유로달러 시장에 유입되면서 유동성이 갑자기 풍부해졌다. 반대로 석유 수입국들은 대규모 적자를 기록할 수밖에 없었는데, 특히 석유가 나지 않는 개도국의 적자가 심각했다. 1973년만 해도 전 세계 개발도상국의 총 경상수지 적자는 65억 달러에 그쳤다. 그러나 1차 오일쇼크 직후인 1974년 적자는 290억 달러로 불어났다. 그 때부터 제2차 오일쇼크 전까지 적자 규모는 연평균 약 330억

202) R. B. Johnston, *The Economics of the Euro-Market: History, Theory, Policy* (London: The Macmillan Press Ltd., 1983), pp. 24-25, Table 2.2. 1987년 유로커런시 시장을 포함한 역외 금융시장 총 규모는 2조 달러였다. Jeffry A. Frieden, *Banking on the World: The Politics of American International Finance* (New York: Harper & Row Publishers, 1987), p. 88.

달러였다. 제2차 오일쇼크 직후인 1980-81년 적자는 또 다시 급증 740억 달러, 930억 달러를 각각 기록하게 된다.[203)]

당시만 해도 세계적으로 금융자유화가 가시화된 것은 아니었으므로, 개도국이 필요한 자금의 공급원은 당연히 유동성이 급팽창한 유로달러 시장일 수밖에 없었다. 1970년대 개발도상국들이 유로달러 시장에서 빌린 자금이 2,000억 달러였다는 통계는 상황을 설명해준다.[204)] 제2차 세계대전 이후 민간자금이 개도국에 대규모로 유입된 첫 사례였다. 적자는 성격상 지속적일 수밖에 없어서 개도국 융자는 장기여야만 했다. 1970년대만 해도 단기 금융이 주를 이루던 유로달러 시장은 지속적인 흑자 때문에 예금의 급작스런 인출 가능성이 낮은 석유 수출국 예치금이 지닌 특성을 활용, 1980년대 들어와서는 처음으로 3년 만기 연 5.5 퍼센트 이자의 장기 예금상품을 출시할 수 있었다. 당연히 장기 대출의 길도 함께 열렸다.[205)]

장기대출이 활성화되면서, 대외적자 보전은 물론 특히 사회간접자본 확충을 위해 장기 자금이 절실했던 개도국으로 막대한 자금이 흘러들어갔다.[206)] 여기에 1980년대 세계 수준의 금융자유화가 가시화되자, 개도국이 외부로부터 자금을 빌리는 데 과거의 양적 제한은 사실상 사라졌다. 또 한 가지 중요한 것은 민간 금융시장에서 자금을 융통할 경우 상환 기간과 이자율 이외의 조건은 존재

203) Vasudevan, "The Borrower of Last Resort," p. 1071, Table 1.

204) Frieden, *Banking on the World*, p. 88.

205) Paul Einzig, "Recent Change in the Euro-Dollar System," *The Journal of Finance,* Vol. 19 No. 3 (September 1964), p. 444.

206) Raymond F. Mikesell, "The Eurocurrency Market and the Recycling of Petrodollars," *National Bureau Report Supplement, National Bureau of Economic Research*, New York, October 1975, p. 5.

하지 않았다는 사실이다. IMF 및 세계은행과 같은 다자개발은행에서 빚을 낼 때 따라 붙는 구조개혁 및 정책변화 등의 다양한 부대조건(conditionalities)이 없었으므로 융자는 그만큼 쉬울 수밖에 없었다. 여기에 국가 부채(sovereign debt)의 위험성이 낮다고 본 서구 민간은행의 판단과 민간은행의 풍부한 유동성이 더해지면서, 특히 라틴아메리카 국가들의 채무는 가시적으로 증가했다.[207)]

위의 설명이 보여주듯 1973년 이후 유로달러 시장에 국제유동성이 풍부해지자 중남미 국가, 특히 가장 경제 규모가 큰 브라질, 아르헨티나 그리고 멕시코 등은 산업화를 위해 외국 자금을 대규모로 차용하기 시작했다. 자금은 주로 인프라 건설에 투입됐고,[208)] 다음의 통계는 그 규모를 보여준다. 1970년 라틴아메리카 전체 국가가 미국은행 및 그 밖의 다른 금융기관에서 밀린 돈은 290억 달러에 불과했다. 1978년에는 규모가 1,590억 달러로 증가했고, 1982년 3,270억 달러, 그리고 1992년에는 4,680억 달러로 불어났다.[209)] 빚이 가장 많았던 국가는 경제규모가 가장 큰 세 국가였다.

---

207) IDRC Reports, "The Lost Decade of Debt Crisis," July 1991 (https://idl-bnc.idrc.ca/dspace/bitstream/10625/24372/1/108961.pdf).

208) 1970년대 초 만해도 아르헨티나의 정부 투자는 GDP의 약 7%, 브라질 역시 대략 같은 수준이었고, 멕시코는 약 8%였다. 그러던 것이 1970년대 말 아르헨티나는 12%를 넘어섰고, 브라질 약 10.5, 그리고 1982년에는 멕시코도 12%까지 늘어났다. 10년도 안 되는 기간에 평균 50% 이상 정부 투자가 증가했던 셈이다. Victor Menaldo, "The Debt Crisis and Latin America's Lost Decade (1980s)," (www.plawlotic.com/wp-content/uploads/2010/12/ Menaldo-Political-Economy-of-Latin-America-9.pdf).

209) Jocelyn Sims and Jessie Romero, "Latin American Debt Crisis of the 1980s," *Federal Reserve History*, November 22, 2013, p. 1; Robert Devlin and Ricardo French-Davis, "The great Latin America debt crisis: a decade of asymmetric adjustment," *Revista de Economia Politica*, vol. 15, no. 3 (1995), p. 120, Table 1.

1982년 기준 브라질 930억 달러, 멕시코 880억 달러, 그리고 아르헨티나 440억 달러 등이었는데, 1982년 8월 멕시코가 채무불이행 선언을 하면서 이른바 라틴아메리카 금융위기가 불거졌다.[210)]

빚이 급속히 늘어난 것은 물론, 규모가 지나치게 커진 상황에서 이자율에 변동이 생기면 어떤 일이 발생할까? 이자율 상승의 파괴력은 1889년 영국 베어링 은행과 아르헨티나 금융위기 사례를 통해 이미 살펴봤다. 대규모 자금을 차입한 상황에서 이자율이 가시적으로 상승하는 경우 개도국은 채무 불이행에 직면하면서 금융위기를 맞게 되고, 그 결과 아르헨티나 경제가 거의 10년 간 나락으로 떨어진 사실은 역사의 교훈으로 남아 있다. 1980년을 전후해 라틴아메리카 국가들은 비슷한 상황에 다시 처해졌다. 미국이 국내 인플레이션을 잠재우기 위해 기준금리를 대폭 인상한 것이 문제의 단초였다. 1978년 11월 미국 연방준비제도이사회 의장에 볼커(Paul Volker)가 취임하면서 고 이자율 정책이 가시화됐는데, 1977년 5.6%였던 연방기금 금리는 1979년 10.99%, 그리고 멕시코의 채무 불이행 선언 직전인 1981년에는 16.39%까지 치솟았다.[211)] 1982년 라틴아메리카 국가들이 짊어진 대외 채무의 실질 이자율 역시 11 퍼센트로 급등했고, 그 결과가 멕시코 금융위기였다.[212)]

지금까지의 설명은 이 글의 주제와 관련, 다음과 같은 중요한 사실을 알려준다. 우선 개도국의 인프라 투자에 선진국 민간 자금이 대규모로 동원된 계기가 IMF의 변동환율제 인정 및 금융자

210) Ibid.

211) Helleiner, *States and the Reemergence of Global Finance*, pp. 133-134; Federal funds (effective) (http://www.economagic.com/em-cgi/data.exe/fedbog/fedfund).

212) Helleiner, *States and the Reemergence of Global Finance*, p. 175.

유화와 밀접하게 관련이 있다는 점을 확인할 수 있다. 제1차 세계화 시절이던 19세기 후반 영국 베어링 은행 위기가 보여주듯, 1980년대부터 가시화된 제2차 세계화 역시 19세기의 세계화 패턴을 거의 그대로 닮았다는 사실도 분명해진다. 개도국의 대규모 장기 인프라 투자를 또 다시 선진국의 민간자금에 의존하게 됐고, 이자율이 상승하거나 과도한 투자가 행해지는 경우 개도국의 채무 불이행 및 금융위기 가능성이 농후해졌다는 점도 사실상 닮은꼴이다. 1980년 이후 개도국에 흘러들어 간 자금 중 선진국 민간자본이 다자개발은행의 그것을 압도한다는 통계에는 충분한 이유가 있는 셈이다.위의 변화와 시기적으로 일치하며 세계은행의 관심 역시 개도국 인프라 투자에서 후생 및 인간개발 등 보다 광범위한 개발 어젠다에 대한 투자로 바뀌었다. 비슷한 맥락에서 자금 동원보다는 기획과 자문이 다자개발은행의 핵심 역할이 됐다. 민간금융의 약진으로 조건이 맞는 경우 개도국의 장기 인프라 투자수요를 충족시키는 데는 문제가 없을 정도로 국제 유동성도 풍부해졌다. 문제는 조건이 맞아야 한다는 현실인데, 조건 충족을 위한 프로젝트 기획과 관리 노하우를 다자개발은행이 축적하고 있다는 점이 특히 요즘 부각되고 있다. 따라서 민간의 풍부한 자금을 인프라 투자와 어떻게 연계시킬 것인가가 중요해지는데, 이렇게 보면 AIIB의 경우 방대한 아시아 인프라 투자에 대한 주 자금원 역할을 할 것이라는 일부의 기대는 현실이 아닌 셈이다.

Ⅲ. 아시아인프라투자은행(AIIB)의 설립과 배경

1. AIIB 설립 과정: 중국의 숨은 의도와 다자개발은행의 딜레마

시진핑(習近平)은 2013년 3월 중화인민공화국의 주석이 됐다. 덩샤오핑(鄧小平)의 유명한 대외정책 기조인 도광양회(韜光養晦)는 시진핑의 전임자인 후진타오 시절 화평굴기(和平崛起)로, 시진핑 주석이 취임한 후에는 분발유위(奮發有爲)로 대체되며 발전했다. 화평굴기가 '평화롭게 일어난다'는 뜻이라면, 분발유위는 '떨쳐 일어나 할 일은 한다'는 의미이므로 중국이 대국의 행보를 보이겠다는 메시지로 인식됐다. 용어에 맞게 시진핑의 외교행보는 더욱 과감해졌다. 하나는 미국에 대해 동아시아에서 중국의 우월한 지위를 인정하라고 요구한 신형대국관계였다. 다른 하나는 아시아 인프라 투자를 주도 이 지역을 중국 중심의 경제권으로 묶겠다는 일대일로(一帶一路: One belt, One road) 프로젝트와 아시아인프라투자은행(AIIB) 설립 구상이었다. 취임한지 불과 7개월 후인 2013년 10월 유도요노 인도네시아 대통령과의 정상회담에서 AIIB 구상을 처음 밝힌 것으로 알려지고 있다.

경제 전략적 관점에서는 다음의 의미가 있었다. 우선 미국과 일본이 설립한 기존 아시아개발은행(ADB)과는 별도로 새로운 다자개발은행을 설립하겠다는 것이었으므로 넓게 보면 미국과 일본이 주도하고 있는 아시아 개도국 금융관리체계에 대한 반기였다. 당연히 미국과 일본의 반대에 부딪칠 수밖에 없었는데, 중국은 왜 그런 선택을 했을까? AIIB 구상 바로 전인 2013년 4월 시진핑 주석은 보아오 포럼(BOAO Forum)에서 중국 주변국들의 인프라를 연결, 그것을 바탕으로 경제공동체를 형성할 필요가 있다는 구상을 밝힌 적이 있다.[213] 지금은 일대일로(一帶一路)로 알려졌지만, 중국 중심 경제권을 인프라 연계에 기초 만들겠다는 의미였다. 따라서 불과 6개월 후에 발표된 AIIB의 경우 명칭이 시사하듯 일단 일대일로 구축에 필요한 자금을 지원하는 것이 주 목적이라는 점을 쉽게 짐작할 수 있다.

그렇다면 일대일로의 배경은 무엇일까? 외형상으로는 중국의 새로운 대외경제정책처럼 보이지만, 중국경제의 국내 문제 해결이 새 전략의 배경이라는 데 전문가들의 의견은 대체로 일치한다.

> 시진핑 정부의 경제정책 기조는 추가적인 개방과 구조조정을 통해 새로운 성장 패러다임을 모색하고 경제고도화를 이루는 것이다.... (그러나) 중국경제를 외부에 개방하는 작업은 진척이 매우 더디며 개방을 통한 경제효율 제고에 실패하고 있다. 구조조정의 핵심은 투자와 수출 주도 성장패턴의 내수소비 주도 성장패턴으로의 전환, 과잉생산 능력의 해소와 산업구조 고도화이다. 그동안 SOC와 부동산 투자가 성장을 주도해 왔으나 이 분야의 투자가 일단락됨에 따라 투자 주도 성장패턴의 지속은 점점 어려워지고 있어 소비 주도 성장패턴으로의 전환이 중요한 과제가 되어 왔으나 국가자본주의적 경제 운영으로 국민의 소비 능력 제고에 실패하여 왔다. SOC 투자 주도 성장의 다른 후유증은 관련 산업의 과잉 생산능력으로, 이의 해소는 중국경제의 미래에 결정적인 중요성을 갖는다..... 결국 '일대일로' 계획은 중국의 경제개혁, 대외개방, 세계전략 등 모두를 담아낼 수 있는 하나의 거대한 프로젝트라 할 수 있다.[214]

---

213) 이주호 외, 「중국 일대일로 전략과 활용방안: 항만분야를 중심으로」, 대외경제정책연구원/한국해양수산개발원, 경제·인문사회연구회 중국종합연구 협동연구총서 15-40-04, 2015년 12월 30일, p. 32.

214) 한동훈, "일대일로와 중국경제," 성균중국연구소, 『일대일로 다이제스트』

외형적으로는 원대한 대외전략으로 포장돼 있지만, (인프라) 투자 중심 성장의 필연적 결과인 과잉생산 문제의 해소가 일대일로 및 AIIB 추진의 국내경제 요인임을 숨기기는 힘들다는 의미다.[215] 논의를 인프라 투자에 한정한 다음의 설명은 일대일로의 숨

(서울: 다산출판사, 2016), pp. 77-80. "일대일로와 관련 중국은 현재 관료 집단의 이해 상충 문제를 안고 있다. 합의를 도출하는 것이 쉽지 않다. 이미 가시화된 일대일로 계획 덕분에 중국의 국유기업은 더욱 좋아질 것이다. 하지만 지속적인 인프라 투자가 대단히 중요한 중국의 지방(정부)는 위축될 수밖에 없다. 어느 편을 들어야 할까? 최근 시진핑은 이해 조율에 나섰다. 일대일로 계획을 취소하거나 약화시키기에는 '너무 늦었다'고 했다. 그러니 프로젝트의 성공을 위해 적극 나서야한다고 설득했다. 이 모든 것은 일대일로가 대단히 효율적이라든가, 아니면 상대국 모두에서 환영받는 것은 아니라는 점을 의미한다. 어쨌건 일대일로는 이미 시작됐다. 미국을 제외한, 아시아, 나아가 아시아와 유럽을 묶는 또 다른 경제블럭 생성을 위한 도전이 가시화된 것이다." *The Economist*, "Our bulldozers, our rules: China's foreign policy could reshape a good part of the world economy," July 2nd 2016.

215) 같은 견해는 다수의 저술에 등장한다. 대표적인 것은 다음과 같다: "AIIB 구상 초기 중국의 AIIB 설립 동기는 국내 경제의 과잉공급 문제의 해소 및 막대한 외환보유고 활용을 통한 중국 경제의 새로운 활로 모색 (등이다).... 2015년 3월 당대회에서 중국 공산당 대변인은 AIIB와 실크로드(Silk Road) 기금은 모두 일대일로 전략을 이행하기 위해 구상됐다는 점을 명확히 언급(했다)... (특히) 2008년 이후 경제위기를 타개하기 위해 대규모 경기부양책을 추진해온 결과 중국 경제는 철강, 건설분야를 중심으로 국내 수요를 훨씬 상회하는 공급과잉의 문제를 가지고 있는바, AIIB를 통해서 해외 인프라 투자를 활성화하여 중국경제의 과잉 공급을 흡수함으로써 이 문제를 해결하고자 의도하였음." 최원기, "아시아인프라투자은행(AIIB)의 출범: 평가와 전망,"「국립외교원 외교안보연구소 주요 국제문제 분석」 2016-09 (2016년 4월), p. 10. 다음의 설명도 AIIB의 동인이 위와 유사하다는 점을 보여준다: "중국은 투자 위축에 따른 과잉 건설부문 활용을 위한 일대일로 프로젝트 지원, 지방정부와 건설업계 유착에 따른 부패와 비능률을 걸러내는 제도적 장치 마련, 달러 중심 투자자산의 리스크 분산 등을 위해 아시아 지역 인프라 건설에 집중 투자하는 AIIB 설립을 주도함." 임호열·문진영·이민영·이성희, "AIIB 추진 현황과 한국의 대응방향,"「KIEP 오늘의 세계경제」 2015년 4월 27일, Vol. 15 No. 12, p. 3; "(중국경제의) 투자는 제조업, 부동산 및 사회간접자본의 고정자산투자가 대부분을 차지

겨진 배경을 다른 각도에서 보여준다.

'일대일로'의 가장 큰 배경으로 낙후지역 개발을 통한 신성장동력 발굴을 들 수 있다. 2020년까지 2010년 GDP의 두 배를 만들겠다는 공약을 실천하기 위해 중국 공산당은 당분간 6-7%대의 지속적인 경제성장률을 달성해야 한다. 현재 해외 소비와 국내 소비가 모두 여의치 않은 상황에서 고정자산 투자만이 정부가 마음대로 구사할 수 있는 거의 유일한 성장 엔진이다. 고정자산 투자 중 부동산 투자는 시장을 왜곡시킬 수 있고 제조업 투자도 과잉을 초래할 수 있다. 인프라 투자가 정부가 주도적으로 할 수 있는 영역이지만 국내 인프라가 포화상태에 다다른 것이 문제이다. 일례로 지린성 고속철도는 성도(省都)인 장춘에서 시작하여 투먼을 지나 북한 접경지역인 훈춘에 이르렀다. 이 고속철도 라인은 북한으로의 출로가 확보되지 않는 이상 과잉투자의 혐의를 벗기 어렵다. 윈난에서 출발하는 남아시아 철도도 마찬가지다. 중국 국내 인프라는 완성단계이나 상대방인 미얀마는 아직 그렇지 않다. 이런 상황에서 '일대일로'를 추진하면 기존 투자도 살고 추가 투자도 할 수 있다. 국내의 과잉 건자재 설비를 해외에서

하고 있다. 제조업과 부동산은 2011년까지 약 30%대에 이르는 높은 성장률을 보였으나 철강·조선 등의 산업을 중심으로 설비과잉에 따라 가동률이 저하되고, 부동산 역시 지방 중소도시에서 재고가 누적되면서 투자가 급격히 둔화됐다... 반면 정부가 주도하고 있는 사회간접시설 투자는 서부개발 등의 영향으로 여전히 20%대의 높은 증가세를 유지하고 있다... (따라서) 일대일로 및 재정정책 확대를 통해 사회간접자본 투자를 유지하려 애쓰는 것이다." 노원종(한국은행 신흥경제팀 과장), "중국 실물경제 리스크 진단,"「Chindia plus」April 2016, pp. 27-28; "'2011년부터 2013년까지 3년 동안 중국이 소비한 시멘트는 20세기 100년 동안의 미국 시멘트 소비량보다 많다' 최근 미국 워싱턴포스트가 보도한 내용이다... 20세기 미국의 시멘트 소비량은 약 44억t에 달한 반면 중국의 3년 치 소비량은 64억t에 달했다. 중국의 건설붐이 어느 정도였는지를 단적으로 보여준다." 한우덕, "(중국) 부채문제와 금융 리스크,"「Chindia plus」April 2016, p. 30.

소화할 수도 있다.[216)]

인프라 분야에 한정하는 경우에도 중국의 국내 인프라 건설은 이미 한계점에 도달했다는 사실을 알 수 있다. 중국 고속성장의 중심 역할을 한 것은 물론, 향후에도 정부가 활용할 수 있는 거의 유일한 수단인 대규모 국내 인프라 투자가 사실상 불가능해지면, 성장 둔화가 이어진다. 바로 그런 현실의 타개책이 일대일로 프로젝트라는 진단이다. 위의 국내경제 요인이 AIIB의 숨은 배경이라면 AIIB의 동인과 세계은행 혹은 ADB의 그것에는 분명 차이가 난다. 세계은행과 ADB가 미국 혹은 일본의 국내경제 문제 해결을 위한 수단은 아니었기 때문이다. 이것이 딜레마였는데, 국내경제의 연장 수단으로 AIIB를 기획하는 경우 "아시아 개도국에 대한 중국의 경제원조 수단... 또는 일대일로 전략을 이행하기 위해 아시아 개도국에 대한 원조 또는 투자를 위한 개발원조 기관 또는 금융기관으로서 기능할 수밖에 없기 때문이다."[217)] 중국의 초기 입장이 변

216) 지만수, "일대일로와 AIIB," 성균중국연구소, 『일대일로 다이제스트』, pp. 248-249. 경제적 관점에서는 다음과 같은 보다 정교한 해석을 만날 수 있다: "성장 동력을 밖에서 찾기도 어렵고, 안에서 찾자니 골치 아프다. 시진핑은 안과 밖을 결합하는 데서 그 정답을 찾고 있다. 이른바 '신(新)실크로드'다.... 먼저 중국이 종잣 돈을 내서 아시아인프라투자은행(AIIB)을 만들고 글로벌 자금을 모은다. 이 돈으로 중국과 주변국을 연결하는 대규모 인프라 투자를 시작한다. 일단 개발 붐이 일어나면 투자 수요는 더 커진다. 중국 입장에서는 4조 달러에 육박하는 외환보유액 등 유휴자금을 더 효율적으로 활용할 수 있다. 성장률 둔화로 출구가 마땅치 않은 중국기업들에 새로운 일거리와 먹거리가 제공된다. 국내에 돈을 풀다가 투자과열과 부동산 투기가 나타날 걱정도 없다. 세계 경기회복이 지지부진하니 차라리 쥐고 있는 달러를 주변 신흥국에 풀어 없던 시장을 만들어내겠다는 것이다. 지만수, "중국 전인대, 다시 성장을 고민하다," 「중앙일보」 2015/03/06.

217) 최원기, "아시아인프라투자은행(AIIB)의 출범," p. 11.

한 이유를 알 수 있는 대목인데, 2014년 말 중국정부는 역내 국가로 제한했던 회원국 자격을 역외로 확장, 역내 및 역외 참여국의 지분 배분을 75대 25로 확정하는 새로운 조치를 취하게 된다.

중국 중심 일변도라는 비판을 해소하기 위해 AIIB를 세계은행이나 ADB와 같은 다자개발투자은행으로 육성하겠다는 중국의 의도 변화를 엿볼 수 있다. 2015년 3월 영국, 프랑스, 독일 등 서유럽 국가들이 참여를 결정했고, 이어 한국도 가입함으로써 적어도 외형상 AIIB는 국제 다자개발은행의 면모를 갖추게 됐다. 하지만 특히 서유럽 국가들의 경우 AIIB가 다자개발은행의 국제적 기준에 맞게 운영돼야 한다는 것이 가입 조건이었으므로 AIIB는 앞서 소개한 세계은행과 비슷한 지배 및 운영구조를 갖출 수밖에 없었다. 애초 중국은 전체 자본금의 절반 이상을 출자하고 그것에 상응하는 절대 지분을 가질 생각이었지만, 최종 출자금 비율은 전체의 30.3%로 축소됐고 투표권 역시 26.06%로 낮아졌다. 향후 AIIB 운영에서 최대다수결(super majority: 전체의 75% 이상)이 필요한 12개 주요 사안에 대해 거부권을 간신히 유지하는 수준으로 투표권이 하향 조정된 셈이었다.[218] 2015년 6월 협정문 서명이 끝났고, 말경 AIIB 창

218) Ibid., p. 14. AIIB 총회는 최고 의사 결정 기구인데 각 회원국이 임명한 위원 및 대리위원으로 구성된다. 최대다수결의 경우 위원의 2/3와 행사된 투표의 3/4 찬성이 필요하다. 이에 해당하는 의제는, '비회원국 지원, 수권자본금 변경, 이사회 규모 및 구성 변경, 협정문 개정, 총재 선임, 수익금 처리, 지원자금 변동, 회원국 자격 정지, 은행 업무 영구 중지, 은행 자산 배분 등 10개 사안이다. 다음 특별다수결(special majority)은 위원 1/2과 행사된 투표권의 1/2 찬성이 필요한 의사 결정 원칙이다. 신규회원국 가입, 새로운 형태의 융자 승인, 부속기관 설립 등 세 개의 안건이 특별 다수결 의결 사안이다. 그 밖의 의제는 행사된 투표권의 1/2 찬성을 필요로 하는 단순 다수결(simple majority)로 결정된다. 이현태·김준영, "AIIB 발전 전망과 정책적 시사점," KIEP 대외경제정책연구원, 「오늘의 세계경제」 Vol. 16 No. 25, 2016년 8월 5일, p. 4, 표 2.

립 회원국 총 57개국이 확정된 후, 2016년 1월에는 AIIB가 공식 출범했다.

중국의 과잉 설비 및 투자 해소 방안이 일대일로와 AIIB라면, 중국의 입장에서 일대일로 투자는 대규모여야만 한다. 그러나 장기적으로 투자의 효율성, 즉 수익성 문제를 비켜갈 수는 없다. 일대일로 투자가 과연 수익을 가져다 줄 수 있는지 여부가 향후 AIIB 운영의 중요한 잣대가 된다는 의미다. 세계은행 등 다자개발은행은 자금을 주로 채권 발행을 통해 조달하고, 그 채권이 최상 신용등급을 받을 수 있기에 저렴한 비용으로 많은 자금을 확보할 수 있었다. 하지만 다자개발은행의 융자가 부실화되지 않아야 한다는 것이 전제 조건이었다. 바로 이런 메커니즘 때문에 세계은행, ADB 등의 대출에 자연스레 제약이 가해졌고, 대출 조건은 까다로워질 수밖에 없었다. AIIB는 과연 위의 제약 조건하에서 일대일로 완성을 위한 대규모 자금을 동원할 수 있을까? 아마 쉽지 않을 것이다. 과도한 대출과 융자 부실화는 AIIB 발행 채권의 신용도를 낮추기 때문이다.

앞서 인프라 공공 투자의 효율성에 대해 살펴본 적이 있다. 다양한 논의가 소개됐지만, 인프라 건설을 위한 자본 투입 역시 투자로 인식한다면 거기에는 반드시 수익(return)이 있어야 하고, 미래 수익에 대한 판단 주체는 시장, 즉 민간이어야 한다는 주장을 소개한 바 있다. 같은 맥락에서 최근 아시아 인프라 건설에 투자된 금액과 구성 요소를 살펴보면 흥미로운 점을 발견할 수 있다. 2004-2011년 아시아 인프라 투자는 2004년 570억 달러에서 2011년 1,420억 달러로 증가했다. 이 기간 투자액의 연 평균치는 약 1,000억 달러 정도였다. 그 중 민간투자는 대략 50%, 내부 공공자금(정

부지출) 40%, 그리고 다자개발은행 등 외부 공여자금은 10% 정도였다.[219)]

여기서도 민간투자의 비중은 여전히 높았다. MDB 인프라 투자가 축소된 이유는 앞서 설명한 바와 같다. 그렇다면 정부지출을 늘릴 수 있을까? 흥미롭게도 1990년대 초반까지만 해도 아시아 인프라 투자에서 국내 공적자금 비중은 약 70%로 대단히 높았다. 하지만 1990년대 후반 발생한 동아시아 금융위기 이후 개별 국가의 재정 압박이 심해지자 비중은 현저히 축소됐다. 위의 통계에서와 같이 전체 인프라 투자에서 차지하는 비율이 40% 이하로 줄어들었고, 그런 추세는 지금도 이어지고 있다.[220)]

그렇다면 돌파구는 민간투자 증대일 수밖에 없는데, 과연 기대할 수 있을까? 민간자본 활성이 가시화된 1980년 이후 개도국 인프라에 대한 민간투자가 획기적으로 증가한 것은 사실이다. 그러나 1990년대 라틴아메리카 금융위기가 보여주듯 국제경제 상황, 특히 이자율 변동에 따른 채무불이행 가능성, 즉 경제적 위험(economic risk)에 대한 우려는 투자를 위축시켰다. 전통적으로 가

---

219) 이인구·양두용, 「ASEAN+3 인프라 파이낸싱 활성화 방안 연구」 기획재정부/숭실대학교 산학협동단 보고서 2013년 1월, p. 11, 표 2-2; 임호열·문진영·이민영·이성희, "AIIB 추진 현황과 한국의 대응방향," p. 6; 지만수, "일대일로와 AIIB," p. 254. 위의 외부 공여자금 중 약 절반, 즉 연간 약 120억 달러가 ADB 자금 공여였다. 임호열 외 "AIIB 추진 현황과 한국의 대응방향," p. 6.

220) 이인구·양두용, 「ASEAN+3 인프라 파이낸싱 활성화 방안 연구」, p. 11. 참고로 2010년 전 세계 개도국(emerging and developing countries) 인프라에 투자된 총 금액은 8,000-9,000억 달러였다. 이 중 5,000-6,000억 달러가 정부지출로 메워졌고, 민간투자 1,500-2,500억 달러, 그리고 다자투자은행/ODA 몫은 400-600억 달러였다. Bhattacharya and Romani, "Meeting th Infrastructure Challenge, p. 9. 아시아의 경우는 민간투자가 그나마 활성화돼 있다는 사실을 알 수 있다.

장 다루기 힘든 위험이라는 변수는 투자의 가장 큰 제약 요인이었다. 경제적 위험을 넘어 투자 수용국 정부의 다양한 권력 남용, 이른바 정치적 위험(political risk) 또한 지금도 민간 투자의 가장 두드러진 제약 요소로 남아 있다. 구체적으로 "아시아에는 과도한 정치적 위험을 지닌 프로젝트가 대단히 많다. 이 경우 위험을 계상한 고 이자율 융자에 의존하던가 아니면 다자개발은행의 위험 보증을 받지 않으면 프로젝트는 진행될 수 없다. 이 말은 뒤집어 아시아의 많은 정부가 민간 자금력을 충분히 활용하지 못 하고 있다는 의미다." 221)

앞서 언급한 바 있지만, 민간투자의 활성화라는 목적에 비추어 다자개발은행의 새로운 역할이 부각되는 이유는 충분하다. 구체적으로 '인프라 프로젝트를 둘러싼 사회 및 환경적 위험의 객관적인 평가와 관리(social and environmental management),' '정치적 위험의 축소 및 관리 등을 통한 공공(정부)과 민간의 다리 역할(public- private interface management),' '다양한 프로젝트의 심사와 평가를 통한 프로젝트의 가능성과 시급성 판단에 기초, 프로젝트의 우선순위를 정하는 작업(project development),' '경제위기시 구제금융과 유사한 대출 확대(lifelines in times of crisis),' '(투자 유치가 쉽지 않은) 소규모 혹은 단기 벤처 인프라에 대한 직접 투자 혹은 융자(venture financing of micro infrastructure),' '민간 투자의 활성화에 필수적인 투명한 법 제도의 확립과 이에 맞는 정책 변화

---

221) Ryan J. Orr and Jeremy R. Kennedy, "Highlights of recent trends in global infrastructure: new players and revised game rules," *Transnational Corporation*, Vol. 17, No. 1 (April 2008), p. 123. "2000년대에 들어서도 민간 투자는 크게 활성화되지 못하였는데 이는 아시아 경제의 회복에도 불구하고 국제 투자의 위험 기피도가 높아진데 기인한다." 이인구·양두용, 「ASEAN+3 인프라 파이낸싱 활성화 방안 연구」, p. 13.

의 유도(creating transparent legal and regulatory environment),' '부채 감면이 필요한 경우 이에 대한 객관적인 평가(debt relief),' 등이 다자개발은행의 새로운 역할이다.[222)]

정리해 보면 AIIB의 쌍둥이 개념인 일대일로가 중국의 내부 경제문제를 극복하기 위한 아이디어라는 사실을 부인하기는 힘들다. 하지만 애초 그런 목적으로 기획된 AIIB는 회원국을 모집하는 과정에서 다자개발은행의 모습을 갖출 수밖에 없었다. 중국의 바람이 AIIB가 아시아 인프라 투자의 주역이 되는 것일지라도, 현실은 녹녹치 않다는 사실을 알 수 있다. 세계적으로 인프라 건설 관련 다자개발은행의 직접 자금 지원 혹은 투자 규모가 현저히 줄어들었다는 사실이 그렇게 보는 이유다. "다자개발은행 혹은 대외개발원조(ODA: overseas development assistance)는 연간 400-600억 달러 정도를 인프라에 투자하는데, 이는 실제로 필요한 금액(projected needs)의 2-3%에 불과하다"는 설명은 적어도 투자 혹은 융자 금액 기준으로 판단하는 경우 다자개발은행의 위상이 일반의 예상보다는 왜소하다는 점을 보여준다.[223)]

---

222) Orr and Kennedy, "Highlights of recent trends in global infrastructure: new players and revised game rules," pp. 123-124.

223) Nicholas Stern, Amar Bhattacharya, and Mattia Romani, "A New World's Development Bank," *Project Syndicate*, May 1, 2013. 민간자금의 위상은 다음의 통계를 통해 더욱 확연해진다. 앞서 1997년 개도국에 흘러들어간 외국자금은 2,805달러였고, 그 중 약 95%가 민간 자금(약 5% MDB)이라는 사실을 소개한 바 있다(각주 191의 본문 참조). 어쨌건 2000년대 들어오면서 총 인프라 투자규모는 더욱 팽창했다. 2005년 약 5,700억 달러, 미국 금융위기 직전인 2007년에는 최고 수준인 무려 1조 1,500억 달러로 늘어났다. 2008년 금융위기 때문에 2009년에는 6,000억 달러 이하로 떨어졌으나 2013년에는 2007년의 액수를 거의 회복했다. *International Financial Corporation*, "International Financial Institutions and Development Through the Private Sector," A joint report of 31 multilateral and bilateral

이상의 논의를 통해 다자개발은행의 역할이 실물이 아닌 지적 활동으로 바뀐 배경과 현실이 분명해진다. 21세기 다자개발은행은 한마디로 민간 분야에서는 대단히 익숙한 일종의 자문회사(consulting firm) 역할을 하는 셈인데, 다음의 분석은 그렇게 되는 이유를 설명하고 있다. 아울러 그런 원칙을 AIIB에 적용하면 어떤 그림이 그려지는지도 보여준다.

> 다자개발기구는 지식 은행(knowledge bank) 역할을 했을 때 역사적으로 가장 성공했다. 누적된 경험, 최고의 실행력, 기술 지식(technical knowledge)을 공유하도록 도움을 줬을 때 그렇다는 의미다. 반대로 가장 큰 실패는 대단위 프로젝트에 돈을 댈 때 두드러졌다. 특히 프로젝트가 이해 당사국 지배계층에게는 경제적 이득을 안겨주지만, 환경, 사회 그리고 발전의 우선순위를 조화롭게 조율하지 못했을 때 실패는 피할 수 없었다. 댐 건설은 가장 대표적인 사례다. 일반적으로 부실한 거버넌스와 부패가 만연한 국가가 시행하는 대규모 인프라 프로젝트의 경제적 이득은 과대평가되지만, 예상된 수익이 현실화되든 그렇지 않든 융자금을 갚아야만 하는 상황 때문에 발생하는 장기 사회비용은 저평가되는 경향이 있다. AIIB는 바로 그런 문제와 위험성을 피할 수 없다... 미국은 중국 주도 다자개발은행의 거버넌스 문제를 꼬집으며, 중국의 자금은 기존 세계은행이나 ADB로 들어와야 한다고 주장한다. 중국이 AIIB를 자국의 정치 및 경제적 이해를 증진시키는 수단으로 활용할 가능성도 염려한다. 하지만 미국도 그럴 처지는 아니다. 세계은행 총재 자리를 좌지우지하는 권한을 내려놓을 의사가 있을까?... 아무튼 가장 중요한 점은 아시아 개도국이 진정 필요한 도움이 무엇이냐는 것이다. 개

development finance institutions, Washington D.C., 2011, p. 18, Figure 13에서 계산. 참고로 2007년 MDB의 자금 공급 규모는 약 380억 달러로 같은 해 전체 투융자 금액의 약 3.3%에 불과했다(Ibid., p. 36, Figure 24).

도국에 근무해본 경험이 있는 모든 사람은 자금 부족보다는 약한 제도와 부실한 거버넌스가 성장의 더욱 큰 장애라는 사실을 안다. 서류상으로는 아무리 거대한 프로젝트라도 실제 실행을 해보면 정신이 번쩍 들게 하는 경험으로 끝난다. 비용은 예외 없이 애초 계산을 훨씬 초과한다. 프로젝트 기획자들은 인프라 완성 후 그것을 유지하고 보수하는 데 필요한 자금과 기술을 저평가한다.... 세상에 돈은 넘쳐난다. 정부 돈이 부족한 지역에서도 고수익 프로젝트를 성사시키는 민관협력체제(public private partnership)를 만들어내는 작업은 자주 일어난다. 여기서 핵심은 유능한 정부가 돈보다는 훨씬 희소재라는 사실이다. 중국으로 눈을 돌려보면 불행하게도 중국의 인프라 개발 모델을 세계적으로 수출할 수 있다는 증거는 거의 보이지 않는다. 강력한 중국정부는 새로운 도로, 다리, 댐 건설 때문에 이주해야 하는 사람들의 반대를 제압하고 있다. 수 년 동안 환경 우려 혹은 노동자 권익을 무시했다. 구 소련과 비슷하다는 사실에 놀라실 것이다. 그러나 아시아의 다른 국가들은 이와는 다른 방식으로 움직인다. 예를 들어 민주국가인 인도의 경우 뭄바이 공항을 재건축하는데 8년이나 걸렸다. 법원이 공항 변두리 불법 거주자들의 권리를 존중해야 한다는 판결을 내렸기 때문이다.... 이 모든 것을 감안할 때 AIIB는 자금을 얼마나 많이 동원할 수 있는가가 아니라 프로젝트를 어떻게 선택하고 추진하는가에 기초 평가돼야 할 것이다.[224)]

224) Kenneth Rogoff, "Will China's Infrastructure Bank Work?" *Project Syndicate*, April 6, 2015. 결국 자금이 문제의 핵심은 아닌 셈이다. 다음 설명 역시 다른 각도에서 MDB 역할을 조명하고 있다: "투자 수요(needs)와 투자 활용(availability) 간 차이(gaps)는 단지 자금이 부족해서가 아니라 은행이 개입할 수 있는 프로젝트의 부족, 부적절한 투자 환경, 그리고 자금을 원하는 정부 혹은 민간의 기획 및 제도 관련 관리 능력의 결여 때문에 자주 발생한다.... (여기서 MDB의 역할은 이 차이를 매우는 것인데, 단지 공적 자금 제공을 떠나 민간투자를 활성화시키는 역할에 중점을 두는 경우) 자금 공여는 물론, 지식 제공, 그리고 투자자가 필요한 다른 기관(은행, 법

이상 중국의 국내경제적 요인과 다자개발은행의 성격에 비춰, AIIB의 배경과 미래 모습을 살펴봤다. 우선 중국의 국내 요인, 즉 투입 중심 고도성장의 핵심 역할을 한 인프라 투자가 한계에 부딪치면서 중국정부는 일정 수준의 경제성장률을 유지하기 위해 또 다른 인프라 투자처가 필요했음을 알 수 있다. 아시아, 특히 인접국들의 낙후된 인프라가 투자 대상으로 부상한 것은 이상한 일이 아니었다. 문제는 어떤 방식으로 그것을 추진할 것인가였다. 이를 위해 AIIB라는 새로운 아이디어가 개진됐다. 여기서 AIIB가 중국의 과잉 저축을 빼내는 단순 수단인 경우, "아시아 개도국에 대한 원조 또는 투자를 위한 개발원조 기관 또는 금융기관으로서 기능할 수밖에 없다"는 분석을 소개했다.

그런 모순을 탈피하기 위해 다수의 역내외 회원국을 모집하며 AIIB의 성격을 다자개발은행(MDB)으로 전환시켰다. 이 경우 AIIB는 기존 세계은행과 같은 조직과 의사결정 구조를 지닐 수밖에 없고, 1,000억 달러라는 자본금 규모에 비춰 방대한 아시아 인프라 시장에 단독으로 자금을 댈 수는 없는 일이다. AIIB 역시 새롭게 조명되고 있는 '지식 은행'으로서의 MDB 역할에 충실할 수밖에 없다는 주장이 제기되는 이유를 알 수 있다. 중국의 주도 하에 AIIB는 과연 일종의 투자자문회사(consulting firm) 역할을 할 수 있을까?

륭기관 등)과의 네트워킹, 문제가 발생했을 때 적극적인 중재 역할, 국가위험(country risk)과 같은 투자 관련 다양한 리스크의 관리 및 분산 등 투자 관련 환경을 개선하는 것이 MDB의 핵심 역할이 될 수밖에 없다." *International Financial Corporation*, "International Financial Institutions and Development Through the Private Sector," pp. 18-20.

2. AIIB 자금과 운영 원리

2016년 1월 공식 출범한 AIIB의 창립 멤버는 57개국이다. 이미 알려진 바와 같이 전체 출자금(subscribed capital) 1,000억 달러 중 주도국 중국의 출자금 비율은 30.3%이고, 투표 지분은 이보다 낮은 26.06%다. AIIB의 경우 12개 주요 사안의 결정에는 최대다수결 75% 이상의 투표 지분 승인이 필요하므로 중국은 사실상 거부권을 가지고 있다. 총 출자금 중 아시아 역내 회원국이 75%, 역외 회원국은 25%를 각각 분담한다. 역내 국가 중 중국을 제외하고 가장 많은 지분을 소유한 국가는 인도(7.5%), 러시아(5.9%), 한국(3.5%), 인도네시아(3.2%) 등이고, 역외 국가의 경우는 최대 지분을 가진 독일(4.1%)을 포함 영국, 프랑스 등 서유럽 전체 지분이 22.1%다.[225)]

기존 MDB의 출자금을 살펴보면 AIIB 규모를 짐작할 수 있다. 2014년 세계은행의 총 출자금은 2,830억 달러(IBRD 2,328억 달러), IDB(미주개발은행) 1,709억 달러, 그리고 ADB의 경우는 1,635억 달러로 1,000억 달러인 AIIB보다는 규모가 크다.[226)] 총 출자금이 어떻게 운영되는지는 MDB의 기본 운영원리를 설명할 때 일부 소개한 바 있다. 중요한 것은 회원국에 할당된 출자금 모두가 아니라 일부만을 현금으로 MDB에 납입한다는 사실이다. 납입 자본금(paid-in capital)을 의미하는바, 납입금이 출자금에서 차지하는 비

---

225) Masahiro Kawai, "Asian Infrastructure Investment Bank in the Evolving International Financial Order," Daniel Bob, ed., *Asian Infrastructure Bank: China as responsible stakeholder?* (Washington D.C.: Kawasaki Peace Foundation USA, 2015), p. 16, Table 2.

226) Ibid., p. 9, Table 1; 대외경제정책연구원, 「AIIB 추진 현황과 한국의 대응 방향」, p. 19.

율은 MDB마다 다르지만, AIIB의 경우는 20%다. 즉 각 회원국은 그들에게 할당된 출자금 중 20%를 AIIB에 현금으로 납입한다는 의미인데, IBRD와 ADB의 비율이 각각 5.8%, 5%인 것을 보면 상대적으로 매우 높다는 사실을 알 수 있다(EBRD 20.9%).[227)]

납입자본금에 기초 MDB가 신용창조를 한다는 사실은 앞서 설명한 바와 같다. "IBRD의 경우 1945-2013년 불과 134억 달러의 회원국 납입 자본금에 기초 누적 총액 무려 5,860억 달러의 비양허성(non-concessional) 융자를 시행했다"는 설명은 신용창조의 위력을 보여준다. 구체적으로 납입 자본금 대 대출(equity-loan) 비율로 MDB의 신용창출을 가늠해보는 방안이 제시됐는데, IBRD는 27.8%로 신용창조 능력이 가장 컸고, ADB 역시 32.3%로 준수한 수준을 보이고 있음을 앞에서 소개했다.[228)] 이 비율은 민간은행보다 약 두 배 높은 것으로 다자개발은행의 신용창조 능력이 월등하다는 점도 확인한 바 있다.

이상의 논의를 새로 출범한 AIIB에 대입해 보면 다음의 그림이 그려진다. 우선 AIIB의 총 자본금 1,000억 달러의 20%인 200억 달러가 납입자본금(cash-in capital), 즉 기초 자산(underlying assets)이 되고 그것을 토대로 AIIB는 채권을 발행 민간자본 시장에서 자금을 조달하게 된다.[229)] 방금 전 AIIB의 납입자본금 규모(총

227) Kawai, "Asian Infrastructure Investment Bank in the Evolving International Financial Order," p. 9, Table 1. IBRD 납입자본금(paid-in capital) 비율은 위에서 소개한 IBRD 총 자본금 2,328억 달러와 이미 소개한 다음의 수치를 합하여 계산했다: "(2013년까지) IBRD 회원국의 납입자본금은 134억 달러에 불과했지만, 이에 기초한 총 대출액은 무려 5,860억 달러였다." Humphrey, "Developmental revolution or Bretton Woods revisited?" p. 3.

228) 위의 통계는 2013년의 수치이고 2009-2013년을 통합한 평균치는 IBRD 31%, ADB 33.6%로 별 차이가 없다(Ibid., p. 35, Table 2).

229) 이는 앞서 소개한 다른 MDB의 자금 동원 방식과 동일하다. Kawai, "Asian

자본금의 20%)가 세계은행 혹은 ADB보다 월등히 높다는 점을 소개했다. 그렇게 된 이유는 먼저 총자본금 중 약정자본금(callable capital)의 중요성이 낮아진 사실에서 찾을 수 있다. 과거 MDB 운영 경험을 살펴보면 약정자본금이 실제로 납입된 경우는 없었다. 만약 그것이 현실화되면, 이는 해당 MDB가 납입자본금으로는 해결할 수 없는 운영상의 문제점을 안고 있다는 사실을 의미하고, 결과적으로 MDB의 신용도에는 금이 가게 된다. 바로 이것이 "1980년대 이후 (이미 소개한) 납입 자본금 대 대출(equity-loan) 비율이 (MDB 능력) 판단 기준으로 선호되는 이유다. 즉 약정자본금이 MDB가 발행하는 채권의 신용도를 어느 정도 높일 수 있는 수단은 되지만 운영 능력을 가늠하는 잣대는 더 이상 아니라는 뜻이다." [230]

AIIB의 납입 자본금이 많은 이유는 다음의 상황을 통해서도 이해될 수 있다. AIIB에 앞서, 중국이 주도 소위 BRICs 국가들을 회원국으로 설립된 신개발은행(NDB: New Development Bank)의 납입 자본금 100억 달러가 규모면에서 다소 미흡하다는 지적이 있었다. AIIB의 경우는 아직 정해지지 않았지만, NDB는 회원국에 배당된 총 납입자본금을 7년 동안 분납하도록 결정한 바 있다. 뒤집어 보면 운영 초기 NDB 대출 여력은 대단히 제한되고, 7년이 지난 다음에야 NDB가 제 기능을 할 수 있다는 의미다. 만약 AIIB의 납입자본금도 7년 분납으로 결정된다면 AIIB 역시 7 년간의 상대적인 공백기가 있을 것이므로, 이의 보완 방법으로 납입자본금 액수를

Infrastructure Investment Bank in the Evolving International Financial Order," p. 7, Figure 2 참조.

230) Humphrey, "Developmental revolution or Bretton Woods revisited?" p. 10. 신용평가 회사들 역시 특히 최근 들어서는 MDB 발행 채권에 대한 신용 평가에서 약정자본금의 기여도를 낮게 잡고 있다 (Ibid.).

처음부터 높이는 방안이 채택된 것으로 이해할 수 있다.[231)]

위의 조건과 다음의 설명을 합해보면 AIIB의 향후 모습을 어느 정도 엿볼 수 있다. 우선 2009-2013년 IBRD, ADB 등 주요 MDB의 납입자본금 대비 연간 수익률(ROE: return on equity)의 평균치 3.5%를 AIIB의 미래 수익률로 가정한다. AIIB가 향후 최고 수준의 경영 능력을 보인다는 또 다른 가정 하에 같은 기간 IBRD 등 주요 MDB의 자본금 대 대출(equity-loan) 비율의 최고치인 27%를 대입해 보면 다음의 그림이 그려진다. 대출액이 향후 최고치로 올라가는 시점은 2025년으로 조사됐고, 그 때 대출 총액은 약 673억 달러로 추정된다. 만약 위의 수익이 모두 다시 대출 되어 50억 달러의 추가 자본금 증액 효과가 있는 경우 예상 대출액은 870억 달러까지 늘어나는 것으로 계산됐다.[232)]

231) Ibid.

232) Ibid., pp. 12-14, 특히 Figure 7. Humphrey 박사가 위의 계산을 했을 때는 AIIB 납입자본금 규모가 확정되지 않은 시점이어서, 납입자본금을 150억 달러로 가정했다. 그 후 납입자본금 규모는 200억 달러로 확정됐고, 이에 기초 그가 추정한 2025년 AIIB의 최대 대출 가능 액수는 1,239억 달러로 늘어났다. Chris Humphrey, "Will the Asian Infrastructure Investment Bank's development effectiveness be a victim of China's diplomatic success?" Chris Humphrey, et. al., *Multilateral development banks in the 21st century: Three perspectives on China and the Asian Infrastructure Investment Bank*, The Overseas Development Institute Discussion Paper, November 2015, pp. 3-4. 참고로 2013년 IBRD의 납입자본금(equity)은 427억 달러였고 총 대출 규모(loan portfolio)는 1,417억 달러였다. ADB의 경우는 각각 171억 달러와 531억 달러였다. 같은 방식을 동원 2025년을 예측해 보면, IBRD의 대출 총액은 2,192억 달러, ADB는 731억 달러로 추정된다. Humphrey, "Developmental revolution or Bretton Woods revisited?" p. 15, Table 2. 따라서 위의 AIIB 추정 수치는 적어도 ADB를 앞선다는 사실을 알 수 있다. 앞서 2013년까지 회원국이 IBRD에 납부한 현금이 '134억 달러'라는 통계를 소개한 바 있다. 이 현금(cash-in capital)도 '납입자본금'으로 번역되므로, 위의 납입자본금(equity)과 혼동되는 경우가 있다. 하지만 'cash-in capital'은 문자 그대로 회원국의 현금 납부액

이상의 추론에는 AIIB가 발행하는 채권이 신용 최고 등급인 AAA를 받는다는 전제 조건이 있었다. 그렇다면 신용등급은 어떻게 결정될까? 특정 MDB의 회원국 수준이 가장 큰 변수가 된다. 예를 들어 중국이 주도하고 BRICs 국가로 구성된 NDB의 경우 중국만이 국가 신용등급(sovereign rating) AA-로 높을 뿐, 브라질, 인도, 남아공 등은 낮은 등급으로 분류되고, 러시아의 신용등급은 최근 정크 본드 수준으로 추락했다. 이 경우 NDB 발행 채권의 신용등급은 A를 넘지 않을 것이며, 그 이하일 수도 있다.[233] 그러나 AIIB는 독일, 영국, 프랑스 등 최상위 신용등급의 서구 국가들이 참여하고 있고, 아시아에서는 가장 수준이 높은 한국이 존재하며, 막강한 외환보유고를 자랑하는 중국의 강력한 지원이 있으므로, 활동 후 머지않아 AAA 등급을 받을 가능성이 높다.[234] AIIB가 활동 즉시

을 의미하는 반면, 'equity'는 납부 현금과 그 동안 IBRD가 영업을 통해 얻은 누적 이익금 중 유보금을 합한 수치다. 따라서 두 수치에는 당연히 차이가 난다. 참고로 '2009-2013년 IBRD, ADB 등 주요 MDB의 납입자본금 대비 연간 수익률(ROE: return on equity) 평균치가 3.5%'라는 통계를 소개한 적이 있다. 수익률이 만만치 않다는 사실을 알 수 있는바, 구체적으로 1990-2009년 20년 동안 IBRD의 순수익은 연평균 대략 3억 달러 정도였다. 그렇게 얻은 수익을 특히 IBRD와 ADB는 상당 부분 유보금으로 보유하고 있다. 바로 이 금액과 회원국의 기 납입금을 합한 것이 'equity'다. 자금 유보 이유는 "기관들이 위험에 노출되는 것을 최소화하기 위한 정책적 판단" 때문인데, "기관의 안전성(security)을 강화하는" 초치라고 보면 된다. Chris Humphrey, "The Politics of Loan Pricing in Multilateral Development Banks," *EPSA (European Political Science Association) 2013 Annual General Conference* Paper 141(www.papers.ssrn.com), p. 9.

233) Humphrey, "Developmental revolution or Bretton Woods revisited?" pp. 17-18.

234) Ibid. 그렇게 되는 구체적인 이유는 다음과 같다. 현재 최고 신용등급을 받는 세계은행의 경우 회원국의 국가 신용등급을 투표지분을 가중하여 계산하면, 전체의 28.4%가 AAA 등급이고, 60.8%가 AA, 1.7%가 A, 그리고 나머지 9.1%는 BBB 혹은 그 이하의 등급이다. AIIB의 경우 계산의 편의를 위해 중국 지분을 40%, 역외 국가 20% 그리고 나머지 회원국을 40%로 가

최고 등급을 받는다고 가정하지 않은 이유는 AIIB 신용 등급 결정에 "금융을 운영할 능력이 반영되기 때문이다."[235] 앞서 "(채권이 신용 최상등급을 받기 위해서는) 다자개발은행의 융자가 부실화되지 않아야 한다는 조건이 있다. 바로 이런 메커니즘 때문에 세계은행, ADB 등의 대출에 자연스레 제약이 가해지고, 대출 조건은 까다로워질 수밖에 없다"는 분석을 소개한 적이 있다. 금융 능력이 MDB 발행 채권의 신용등급에 영향을 미친다는 원칙에는 AIIB 역시 예외일 수 없다는 의미다.

위의 분석에서 '중국의 강력한 지원'이 중요하다는 사실은 또 다른 의미를 지니고 있다. 핵심은 적절한 투자처가 반드시 필요한 중국의 과잉 저축(saving glut) 상황인데, 다음의 설명을 통해 투자 가능 분야의 필요성을 확인할 수 있다: "최근 중국 당국은 과잉 저축을 대외적으로 사용할 대단히 창의적인 아이디어를 만들어 냈다. 여기에는 해외 교통 인프라 구축을 의미하는 일대일로와 AIIB가 포함돼 있다. 중국의 연간 저축 액수는 무려 5조 달러에 이른다. 해외 혹은 국내에서 이 잉여저축을 생산적으로 사용하는 것은 향후 중국의 최대 과제가 될 것이다."[236] "중국개발은행(Chinese Development Bank)은 대표적인 사례다. 2014년 개발은행의 총 대

정하는 경우 전체의 17%가 최고 등급인 AAA이고, 52%는 AA, 6% A, 그리고 나머지 25%가 BBB 혹은 그 이하 등급으로 분류된다. 반면 NDB는 20% AA, 80% BBB 혹은 그 이하 등급일 뿐이다(참고로 AIIB 지분을 위와 같이 가정한 이유는 이 분석을 담은 논문이 지분 확정 이전에 작성됐기 때문이다). AIIB의 경우는 세계은행과 비슷한 신용 분류 등급을 보이는 반면, NDB와는 상당한 차이가 난다는 사실을 알 수 있다(Ibid., p. 18, Figure 9).

235) Humphrey, "Will the Asian Infrastructure Investment Bank's development effectiveness be a victim of China's diplomatic success?" p. 4.

236) Martin Wolf, "China's struggle for a new normal," *Financial Times*, 23 March 2016.

출 규모는 무려 1조 2,700억 달러였다. 전 세계 모든 MDB를 난쟁이로 만들 수 있는 수준이다. 이 말은 개발은행이 중국 자본시장에서 저리로 대규모 자금을 성공적으로 모았다는 의미이므로, 중국정부의 지원이나 묵시적인 보증이 있는 경우 AIIB가 중국 자본시장에 접근할 가능성은 충분하다. 즉 자금 동원 능력에 관한한 다른 MDB에 비해 장점이 있다는 뜻이고, 당연히 자금 공급 비용도 낮아질 수 있다."[237]

이상이 기존 MDB에 비춰 본 AIIB의 향후 자금 운영 모습이라면, AIIB는 기존 MDB와는 다른 여러 가지 특징이 있다. AIIB는 개도국이 주도한 개도국을 위한 MDB다. 세계은행 등과 관련 급성장한 개도국과 선진국의 이해 대립은 AIIB 창립의 주요 동인이었다. 중국을 비롯한 신흥 개도국은 기존 MDB 자본금을 대폭 확대할 것을 줄곧 요구해 왔다. 하지만 선진국, 특히 미국은 이 요구를 받아들이지 않았다. 상대적으로 세계 저축의 일부만을 외환 형태의 자원으로 사용할 수밖에 없는 개도국 입장에서 보면 자원 활용 측면에서 중대한 걸림돌이었다. 그런 제약 요소를 극복하기 위해 선택된 새로운 처방이 AIIB인 셈이다.[238]

기존 MDB가 관료 조직화 된 점도 AIIB 발족의 요인이었다. 기존 MDB의 경우 프로젝트 시작에 통상 3-5년 정도의 기간이 필요한데, 중국은 AIIB를 통해 이를 혁신하겠다는 의지를 표명하고 있다. 채무자 중심(borrower-friendly)의 자금 운영이 필요하다

237) Humphrey, "Will the Asian Infrastructure Investment Bank's development effectiveness be a victim of China's diplomatic success?" p. 5.

238) Stephany Griffith-Jones, "The Asian Infrastructure Investment Bank: changing development finance architecture," Humphrey, et. al., *Multilateral development banks in the 21st century*, p. 8.

고 본 것이다.[239] AIIB의 의사 결정 구조는 그런 인식을 상당히 반영하고 있다. 기존 MDB와는 다르게 상근이 아닌 비상근 이사회(non resident board)를 두고 있는 반면, 이사회가 설정한 기본 원칙에 기초 경영진이 프로젝트를 심사할 수 있도록 했다.[240] 의사 결정이 그만큼 빠르게 진행될 수 있다는 의미다. 하지만 미국 등 서방측이 줄곧 제기한 문제점도 시정하여 다음과 같이 협정문에 반영됐다. "건전한 은행업의 원칙에 따라 자금을 제공한다"고 규정함으로써 AIIB 자금이 기존 다자투자은행이 견지하고 있는 객관적 기준에 따라서 대출될 것이라는 점을 분명히 하고 있다. 즉 "AIIB의 자금이 환경·노동·인권 등의 측면에서 국제적인 기준에 부합하지 않는 국가들에 제공되는 것을 막기 위해 세이프가드를 둬야 한다는 서구 국가들의 요구를 반영한 것이다." [241]

3. AIIB에 대한 기대와 중국의 속사정

AIIB는 용어가 말해주듯 인프라 전문 투자 은행이다. 과거

239) Humphrey, "Will the Asian Infrastructure Investment Bank's development effectiveness be a victim of China's diplomatic success?" p. 6.

240) Griffith-Jones, "The Asian Infrastructure Investment Bank," p. 10. 중국의 애초 의도는 중국인 총재 산하에 '신용투자위원회'를 설치, 이 위원회가 대출 및 투자를 결정하는 것이었다. 그러나 다수 국가가 참여한 규정 심사 과정에서 회원국의 요청으로 중국의 독주 가능성이 높은 이 위원회를 폐지하는 대신 비상근 이사회가 최종 권한을 갖는 새 규정이 마련됐다. 그러나 중국은 주요 사안에 대해 여전히 거부권을 보유하고 있고, 중국의 영향력을 고려할 때 "향후 AIIB 운영에서 중국의 일방적인 지배력이 현실화"될 가능성은 여전하다. 최원기, "아시아인프라투자은행(AIIB)의 출범: 평가와 전망," p. 15; 「한국경제」, "중국, AIIB 지배구조 양보 ... 총재 아닌 이사회서 모든 투자 결정," 2016년 6월 30일.

241) Ibid. 2015년 6월 29일 베이징에서 57개 AIIB 창립 회원국 대표가 AIIB 협정문에 서명했다.

50년 동안 세계은행 등 MDB가 지속적으로 인프라 투자를 줄여왔다는 점은 앞서 설명한 바와 같다. AIIB의 향후 업적을 보고 판단할 문제지만, 인프라 투자만을 전문적으로 다루는 다자개발은행이 설립된 것은 그 자체만으로도 성과일 수 있다. 다른 다자개발은행의 관심 분야가 대단히 다양한 것과는 달리 AIIB의 경우 인프라에만 특화됨으로써 "대출 대상국들에게 대단히 전문화된 실용 지식을 전해줄 수 있다는 장점은 분명히 있다."[242] 다른 MBD가 사실상 독과점 상황에서 형성됐다는 역사적 사실에 대한 반성이었겠지만, 중국은 다른 국가의 참여를 적극 독려했고, 2015년 3월에 이미 40개국의 참여를 끌어낼 수 있었다. 중요한 것은 이들 모두에게 AIIB 협정문 작성 과정에 참여할 권리를 부여했다는 사실이다. 그 결과 "기존 MDB 활동의 주요 방해 요인이었던 '그들 대 우리' 식의 편 가르기를 피할 수 있는 유일한 방법인 모든 회원국의 적극 참여 동기 유발이 가능해졌다."[243]

현재까지도 그랬지만 아시아, 특히 동아시아가 향후에도 가장 역동적인 경제성장을 보일 것이라는 기대 역시 AIIB에 눈길이 가는 이유다. 2010년 기준 과거 25년 동안 연평균 경제정장률 7% 이상을 기록한 나라는 세계적으로 12개였다. 그 중 10개 국가가 아시아에 존재한다는 사실은 AIIB에 대한 기대를 높여준다.[244] 역사적으로 고도성장은 인프라 투자 활성화와 동일 시 됐다. 고도성장은 인프라 투자를 필요로 하고, 역으로 인프라 투자 증대가 고성장

242) Humphrey, "Developmental revolution or Bretton Woods revisited?" p. iv.
243) Ibid.
244) Biswa Nath Bhattacharya, "Estimating Demand for Infrastructure in Energy, Transport, Telecommunication, Water and Sanitation in Asia and the Pacific," *Asian Development Bank Institute Working Paper* No. 248, September 2010, p. 3.

을 견인한다는 것이 일반적인 견해였다. 특히 2008년 세계금융위기 이후 각국은 위기 극복을 위해 정부지출 확대 정책, 즉 경기를 자극하는 정책(stimulus)을 시행했는데, 중국, 인도, 베트남, 태국 등 고성장 국가의 경기부양 정부지출 중 평균 50%가 인프라 투자에 집중됐다.[245)]

2010년의 연구 결과지만, 2010-2020년 ADB 회원국 32개국의 인프라 투자 수요는 무려 8조 2,000억 달러로 조사됐다. 그 중 68%는 새로운 시설 확충에 나머지 32%는 기존 시설의 유지 보수에 필요하다는 분석이 이어졌다. 이 투자 수요 중 가장 큰 것은 전기등 에너지 분야로 전체의 49%였고, 도로 등 교통망은 35%, 통신 분야 13% 그리고 수자원 및 위생 시설 수요가 3%였다.[246)] 흥미로운 점은 중국의 일대일로 정책이 아시아 교통망 확충을 목표로 하지만, 향후 인프라 투자 중 가장 많은 자금이 필요한 분야는 교통이 아닌 에너지라는 사실이다.

총 8조 달러가 넘는 인프라 수요 중 약 5조 5,000억 달러가 동아시아와 남아시아 지역의 투자 수요지만, 그 중 남아시아 수요는 약 2조 4,000억 달러로 반이 안 된다.[247)] 동아시아 수요가 많다는 의미인데, 한국과 일본의 인프라 확충이 이미 최고 수준에 이른 점을 감안하면 동아시아의 인프라 수요는 사실상 중국 혹은 동남아시아 몫이라는 점을 짐작할 수 있다. 남아시아의 경우도 경제규모를 감안하면 투자 수요는 사실상 인도에 많이 집중돼 있는 셈이다.

---

245) 구체적으로 중국 46%, 인도 56%, 베트남 60%, 그리고 태국이 66%였다. 반면 고도 성장기를 지난 한국은 29%, 일본의 경우는 더욱 낮아 10%에 불과했다(Ibid., p. 4, Table 1).

246) Ibid., p. 11.

247) Ibd., p. 13, Table 5.

인프라 분야의 외국인직접투자(FDI: foreign direct investment) 통계에서도 동아시아와 태평양 연안국은 다른 지역에 비해 절대 우위에 있다. 1995년 동아시아/태평양, 라틴아메리카, 그리고 동유럽 등 세 지역 모두를 합한 총 FDI 규모는 약 1,250억 달러였다. 그 가운데 60% 정도가 동아시아/태평양 지역의 인프라 개발에 집중됐다. 10년 후인 2006년 총 투자 규모는 약 3,600억 달러까지 치솟았고, 절반 정도가 동아시아/태평양 지역에 투자됐다.[248) 아시아/태평양 국가의 인프라 투자 수요는 이미 1990년대 중반부터 다른 신흥경제 지역을 압도하고 있는 셈이다. 앞서 향후 역내 인프라 투자 수요의 상당 부분이 동아시아, 특히 중국에 집중될 가능성이 높듯이 위의 인프라 FDI 통계에서도 동아시아/태평양 투자액의 약 80%가 중국 본토, 홍콩, 그리고 싱가포르로 흘러들어갔다. 동아시아/태평양 지역 나머지 29개 국가의 수용액은 전체의 20%에 불과했다.[249) 이상의 설명 역시 중국의 국내문제가 AIIB나 일대일로 전략을 통해 국제화된 측면을 암시하는데, 다음 설명은 중국의 국내경제 상황과 인프라 투자의 함수 관계를 보여준다.

> 중국에는 총 160,000개의 국유기업(SOEs: state-owned enterprises)이 있다. 국가 총 산출(output)의 1/5, 그리고 전체 고정자산 투자의 35.4%가 국유기업 몫이다. 문제는 이들의 수익률이, 민간기업의 10.3%보다 훨씬 낮은 2.9%라는 사실이다. 상황이 그렇다면 국유기업의 투자가 줄어들어야 하지만 상황은 녹녹치 않

248) Kwok-Chiu Fung, Alicia Garcia-Herrero, and Francis Ng, "Foreign direct investment in financing regional infrastructure," Biswa Nath Bhattacharya, Masahiro Kawai and Rajat M. Nag, eds., *Infrastructure for Asian Conncectivity* (Cheltenham, UK: Edward Elgar Publishing Ltd., 2012), p. 403, Figure 11.1에서 계산.

249) Ibid., p. 403.

> 다. 2015년 전반기만 해도 민간기업 투자는 국유기업보다 빠르게 늘어났다. 그러나 경기하강이 뚜렷해지자, 민간 투자는 가파르게 줄어들었다. 여기서 국유기업 투자가 감소하면 경제성장률은 뚝 떨어진다. 국유기업 투자가 감소한다는 것은 수익률이 안 좋은 국유기업의 퇴출을 의미하지만, 중국정부는 이런 방식 대신 그나마 여력이 있는 국유기업이 퇴출 대상인 기업을 흡수하는 정책을 밀어붙이고 있다. 약한 기업의 부도, 공장 폐쇄, 그 결과인 대규모 실업을 방지하기 위해서다. 결국 풀어야 할 가장 핵심 과제인 과잉생산과 낮은 수익률 문제를 해결하지 않은 채 넘어가고 있다는 의미다. 여기서 대안으로 떠오른 것이 국유기업의 대규모 인프라 투자였다. 중국정부는 국유기업이 도로, 철도, 하수, 빈민 지역 재개발 등에 투자하도록 정부 지출을 확대했고, 은행 대출도 늘렸다. 특히 지방정부와 지방 국유기업 중심으로 정책이 시행되고 있는데, 중요한 것은 인프라 투자가 수익률에는 상대적으로 민감하지 않다는 사실이다. 2008년 세계 금융위기 시에도 대규모 경기부양책(credit expansion)이 시행됐다. 그때는 목표가 공장을 더 짓는 데 필요한 자금을 지원하는 것이었다. 그러나 지금은 목표가 국유기업의 인프라 투자 확대로 바뀌었다. 물론 부작용도 있지만 인프라 투자 확대를 위해 국유기업을 활용하는 정책은 중국 지도부가 그토록 두려워하는 상황, 즉 사회 및 금융상 불안정의 단초인 급격한 경기하강을 방지하기 위한 아마도 최선의 방책일 것이다.[250)]

다음의 설명도 중국정부가 국내 인프라 투자에 얼마나 심혈을 기울이고 있는지를 보여준다.

> 중국 지방 도시들이 잇달아 지하철 신증설을 추진하고 있다. 향후 5년간 지하철 건설을 계획한 도시가 40여 곳에 달해 중국 경

250) Gabriel Wildau, "China calls on state groups to boost infrastructure spending," *Financial Times*, 22 June 2016.

제의 투자 중심축이 '고속철'에서 '지하철'로 이동할 전망이다..... 현재 중국에서 지하철이 운행 중인 도시는 베이징과 상하이를 비롯해 22곳에 달한다. 5년 뒤엔 이 숫자가 두 배 이상 증가할 전망이다. 지금까지 중국 정부가 노선 신설과 증설을 허가한 도시는 39곳이다. 같은 맥락에서 5년 뒤에는 지하철을 운행하는 도시가 50개로 증가하게 된다. 지하철 총연장도 작년 말 2700㎞에서 올 연말 3500㎞, 5년 뒤엔 7300㎞로 급증한다....... 지방정부가 앞 다퉈 지하철 건설을 추진하고, 중앙정부가 선뜻 승인해주는 데는 경기부양 필요성에 인식을 같이하기 때문이다. 지하철 건설 투자액은 고속철에 버금가는 규모다. 보통 ㎞당 최소 5억 위안(약 925억 원) 이상 소요되는 것을 감안하면 현재 계획된 노선을 모두 지으려면 앞으로 5년간 최소 2조 위안(약 370조원)을 쏟아 부어야 한다. 이에 따라 중국 정부의 인프라 투자 중심축이 고속철에서 지하철로 이동할 전망이다. 중국은 2008년 글로벌 금융위기 이후 4조 위안(약 740조원) 부양책의 상당 부분을 고속철 건설에 쏟아 부어 현재 1만6000㎞에 달하는 촘촘한 고속철도망을 완성했다. 중국 발전개혁위원회 연구에 따르면 지하철 1개 노선을 지으면 직원 2000명 규모 기업이 새로 생겨나고, 1㎞를 건설할 때마다 일자리 60개를 창출하는 효과를 거둔다. 향후 지하철 건설 부문에서만 20만개에 달하는 일자리를 만들어낼 수 있다는 의미다.[251)]

위의 설명은 중국경제에서 인프라 투자가 여전히 중요한 의미를 지니고 있다는 사실을 보여준다. 아무튼 이상의 분석을 통해 동아시아/태평양 지역의 향후 인프라 수요가 다른 지역보다는 월등히 높다는 점을 알 수 있다. 투자 수요의 상당 부분이 중국에서 창출된다는 사실도 부인할 수 없다. 그 같은 해석이 가능하기에 AIIB가 외형상으로는 분명 다자투자은행의 성격을 띠고 있지만, 투

251) 「매일경제신문」, "中 경제 살릴 다음 주자는 지하철," 2015/10/6.

자 중심 중국경제의 특성이 반영된 것도 사실이라는, 즉 이중성을 띠고 있다는 주장에 힘이 실리는 것이다.

향후 동아시아와 태평양 연안국의 고속 성장 가능성이 가장 높고, 지역의 방대함에 비추어 인프라 투자 수요가 다른 지역을 압도할 것이라는 예측을 부인하기 힘들기에 결국 중국의 AIIB 운영 능력이 관건이라는 결론에 이르게 된다. AIIB는 과연 민간투자를 활성화시킬 수 있을 것인지, 역내 개도국 정부의 인프라 투자를 부추기기 위해 적절한 계획 하에 필요한 적정 자금을 직접 공여하는 것이 가능할지, 중국 국내 인프라 투자 수요 충족을 위한 정책의 경우 다자개발은행의 국제 기준을 만족시키며 추진할 수 있을지, 사업자를 국제기준에 맞게 선정할 의지와 능력이 있는지 등 다양한 이슈를 합리적으로 해결하는 경우 AIIB가 방대한 역내 투자 수요와 만나 긍정적으로 작동할 가능성은 여전히 있다.

4. AIIB와 중국의 경제외교

1) 중국의 신경제외교

앞서 중국 대외정책 변화를 간단히 살펴본 적이 있다. 덩샤오핑(鄧小平)의 도광양회(韜光養晦), 후진타오 시절의 화평굴기(和平崛起), 그리고 시진핑의 분발유위(奮發有爲) 등을 소개했다. 매 용어의 의미를 살펴보면 중국 대외정책 기조의 변화를 알 수 있는데, 특히 화평굴기서는 가시적인 변화의 시작이었다. '자신의 재능이나 명성을 드러내지 않고 참고 기다린다,' 즉 '겉으로 속내를 드러내지 않은 채 조용히 힘을 키운다'는 도광양회는 다른 강대국의 심기를 건드리며 충돌하지는 않는다는 의미였다. 그러나 2002년

들어선 후진타오 정권은 개혁개방 이후 처음 외교정책의 기본 노선을 바꾸기 시작했다. '평화적으로 일어난다'는 의미의 화평굴기는 후진타오의 핵심 측근이며 책사였던 중국공산당 중앙당교(中央黨校) 상무부장 정비젠(鄭必堅)교수가 2003년 11월 보아오아시아포럼에서 언급한 것이 처음이었다. 12월에는 원자바오(溫家寶) 총리가 그것에 의미를 부여하며 후진타오 시대 외교정책의 큰 틀이 됐다. 다음해 4월 중국 관영 일간지 인민일보가 '중국의 위대한 민족 중흥의 길'이라는 해설을 실은 후 내용은 더욱 분명해졌다.[252] 아무튼 도광양회와는 달리 중국이 지금부터는 대국으로 부상한다는 의미였다.

앞서 베이징 컨센서스를 소개한 바 있다. 중국의 기본 경제관, 그리고 그것에 기초 중국과 다른 국가의 경제관계는 물론 국제경제관계 전체가 어떤 틀이어야 하는지를 밝힌 중국의 새로운 대외경제관이었다. 흥미로운 점은 베이징 컨센서스가 발표된 2004년이 화평굴기기 공식화된 시점과 정확히 일치한다는 사실이다. 중국의 대외경제정책에 대한 분석 역시 이점을 다음과 같이 확인하고 있다: "기실 '경제외교'가 중국에서 본격적으로 등장한 것은 후진타오 체제에서였다. 2002년 제16차 당 대회 〈정치보고〉에서 '기업의 해외진출' 전략을 새로운 개방단계로 가는 중요 정책으로 발표한 이래, 중국의 공식 회의와 문건, 당 기관지 등에서 '경제외교'라는 용어가 등장하기 시작하였다."[253]

---

252) 김애경, "중국의 화평굴기론 연구: 논쟁과 합의를 중심으로," 『國際政治論叢』 제45집 4호 (2005), pp. 219-220.

253) 권혁재·최지영, "시진핑 체제의 중국 경제외교의 발전과 특징: 중국의 꿈(中國夢)을 위한 교두보의 실현," 『현대중국연구』 제16집 2호 (2015), p. 83. 경제외교가 공식화된 이유는 다음과 같다: "우선 (1989년 톈안문 사태 이후) 중국 국내정치, 즉 공산주의 정권의 안정이다... 덩샤오핑 사후 집

결국 '해외진출 전략의 확대'를 의미하는데, 새로운 경제외교의 구체적인 내용은 다음과 같았다: "하나는 교역의 확대로 이는 대외무역에 의존하여 성장해 온 중국경제의 발전을 지속시키는 관건으로 작용한다... 둘째, 해외시장의 개척과 확대다. 중국 제조업 확대와 중국 내수시장의 포화는 상품을 판매할 해외시장을 개척하고 확대할 필요성을 촉발시켰다... 다른 하나는 에너지와 자원의 확보를 들 수 있다."[254] 그밖에 "국제질서 개입, 소프트파워 확산, 국제적 이미지와 영향력 제고," 등이 주요 목표였다.[255]

그러나 경제외교의 스케일이 경제적 이해를 넘는다는 다음의 분석은 중국 경제외교가 전략적 사고의 산물임을 보여준다: "경제외교가 평화적 부상(화평굴기)이라는 중국의 목표를 달성하는 수단으로 선택된 것은 국제정세에 대한 중국의 인식과 밀접한 연관을 갖는다. 중국은 9·11 테러 이후 진행된 아프간 전쟁과 이라크 전쟁을 목격하면서 군사적 수단을 통해서는 국제무대에서 자국의 이익을 확대하기가 어렵다는 판단을 하게 되었다.... 이와 관련하여 중국은 증강되는 경제력을 정치안보적 목표를 달성하는 데 활용할 수 있다는 인식을 갖게 되었다."[256]

이상의 논의를 바탕으로 중국의 새로운 국제경제관을 정

단지도체제가 안착되고, 이후 적극적인 대외정책이 가능한 국내적 환경이 조성되었다 하겠다. 둘째, 대미관계의 개선이다... 대미관계 개선으로 중국의 안보위협이 감소하게 되고 경제외교의 추진 공간이 확보되었다 하겠다. 마지막으로 경제 세계화의 확산과 중국의 세계경제 편입 심화이다... (중국이 기왕 진행된 세계화, 즉) 세계경제에 편입을 가속화하면서, 이 같은 세계적 조류에 적극 대응하게 된다(Ibid., pp. 91-91)."

254) 김재철, "중국의 경제외교: 경제적 고려를 넘어서," 세종연구소, 『국가전략』 2007년 제 13권 4호, pp.44, 47.

255) 권혁재·최지영, "시진핑 체제의 중국 경제외교의 발전과 특징," p. 92.

256) 김재철, "중국의 경제외교: 경제적 고려를 넘어서," p. 44.

교하게 설명한 베이징 컨센서스를 조명하면 어떤 그림이 그려질까? 우선 가장 큰 틀로 '국제관계의 민주화'라는 개념이 등장한다. 국제관계는 서구의 주장인 '자유와 민주적 지배, 그리고 시장원리의 확산'이 만사인 단선 구도가 아니라는 것이 베이진 컨센서스의 핵심 내용이었다.[257] 같은 맥락에서 특히 개도국의 고유한 특성을 침해하는 대신 민족자결의 원칙, 즉 내정불간섭 원칙에 입각 이들의 특성이 고려된 무조건적인 지원이 필요하다는 주장이 개진됐다. 당연히 민주, 시장원리의 확산 등과 지원을 연계시키고 있는 현 국제경제질서 및 경제기구도 문제가 있기는 매한가지라는 주장이 뒤를 이었다. 경제적으로는 서구의 단순 잣대, 즉 GDP가 얼마나 늘어났는가가 판단의 기준이 될 수 없고, "발전에 수반되는 커다란 모순을 (국가가) 관리하는 방안이 논의의 초점이 되어야 한다"는 새로운 시각이 제시됐다.

기존 국제경제기구에 대한 불신이 많이 배어 있는 셈인데, 그렇다면 대안은 다음과 같이 양자 경제외교일 수밖에 없을 것이다.

> 경제적 지원을 행함에 있어서 중국은 IMF나 World Bank와 같은 다자기구를 통해 다른 국가와 협력하기 보다는 양자적 접근을 선호한다. 중국은 통상적으로 고위 지도자들 간의 정상회담을 통해 경제협력과 원조를 선언함으로써 지도자들 간의 긴밀한 관계를 형성하려 시도한다. 심지어 중국은 다자기구에서 원조 계획을 발표할 경우에도 이를 양자적 차원에서 설정하려 든다. 대표적으로 후진타오는 유엔 창립 60주년 행사에서 행한 연설에서 과다 채무 빈국과 최빈 개도국에 대한 원조프로그램을 확대하겠다는 계획을 발표하면서도 이를 중국과 외교관계를 갖는 국가로

257) 이하 베이징 컨센서스 내용은 이미 기술된 다음의 절에서 재인용됐다: e) 중국의 새로운 시각: 베이징 컨센서스.

> 한정시켰다. 이는 중국이 자국과 외교관계가 있는 국가만을 선택적으로 지원하겠다는 의사를 표시한 것이있다. 이처럼 중국이 양자채널을 선호하는 것은 경제적 지원을 행함에 있어서 엄격한 조건을 부과하는 미국이나 국제금융기구와 차별성을 확보하려는 시도로 해석할 수 있다. 가령, 세계은행과 같은 국제금융기구나 미국을 위시한 서방국가는 원조를 시행함에 있어서 투명성, 반부패, 내전종식, 그리고 인권 향상과 같은 조건을 내건다. 이에 반해 중국은 원조나 투자와 관련하여 부가적인 조건을 가하지 않는다.... 다시 말해 중국은 조건을 가하는 대신에 인프라 건설과 같은 실용적 조치를 통해 서구와 자신을 차별화시키고 또 엘리트들의 환심을 사려 시도하는데, 이는 그 대상국가가 원유나 자원을 보유할 경우 특히 그렇다.[258)]

한걸음 나아가 국제기구 자체를 중국 자신에게 유리한 방향으로 조정할 수 있다는 전략적 계산도 숨어 있다는 지적이 있다: "중국은 경제외교를 통해 양자관계를 강화시키는 것이 유엔이나 WTO와 같은 국제기구에서 자신의 외교력을 강화하는 결과를 가져올 것으로 기대한다. 중국은 아프리카나 라틴아메리카 국가들이 유엔과 같은 국제기구에서 많은 표를 행사한다는 데 주목한다... 예를 들어 유엔인권위원회와 같은 국제기구에서 (중국 내 인권문제를 비판 받는) 자신의 처지를 개선하는 데 기여할 것으로 기대한다."[259)]

그렇다면 양자 경제외교의 구체적인 모습은 어떤 것일까? 우선 용어의 혼란부터 해소할 필요가 있다. 통상 중국의 경제원조(economic assistance)라는 단어가 중국 대외경제정책의 기본 성격을 묘사하기 위해 쓰이는데, '무상 원조'로 인식되는 경우가 있

258) Ibid., pp. 55-56.
259) Ibid., p. 50.

지만 실상은 그렇지 않다. "중국의 경제원조 중 OECD 기준 공적 개발원조(ODA: official development assistance)에 해당하는 것은 극히 일부이기 때문이다. 물론 '원조'의 의미가 완전히 배제되는 것은 아니지만, 통상 중국의 '경제원조'는 개발원조(development aid), 차관(loans), 기술지원(technical assistance), 정부 지원 투자(government-sponsored investment) 등을 포괄하는 개념이다."[260] 선진국의 경제지원과 가장 큰 차이점은 중국의 경제지원은 중국의 개발전략과 밀접하게 연계돼 있다는 사실이다. 대표적으로 중국이 필요한 원유 등 원자재의 원활한 공급을 위해 다른 국가의 특히 자원개발 프로젝트에 많은 자금이 투자된다. 경제지원에 의존한 프로젝트의 진행 시 필요한 다양한 자재를 중국으로부터 공급받아야 한다는 조건도 다른 선진국의 경제지원과는 분명 차이가 난다.[261] 경제원조의 실행 주체는 주로 중국수출입은행과 중국개발은행이고, 국유기업도 중요한 역할을 한다.[262]

앞서 경제외교가 구체화되기 시작한 시점이 2002년 후진타오 집권 이후라는 사실을 소개한 바 있다. 다음의 통계를 통해 알 수 있듯이 중국의 경제지원 수치도 이를 그대로 반영한다. 2002년까지만 해도 별 변화가 없던 중국의 대개도국 경제지원은 2003년

---

260) Thomas Lum, "China's Assistance and Government-Sponsored Investment Activities in Africa, Latin America, and Southeast Asia," *Congressional Research Service Report*, November 25, 2009, p. 1. ODA는 구체적으로 개발무상원조(grants), 빈곤 감축 프로그램, 인도적 지원, 그리고 식량 지원 등을 의미한다.

261) Ibid., p. 2.

262) Charles Wolf, Jr., Xiao Wang, and Eric Warner, *China's Foreign Aid and Government-Sponsored Investment Activities: Scale, Content, Destinations, and Implications*, (Santa Monica: RAND National Defense Research Institute, 2013), p. xii.

부터 가시화되기 시작했고, 2011년에는 누적 약속 액(cumulative pledges)이 무려 6,711억 달러로 확대됐다. 구체적으로 2001년 17억 달러에 불과하던 위의 금액이 2010년 1,686억 달러, 2011년에는 1,893억 달러로 불어났다. 2011년의 액수는 중국 GDP의 약 3%에 해당하는 큰 금액이었다.[263] 2001-2011년 연 평균 약속 액은 610억 달러, 그리고 매해 평균 증가분은 190억 달러였다.[264]

이들 경제지원은 대부분의 경우 조건은 다양하지만 대출을 의미하는 차관 형식을 띠고 있다. 같은 기간 약속 액은 위와 같이 많은데 비해 실제로 자금이 집행되는 비율은 약속 액수의 9.4%밖에 안 된다. 약속 액과 실행 금액이 차이가 나는 이유는 프로젝

---

263) Ibid., pp. xiii, 19. 여기서 'pledges'를 약정이 아닌 약속으로 번역한 이유는 실제 이행을 담보할 수 있는 서류상의 합의가 존재하지 않기 때문이다. 즉 구두상의, 비공식적인(verbal and informal) 약속일 뿐이다. 다음에 논의되겠지만, 대신 'agreed'는 서류상 확정된 동의이므로 '약정'으로 번역했다. 문제는 약속(pledges)을 어떻게 처리할 것인가이다. 예를 들어 "윌리엄 앤드 메리 대학(William and Mary College)이 제공한 데이터에는 약속(pledges)이 제외돼 있다. 대신 '완수된(completed),' '진행 중인(being completed),' 그리고 '확실한 약정(pipeline commitments)'이라는 분류법이 활용된다." Jeffrey Gutman, Amadou Sy, and Soumya Chattopadhyay, "Financing African Infrastructure: Can the World Deliver?" *Global Economy and Development at Brookings*, March 2015, p. 28. 참고로 '약속(pledges)'은 이미 설명한 바와 같고, '약정(commitments)'는 '서류상 구속력이 있는 정식 계약(written, formal binding contract)'을 의미한다. 위에 등장하는 'pipeline'은 OECD의 프로젝트 분류 용어인데, '어떤 방식으로든 도마 위에 오른,' 즉 '논의가 진행 중인' 프로젝트를 의미한다. 즉 그런 종류의 프로젝트가 '약속(pledges)' 혹은 '약정(commitments)'으로 나뉜다는 의미다. Austin M. Strange, Bradley Parks, Charles Perla and Harsh Desai, *AidData's Methodology for Tracking Underreported Financial Flows Version 1.2*, AidData Open Data for International Development, September 2015 (www. china.aiddata.org/TUFF_codebook), p. 50.

264) Wolf, Wang, and Warner, *China's Foreign Aid and Government-Sponsored Investment Activities*, p. 19.

트 기획의 부실로 실제로 실행되지 않는 경우도 있지만, 프로젝트가 최소 5년 동안 진행되는 경우가 많아 약속 금액을 모두 실행하는 데는 그만큼의 시간이 필요하기 때문이다.[265] "특히 프로젝트의 기획 및 이행과 관련된 기술 혹은 보급(technical and logistical) 지원 부분은 실행 금액 시차의 가장 중요한 원인이다. 통계적으로 계산해 보면 대략 6년 정도의 시차가 있음을 알 수 있는데, 예를 들어 2001-2005년 약속한 경제지원 액수는 2007-2011년 사이에 집행됐다."[266] 2009-2011년 중국이 약속한 경제지원의 71%가 몰려있다는 점을 고려하면 2015년 이후 실행 금액이 급증할 가능성이 높다.[267]

중국 경제외교는 중국경제를 위해 어느 정도 득이 될까? 긍정적인 측면을 살펴보면, 중국경제가 하향 국면으로 접어든 지금 수출 촉진을 통한 경기 부양 효과를 기대할 수 있다. 특히 "경제

265) Ibid., p. xiv.

266) Ibid., p, 20.

267) Ibid. 아프리카와 중국 관계에 대한 연구지만, 다음의 분석은 중국 경제외교 통계를 정확히 파악하는 것이 힘들다는 현실을 보여준다: "중국의 금융지원을 논하기 전에 두 가지를 유념해야 한다. 우선 자금 흐름에 대한 공식 통계는 존재하지 않는다. 세계은행이나 ICA(Infrastructure Consortium for Africa) 등이 데이터를 모으지만, 중국정부의 공식 발표나 언론 보도에 기초하고 있을 뿐이다. 프로젝트가 언제 실제로 계약됐는지, 언제 프로젝트가 더 논의될 것인지, 프로젝트 중 얼마나 많은 금액이 중국으로부터 나오는지 등을 파악하는 것은 여전히 숙제로 남아 있다... 당연한 결과로 중국의 대외금융 규모에 대한 평가에는 많은 차이가 존재한다.... 프로젝트의 정확한 상황도 불분명하기는 마찬가지다. 일반적으로 '합의된(agreed), 진행 중인(under implementation), 완수된(completed), 고려 중인(under consideration) 프로젝트'로 구분되지만 난점은 여전히 남아 있다. 대표적으로 '재고 중(under reconsideration)인 프로젝트'를 제외해야 하는지 아니면 포함시킬 것인지에 대한 합의는 여전히 존재하지 않는다. 재고 중인 프로젝트 규모가 2006년 아프리카 전체 프로젝트 55억 달러의 34%였다는 통계를 보면 문제가 간단치 않음을 알 수 있다." Gutman, Sy, and Chattopadhyay, "Financing African Infrastructure: Can the World Deliver?" pp. 27-28.

지원 프로젝트에는 많은 경우 프로젝트에 필요한 물자를 중국으로부터 수입한다는 내용이 포함돼 있다. 이 때 지원 대상국이 중국으로부터 수입하는 물자 총액이 지원 금액과 같아질 때까지는 경제지원은 중국경제에 부담을 주지 않는다."[268] 방대한 중국산업의 운영과 팽창에 반드시 필요한 핵심 물자와 원자재를 확보할 수 있는 이점도 있다. 중국경제를 위한 기본 원자재 혹은 물자 공급이라는 측면에서 국제시장의 새로운 여건 때문에 가격이 오른다던가, 아니면 물자부족 현상이 가시화되는 상황을 헷징하는 것 역시 가능하다.[269] 순수 상업적인 관점에서도 이들 투자의 수익률은 상대적으로 높은 편이다.[270]

반면 다음의 부정적인 면도 있다. 주로 원자재와 관련이 있는 문제지만, 경제지원 대상국의 수출이 부진하거나 수출 단가가 낮아지는 경우 자금 수용국은 중국의 차관을 못 갚을 위험이 있다. 특히 최근 원유가 급락 때문에 많은 원유 수출 개도국 수익이 줄어들면서 외채는 오히려 증가했는데, 이 때 나타나는 외채 상환 어려움은 바로 그런 현상이다. 중국 자원이 지나치게 많이 해외로 이전되는 경우, 중국경제는 '약 2-3%'의 추가 인플레이션 압력을 받게 된다.[271] 특히 국제원자재 가격의 상대적 등락이 어떤 결과를 초래

268) Wolf, Wang, and Warner, *China's Foreign Aid and Government-Sponsored Investment Activities*, p. 20.

269) Ibid., p. 21.

270) "아프리카의 경우 2,000개가 넘는 중국기업이 투자를 하며 사업에 참여하고 있다. 멕킨지(McKinsey)에 따르면 대아프리카 투자 수익률은 다른 지역에 비해 높았다." *World Resources Institute*, "Where Are Chinese Investments in Africa Headed," May 15, 2014 (www.wri.org/print/41707).

271) Wolf, Wang, and Warner, *China's Foreign Aid and Government-Sponsored Investment Activities*, p. 21.

하는지가 대단히 중요한다는 점을 알 수 있는바, 이점에 대해서는 후술하기로 한다.

경제지원 분야 역시 중국의 경제외교전략을 그대로 반영하고 있다. 2001-2011년 총 경제지원의 42%가 대상국의 천연자원 개발에 활용됐다. 주로 천연가스, 원유, 석탄 등 에너지 관련 프로젝트가 핵심이었고, 구리, 철 및 비철 금속과 미네랄 개발에도 자금이 투자됐다. 약 40%는 지원 대상국의 인프라 건설에 투입됐는데,[272] 그렇다면 중국의 인프라 투자는 세계은행 등 다자투자은행의 인프라 투자 동기와 같을 것일까? 그렇지 않다는 것이 중국 인프라 투자 지원의 특징이다. 인프라 투자의 상당 부분이 대상국 천연자원 개발과 연계돼 있기 때문이다. "예를 들어 많은 자원 개발 프로젝트의 경우 자원이 존재하는 특정 지역에 도달하기 위해서는 당연히 도로가 필요하다. 천연 자원의 저장, 가공, 그리고 수출을 위해서도 적절한 수준의 항구가 있어야 한다. 자원개발과 인프라 구축의 연계성은 통계로도 입증되는데, 2001-2008년 중국의 경제제

272) Ibid., p. 22, Figure 4.3. 다음의 예를 통해 더 큰 전략적 이해가 인프라 건설에 투사되고 있음을 알 수 있다: "리커창 중국 총리가 (5월) 18일 브라질 등 남미 4개국 순방에 나선 가운데 남미를 횡단하는 '안데스 철도' 건설이 이번 순방의 핵심 목표라고 홍콩 명보가 보도했다. 이 매체는 '브라질 대서양 연안과 페루의 태평양 연안을 연결하는 안데스 횡단 철도가 완성되면, 중국은 미국이 장악한 파나마 운하를 거치지 않고 대두, 석탄, 철강 등 남미 자원을 수입할 수 있는 통로를 확보하게 된다'고 말했다. 중국은 안데스 철도에 '양양(兩洋) 철도'라는 이름을 붙였다. 중국 자본회사가 작년 말 '제2의 파나마 운하(태평양-대서양 연결)'로 불리는 니카라과 운하를 착공한 것도 남미에서 미국 영향력을 우회하려는 전략으로 풀이된다... 완공에는 5년간 100억 달러 정도가 필요한데," "남미에서 중국 영향력 확대는 미국 먼로주의에 대한 도전"이라는 말이 나올 정도다. 「조선일보」, "中, 안데스 횡단철도 추진," 2015/05/20; Lucy Hornby and Andress Schipani, "China tilts towards the right in Latin America," *Financial Times*, May 12 2015.

원 중 인프라 투자는 자원개발을 압도했다."[273)]

이론적으로는 다음과 같은 해석이 가능하다. "인프라는 공공재 성격을 띠고 있다. 경쟁이 없고(non-rivalrous), 배제가 불가능하며(non-excludable), 아울러 사적으로 활용할 수도 없다(사적 이득 취득 불가)(non-appropriable)는 의미다. 즉 소유권을 확정할 수 없고, 따라서 시장 가격의 산정도 어려워진다.... 그런데 자원개발과 인프라 건설이 위와 같이 연계되는 경우 인프라의 공공성은 사라지면서 인프라는 공공재가 아닌 민간재로 바뀌게 된다."[274)] 다시 말해 시장원리가 적용되면서 수익률이 인프라 건설의 적실성을 지배한다는 뜻이다. 결국 수익성이 보장되지 않으면 위의 프로젝트가 지속되기는 힘들다는 사실이 암시돼 있다.

마지막으로 흥미로운 관찰이 하나 더 있다. 논리상으로나 실제로 자원개발을 위해 인프라를 먼저 건설해야 한다면, "인프라 건설을 위한 자금 투입(loan drawdown)은 대상국의 에너지나 미네랄과 같은 자원이 중국으로 수출되며 되갚아지는 시점보다 훨씬 일찍, 그리고 막대한 규모로 이루질 수밖에 없다. 이 때 중국을 제외한 자금 수혜국의 (기존) 자원 수출 대상국, 특히 미국의 경우는 추가 자금의 투입 없이 더 좋은 조건으로 자원 수출국의 자원을 수입할 수 있게 된다. 즉 중국 인프라 건설 지원의 최대 수혜자가 엉

273) Wolf, Wang, and Warner, *China's Foreign Aid and Government-Sponsored Investment Activities*, p. 23, Figure 4.4. 반대로 2009년 이후는 자원개발 투자 규모가 인프라 투자와 비슷하거나 우위를 점하고 있다.

274) Ibid., pp. 22-23. 이점은 다음과 같은 흥미로운 현실과 연계된다. 개도국의 경우 학교, 주택, 도시 개발, 체육 시설 등도 인프라로 간주 자금 지원을 원하지만, 중국은 당연히 천연자원 개발과 연계된 인프라 건설이 자신의 이해일 수밖에 없다. 이해 분지 현상이 존재하는 셈인데, 중국과 대상국의 협상과 거래에 따라 이해 충돌 분야에 대한 자금 배분이 결정된다(Ibid., pp. 23-24).

뚱하게도 중국 이외의 주요 자원 수입국으로 바뀌는 셈이다. 중국이 가장 싫어 상황임은 물론이다."[275]

중국의 경제지원이 집중된 지역은 중남미, 아프리카 그리고 동·남아시아였다. 중남미와 아프리카는 자원 부국들이 많고, 남아시아는 중국과 인접한 접경지역이라는 특징이 있었다. 가장 많은 자금이 투입된 곳은 자원의 보고 중남미 지역, 특히 베네수엘라, 브라질, 아르헨티나, 칠레 및 에콰도르였다. 2001-2011년 누적 약속 액은 약 1,900억 달러였는데, 특히 2009년 이후 자금 투입이 가시화됐다는 특징이 있다. 약속 금액이 최고를 기록한 해는 2010년으로 액수는 약 780억 달러였지만, 그 후 감소세로 돌아섰다(2011년 약 450억 달러). 그 다음이 아프리카인바, 중남미 보다는 일찍 중국이 진출했다. 중남미 지역에 대한 중국 투자가 대단히 적었던 2004년부터 가시적인 지원이 이루어졌다. 같은 기간 누적 약속 액은 대략 1,750억 달러였고, 최고치를 기록한 2008년의 약 630억 달러 이후 감소세로 돌아서 2011년에는 280억 달러 수준으로 낮아졌다. 동아시아(흔히 동남아시아)의 경우는 누적 약속 액 약 1,100억 달러, 최고치는 2011년의 약 520억 달러였다. 다른 지역과는 달리 2005년 이후 약간의 등락은 있지만, 지원금이 지속적으로 늘어나 2011년에야 최고치를 기록했다는 특징이 있다. 남아시아의 누적 약속 액은 약 720억 달러, 최고치는 2010년의 320억 달러 정도였다(2011년 약 80억 달러).[276]

---

275) Ibid., p. 24.

276) Ibid., pp. 25-39, 특히 Figures 5.1, 5.3, 5.7, 5.11. 아프리카 지역 최대 자금 수용국은 나이지리아였다. 남아시아 지역의 경협 자금은 주로 파키스탄, 인디아, 스리랑카, 네팔 그리고 방글라데시에 배분됐다. 이상을 모두 합한 최대 자금 수용국 통계는 다음과 같다(2001-2011년 약속 액 기준): 베네수엘라가 가장 많은 1,060억 달러, 이란 890억 달러, 나이지리아 720억

2) 중국 경제외교의 위험성과 AIIB

이상 중국의 경제외교를 자세히 살펴봤다. 다자기구를 우회한 양자 중심의 경제협력이 이루어졌다는 사실이 눈에 띤다. 세계 최대의 외환보유국답게 규모 또한 대단했다. 그렇다면 AIIB에 비추어 지금까지의 논의가 지니는 의미는 무엇일까? 우선 동남아시아의 경우 위의 설명과 같이 약속 액이 2004년 이후 꾸준히 증가했으며, 다른 지역이 2011년 이전 이미 최고치를 기록한 것과는 달리 2011년이 되서야 최고 수준의 경제지원이 이루어졌다. 향후에도 증가 추세가 가장 강한 지역임을 암시하는바, 동남아시아의 경우 자원 연계 보다는 인프라 자체를 위한 투자가 지속됐다는 특징에서 원인을 찾을 수 있다. 실제의 통계도 이를 뒷받침한다. 2005년 이후 자원개발을 위한 투자가 인프라 및 그 밖의 투자를 상회하는 경우는 한 번도 없었다. 특히 2010년의 경우 대략 250억 달러의 약속 액 중 천연자원 개발을 위한 투자는 전무했고, 약 550억 달러로 최대치를 기록한 2011년에도 천연개발 투자 비율은 전체의 5% 정도에 불과 했다.[277] 일대일로와 AIIB의 핵심 대상 지역이 동남아시아라는 사실에 비춰보면 이해가 가는 일이다. 그러나 아래의 분석을 통해 동남아시아 역시 상황이 녹녹치 않다는 사실을 알 수 있다.

중국 경제외교 특징이 위와 같다면 그것은 과연 어느 정도의 상업성을 띠고 있을까? 다시 말해 투자나 대출의 안정성은 있

달러, 파키스탄 660억 달러, 브라질 400억 달러, 인도네시아 380억 달러, 아르헨티나 240억 달러, 가나 220억 달러, 말레이시아 140억 달러, 그리고 태국 130억 달러 등이었다(Ibid., p. 50, Table 6.1). 이상이 최상위 10개국의 통계인데, 본문에서 설명한 중국의 지원 대상 중심 지역과 정확히 일치한다.

277) Ibid., p. 46, Figure 5.12.

는지, 나아가 적정 수익률을 담보할 수 있냐는 질문이다. 중국 역시 아무리 돈이 많더라도 수익이 없는 사업에 무한정 자금이 투여할 수는 없어서다. 바로 그 점이 AIIB와 중국 양자외교의 연계 고리가 될 수 있는데, 다음의 설명을 통해 질문의 중요성을 짚어 볼 수 있다. 베이징컨 센서스에 이미 암시돼 있듯이, 외형상 중국의 경제외교 원칙에는 남다른 데가 있었다. "중국은 주로 빈곤국들의 선택했고, 그들이 가난으로부터 탈출하도록 돕겠다는 슬로건을 내세웠다. 물론 경제외교를 통해 정치적 연대를 구축, 국제적으로 영향력을 강화하고, 장기적으로는 중국 상품의 판매 시장을 개척한다는 이해도 있었다."[278] 구체적으로, "빈곤국에 대한 대출은 결국 중국 기업들이 세계적으로 진출할 수 있는 투자라고 중국은 인식했고, 또한 보유 외환을 다양하게 활용할 수 있는 수단이라고 생각했다." [279]저개발국가에 대한 평가도 다른 선진국과는 달랐다. 서방의 금융기관이나 다자개발은행은 개도국의 과거 금융 실적에 기초하여 대출을 결정했다. "그 결과 까다로운 대출 조건(conditionality)이 적용됐는데, 그것은 모든 것을 과거 지향적으로 보았다는 사실을 의미한다. 반대로 중국은 과거가 아닌 미래를 봤다."[280]

경제적 관점에서도 새로운 접근은 문제가 없다고 여겨졌다. 중국 국내 전문가들은 다음과 같이 말할 정도였다: "우리는 서방과 다른 잣대로 위험을 평가한다. 개도국 모두는 풍부한 자원을 포함 큰 잠재력(potential)이 있다. 잠재력을 끌어내기만 하면 되는

278) *Financial Times*, "What China can learn from its Venezuela blow," 17 October 2016.

279) *Financial Times*, "Risky bets and red elephants: Beijin's huge commitments in overseas funding have turned sour in coountries such as Venezuela," 14 October 2016.

280) Ibid.

데, 그들이 현재 가장 필요한 인프라 건설을 지원하면 경제는 당연히 성장할 것이고, 따라서 중국의 투자가 회수되는 것은 별 문제가 없을 것이다."[281] 이상이 경제적 계산이었다면, 다음의 언급은 중국 경제의 피할 수 없는 한계가 경제외교에 미친 영향을 보여준다: "물론 투자와 대출에는 위험이 따르지만, 상대국들의 경우 중국이 반드시 필요한 물자(원자재)를 보유하고 있기 때문에 중국으로서는 어쩔 수 없는 측면이 있다."[282]

그러나 그토록 자신하던 중국 경제외교도 위험에 처할 수 있다는 점이 최근 현실화되기 시작했다. 위험은 정치 및 경제 분야(political and economic risks) 모두에서 목격되는데, 우선 정치적으로는 다음과 같은 골치 아픈 문제가 불거졌다. 중국 사회에서 시(關係)의 중요성은 모두가 안다. 개인 간의 특별한 관계가 모든 것에 우선한다는 의미가 담겨져 있다. 앞서 "(중국은) 양자적 접근을 선호한다. 중국은 통상적으로 고위 지도자들 간의 정상회담을 통해 경제협력과 원조를 선언함으로써 지도자들 간의 긴밀한 관계를 형성하려 시도한다"는 분석을 꽌시라는 개념에 비춰보면 중국인의 사회 및 국제관을 이해할 수 있다. 제도화와는 거리가 있다는 뜻인바, 그렇다면 꽌시 외교는 지속가능할까? 최근 스리랑카 선거 결과는 다음의 설명이 보여주듯 그것이 말처럼 쉽지는 않다는 사실을 보여준다.

> 세계적인 관점에서 보면 지난 1월 스리랑카 대통령 선거에서 마힌다 라자팍사(Rahinda Rajapaksa)의 패배는 단순한 정치적 미진(微震)일 뿐이다. 그러나 전 세계적으로 친구를 얻고 경제적

281) Ibid.
282) Ibid.

이득을 취한다는 중국의 금융외교 시각에서는 지역의 외교 지형을 바꿀 수 있을 정도로 손실이 큰 사건이었다. 대통령에 새로 당선된 마이드리팔라 시리세나(Maithripala Sirisena)는 반중(反中) 성향을 결코 숨겨본 적이 없었다. 선거 캠페인 기간 중 수십억 달러에 달하는 중국의 정책 연계 차관에 대해 조국을 훔치는 '외국인들'이라며 격렬하게 비난했다. "도둑질은 백주 대낮에 모든 사람 앞에서 버젓이 자행됐다. 이런 추세가 6년 더 지속되면 우리나라는 식민지가 될 것이고 우리 국민은 노예가 될 것이다"라고 그의 정치 강령에서 분명히 밝혔다. 그가 대선에서 승리한 후 스리랑카 정부는 중국이 제공한 차관의 상환 조건을 재검토하고 있다는 사실을 중국 측에 알렸다. 국유기업인 중국 통신건설회사(China Communications Construction Company)가 시행 중이던 15억 달러 규모의 항만 건설 프로제트도 이미 중지시켜 버렸다. 지난주에는 중국의 역내 최대 라이벌인 인도의 모디 총리가 무려 28년 만에 처음으로 스리랑카를 방문했다. 이와 같은 상황의 역전을 스리랑카에서만 벌어진 다른 일과는 상관없는 독립적인 사건으로 치부할 수 있을까? 정책 지향적(policy-driven) 차관 제공을 통해 세계적으로 자원, 시장 그리고 전략적 동맹을 취하려는 중국의 시도에 큰 구멍이 났다는 사실을 부인하기 힘들어진다.[283)]

중국의 신경제외교를 상징하는 양자관계가 상황이 변하면 무너질 수도 있다는 의미인바, 제도화가 필요한 이유가 분명해진다. 경제적 위험 역시 피해갈 수 없었다. 가장 많은 중국 자금이

283) James Kynge and Gabriel Wildau, "With friends like these," *Financial Times*, 18 March 2015. 여기서도 중국 양자 경제외교의 특징인 은밀한 거래가 다음과 같이 도마 위에 올랐다: "선거 캠페인 중 지금의 대통령인 시리세나는 (특히 중국을 포함) 모든 외국 연계 프로젝트 관련 부패를 조사하겠다고 공약했다." *The Economist*, "Storm in a port: The island's largest infrastructure project is the government's first big test," March 21st 2015.

흘러들어간 베네수엘라는 대표적인 사례였다. “2007년부터 중국은 베네수엘라에 정유시설 확충, 금광 개발 그리고 철도 건설 등을 위한 자금 650억 달러를 지원했다. 하지만 2016년 5월 베네수엘라 정부는 약 24억 달러의 부채에 대해 이자만 지급하고 원금 상환을 금지하는 조치(default)를 취했다. 중국 자금으로 추진 중이던 프로젝트 중 몇 개 또한 중지 혹은 파기됐다. 베네수엘라 물가상승률이 수년 동안 무려 800%였다는 현실은 상황을 보여준다.”[284)]

“베네수엘라는 이미 10년 전 경제정책의 혼선 때문에 심각한 문제가 불거졌다. 앞서 소개한 바와 같이 중국의 중남미 진출이 본격화된 2009년 경 베네수엘라의 그런 문제를 중국이 몰랐다는 것은 말이 안 된다. 하지만 중국정부는 이를 무시했고, 전 대통령 차베스와 긴밀한 협력 관계를 맺으며 돈을 퍼붓기 시작했다. 더욱 흥미로운 점은 지난 30년 동안 베네수엘라가 무려 4번의 국가 부도(default)를 경험했다는 사실이다.”[285)] 아무튼 개도국 모두가 잠재력이 있고, 특히 풍부한 원유 매장량을 자랑하는 베네수엘라는 더욱 그렇다는 것이 당시 중국의 생각이었을 것이다.

중국 경제외교의 또 다른 위험 요인으로 자금 수용국의 국내외 경제사정 때문에 차관을 상환하지 못하는 상황을 앞서 지적한 바 있다. 원자재 혹은 저개발국 주요 수출품의 국제가격이 하락하는 경우 위험성이 커진다는 설명도 곁들여졌다. 그러므로 오랜 국내경제의 부실에 최근 원유가 하락으로 경제에 직격탄을 맞은 베네수엘라가 중국 경제외교의 가장 대표적인 위험 사례로 떠오른 현실은 이상한 일이 아닐 것이다. 우선 경제 규모가 작고 구조적으로 취

284) *Financial Times*, “What China can learn from its Venezuela blow.”
285) Ibid.

약한 베네수엘라에 물린 중국 자금 규모가 문제였다. 베네수엘라로 주입된 실제 자금은 앞서 소개한 바와 같지만, 2001 -2011년 약속 액 기준으로 1,060억 달러가 합의 된 것을 보면 중국이 베네수엘라에 얼마나 심취했는지를 알 수 있다.[286)]

하지만 2013년 6월까지 배럴당 100달러를 상회하던 원유가가 불과 1년 후인 다음해 6월 50달러 이하로 급락하자 중국의 차관외교 역시 타격을 피할 수 없었다.[287)] 원유 수출이 가장 큰 수입원인 베네수엘라는 원유가격 파동으로 2014년 마이너스 7%의 경제성장을 기록했다. 국제 민간금융 시장에서 향후 5년 이내 베네수엘라 발행 채권의 부도 확률을 90%로 평가한 것을 보면 위기의 정도를 알 수 있다. 흥미로운 점은 2015년 초 베네수엘라 새 대통령 니콜라스 마두로(Nicolas Maduro)의 북경 방문 시 요청했던 구제금융을 중국 정부가 거절했다는 사실이다.[288)] 이상이 앞서 소개한

286) Kynge and Wildau, "With friends like these." 많은 중남미 국가들이 그렇지만, 베네수엘라가 특히 돋보이는 이유는 베네수엘라 국내경제 상황에서도 찾을 수 있다: "베네수엘라와 아르헨티나에서 나타나듯 정부의 과도한 경제 개입이 경제를 왜곡시키고, 아울러 경기침체를 심화시키는 요인으로 작용한다. 이 두 국가는 2000년대 자원가격 상승기에 정부 지출과 외환 사용을 과도하게 늘렸으나 자원 가격이 하락하면서 외환 부족과 심각한 물가상승 문제를 겪고 있다. 두 국가 모두 신용도가 낮아 국제금융 시장에서 자본 차입이 사실상 차단돼 있다. 정부는 이러한 상황을 타개하기 위해 근본적인 개혁을 실시하지는 않고 있다." 박미숙, "3高 2低 늪에 빠진 중남미 경제,"「Chindia Plus」April 2015, p, 21. 이런 상황에서 중국의 조건 좋은 자금 제공을 마다할 이유가 있을까? 중국의 자원외교 그리고 베네수엘라의 국내외 경제사정이 절묘하게 맞아 떨어지며 베네수엘라가 중국 경제지원의 최대 수용국으로 부상했음을 알 수 있다. 근본적인 개혁이 없는 경제는 늘 위험에 노출될 수밖에 없다. 중국은 아마 이점을 간과한 것 같다.

287) Christopher Adams, "US shale burdened by Riyadh," *Financial Times*, 2 July 2015.

288) Kynge and Wildau, "With friends like these." 다음의 설명은 베네수엘라의 상황을 보여준다: "최근 들어 베네수엘라의 인플레이션이 70%를 넘었

중국 차관 24억 달러에 대한 베네수엘라 채무상환 거부 방침의 배경이다.

국제정치의 역학 구도가 변해도 중국정부가 추구한 국가 리더쉽의 사적 관계가 위기를 맞을 수 있다는 현실은 우크라이나 사례를 통해 확인이 가능하다: "빅토르 야누코비치(Viktor Yanukovich) 대통령이 2013년 중국을 방문했을 때 시진핑 주석은 특별히 환대했다. 전략적 동반자 관계도 확인했다. 그러나 그의 권력이 뒤집어지고 중국이 러시아에 기울게 되자 66억 달러에 달하는 대중 채무 상환 지체에 대해 언쟁이 벌어지는 수준으로 양국 관계는 악화됐다(총 대중 외채는 180억 달러)."[289] 이상의 논의는 그래도 외형상 드러난 부채에 대한 이야기다. 하지만 겉으로 들어나지 않은 숨겨진 부채 규모 역시 대단하며, 따라서 대출금 상환 위기가 예상보다 심각할 수 있다는 아래의 분석은 중국의 고민을 보여준다.

> 2013년은 전환점이었다. 신흥국에 엄청나게 유입되던 자금의 흐름이 미국의 금리인상 가능성이 높아지면서 역전될 수 있었기 때문이다. 여기에 최근 중국경제의 침체, 상품 국제가격의 하락 등은 신흥국을 더욱 옥죌 가능성이 크다. 더욱 심각한 것은 개도국들이 이른바 '숨겨진 빚(hidden debt)' 문제를 안고 있다는 사실이다. 종종 뇌물과 연계돼 있는 감추진 빚은 대차대조표나 공식 데이터에 잡히지 않는다. 1994-1995년 페소화 위기 때 멕시

고, 국가 채무 상환율은 24%에 불과하다. 이런 상황이 지속된다면 중국의 대중남미 투자(차관 포함) 리스크는 급격히 증대될 것이다. 중남미의 불안한 정국은 중국의 대중남미 영향력 확대에 악재로 작용할 가능성이 크다." 주재우, "미국 앞마당 파고드는 중국: 자원 넘어 군사·인문 교류까지 확대," 「Chindia Plus」, April 2015, p. 15.

289) Kynge and Wildau, "With friends like these."

코 민간은행들이 주로 파생상품을 통한 부외 거래(차입) 때문에 통화위험(currency risk)에 노출됐다는 사실을 국제사회는 알지 못했다. 1997년 동아시아 위기 시에도 태국 중앙은행이 공식적으로는 330억 달러의 외환보유고를 가지고 있었지만, 선물계약(forward contract)을 감안하는 경우 실제 쓸 수 있는 돈은 10억 달러에 불과했다... 중국과 금융관계를 맺고 있는 국가 역시 예외는 아니다. 지난 십 수 년 동안 중국의 불투명한 금융거래 관례가 원인이었다. 그 중 많은 자금이 중국개발은행으로부터 나왔기 때문에 국제결재은행(IBS) 자료에는 수치가 표시되지 않는다. 차관(loan) 역시 국제민간시장에서 채권 발행 형태로 조달되는 것이 아니므로 세계은행 데이터에도 잡히지 않는다. 모든 프로젝트 금액을 합산한 GEGI(Global Economic Governance Initiative)와 IAD(Inter-America Dialog) 통계에 따르면 2009-2014년 특히 베네수엘라의 대중국 채무가 많아 GDP의 약 18%였다. 에콰도르 역시 10%로 높은 편이었지만, 실제로 집행된 액수가 위의 추정치에 못 미쳤다면 위의 빚은 과대평가된 셈이다... 하지만 뒤집어서 위의 통계에, 그럴 가능성이 대단히 높지만, 특정 프로젝트, 대출자, 채무자 등이 누락됐다면 빚은 위의 통계보다 훨씬 많을 것이다. 단기 무역금융(부채) 역시 또 다른 형태의 채무지만 통계에는 잡히지 않았다. 브라질과 아르헨티나에게 특히 중요한 통화스왑 통계 역시 데이터에 반영돼야만 한다. 역사적으로 신흥국 대외채무는 저평가되는 경우가 많았다. 특히 중국의 대외 여신이 급증하면서 이 문제는 과거보다 더욱 심각할 수 있는데, 불투명한 자금거래를 철저히 추적할 필요가 있는 이유다.[290)]

290) Carmen Reinhart, "The Hidden Debt Burden of Emerging Markets," *Project Syndicate*, October 9, 2015. 특히 세계은행이 오랜 경험을 통해 그토록 절감한 '투명성(transparency)' 문제가 여전하다는 의미다. 특히 자금 공여자와 수용자 모두가 투명성에 둔감하다면 문제는 더욱 심각해진다. 중국 기업 혹은 은행들의 중남미 진출 시 드러난 행태에 대한 연구 역시 이점

숨겨진 빚의 규모를 중국 당국은 알고 있을 것이다. 만약 그 규모가 상당하다면 그것은 곧 중국정부의 고민일 수밖에 없다. 최근 중국 경제외교의 경제적 위험을 총체적으로 파악할 수 있는 분석이 제공된 적이 있다. 세계은행이 활용하는 OECD 국가 경제 위험도 분류 방식을 적용해보면, 부도 위험이 대단히 높은 수치인 (7)에 해당하는 나라가 2011-2015년 세계은행 대출의 경우는 파키스탄과 에티오피아 두 국가뿐이었다. 반면 중국 자금이 집중 투여됐던 2013-2015년 중국 측 자금 공여의 경우는 베네수엘라, 파키스탄, 아르헨티나, 에티오피아, 수단 그리고 짐바브웨 등 무려 6개국으로 대단히 많았다.[291)] 그렇다면 위의 사례는 AIIB와 무슨 관련이 있을까? 다음의 분석은 AIIB에 숨겨진 중국의 또 다른 계산을 보여준다.

을 다음과 같이 지적하고 있다: "전통적으로 불간섭 원칙(상대 국가의 행위에 개의치 않는다는 원칙)을 고수하고 있는 중국 기업들은 국제사회가 요구하는 높은 수준의 행동 강령을 무시한다. 그러나 노동 및 환경 규범, 투명성과 부패의 통제, 그리고 프로젝트가 진행될 지역 주민의 의견과 지지 등의 관점에서 과거 십 수 년 동안 국제기준은 대폭 강화됐다." Barbara Kotschwar, Theodore H. Moran, and Julia Muir, "Chinese Investment in Latin American Resources: The Good, the Bad, and the Ugly," *Peterson Institute for International Economics Working Paper* WP 12-1, February 2012, p. 19.

291) *Financial Times*, "Risky bets and red elephants." 이 국가들의 채무 불이행 가능 금액은 다음과 같다: 세계은행의 경우 자금이 물린 파키스탄과 에티오피아의 부도 가능 금액은 각각 75억 달러와 56억 달러였다. 중국의 경우는 베네수엘라 90억 달러, 파키스탄 78억 달러, 아르헨티나 76억 달러, 에티오피아 58억 달러, 수단 40억 달러, 그리고 짐바브웨 36억 달러 등이 부도 가능성이 높은 것으로 분류됐다. 이 통계는 세계은행이 가장 돈을 많이 대여해준 10개 나라 중 2개 국가만이 큰 위험에 노출된 반면, 중국은 같은 기준으로 6개 국가가 위험에 처한 사실을 의미하는데, 중국 경제외교의 허점을 가감 없이 보여준다(Ibid.).

(중국의 경제외교가 위험에 처한 경우는 의외로 많다. 위에서 소개한 사례 이외에 다음의 경우도 주목의 대상이다) 최근까지 중국이 전 세계 개도국에게 약속한 경제지원 금액은 무려 6,700억 달러였다. 짐바브웨, 에콰도르, 아르헨티나, 미얀마, 러시아 등 많은 지역에서 문제가 발생했다... 따라서 중국이 지금까지 견지했던 경제외교가 조정 국면에 접어든 느낌이다. 낮은 신용등급, 불안정한 정부, 그리고 병든 자원 분야 등 때문에 고통 받는 국가들과 비밀스런 양자관계 맺는다는 모델 자체가 서서히 와해되고 있기 때문이다. 중국 금융외교의 변화는 세계적인 의미가 있다. 중국이 지긋지긋하며 *지독한 위험(risk)*에 관용을 점점 잃어간다는 징조는 여러 곳에서 나왔다. 중국이 기존의 경제외교 노선을 변경하면 경제적으로 세상에서 가장 허약한 국가로부터 생명줄과 같은 신용 라인을 거둬들이는 결과를 초래하기에 세계적인 파장을 예고하는 것이다. 베이징 역시 문제의 심각성을 인식, 제도화된 다자 접근을 통해 위험을 어떤 방식으로든 분산시킬 필요가 있다고 생각한 것 같다. AIIB와 BRICs 국가가 회원국인 NDB의 창립 배경을 알 수 있는 대목이다. 여기서 다음의 문제가 뒤를 잇는다. 중국 주도의 다자금융기구를 순전히 수익 위주로 운영해야만 하는지, 아니면 어느 정도까지 중국의 정치 및 전략적 목적을 위해 활용할 것인지 등에 대해 고민을 안 할 수 없기 때문이다.[292)]

---

292) Kynge and Wildau, "With friends like these." '수익 위주의 운영' 혹은 '정치 및 전략적 목적을 위한 활용'에 대해 고민할 수밖에 없는 현실은 다음과 같은 제도화 과정에서도 뚜렷하게 나타난다: "AIIB 출범이 중국의 기쁨일 수만을 없다. (영국과 같은) 금융강국들의 AIIB 참여로 AIIB 역시 세계은행이나 다른 국제금융기관의 규율 원칙을 고수할 가능성이 높다. 과거 (양자관계의) 기존 투자를 AIIB 중심으로 바꾸며 투자의 고아한 변화를 꾀하는 중국에게는 좋은 일이다. 하지만 이것은 AIIB가 중국 외교정책의 수단이 될 수 있다는 중국 지도자들의 야망과 합치하지 않는다." *The Economist*, "The Asian Infrastructure Investment Bank: the infrastructure gap," Mar 21st 2015.

여기에 중국의 국내 상황을 대입해 보면 그림은 더욱 선명해진다. 중국의 과잉 생산 능력은 어제 오늘이 일이 아니다. 이제는 시급히 해결할 문제로 떠올랐다. 막대한 중국의 외환보유고를 미국 재무부 채권에 넣어두는 현 정책은 사실상 수익을 포기한 것이나 다름없다. 따라서 돈을 인접 국가가 인프라를 건설하도록 빌려주고, 이 거대한 프로젝트에 중국의 과잉생산 기업들이 참여한다면 위윈 게임이 아닐까. 유라시아, 남중국해, 그리고 인도양을 연결한다는 일대일로(New Silk Road)의 배경을 알 수 있는 대목이다. 다는 아닐지라도 중국 시멘트, 강철, 선박, 중장비 업체의 숨통을 터주기 위한 목적이 전혀 없다고 보는 것은 논리상 무리다. 문제는 일대일로가 현재까지 시도한 적이 없는 너무도 거대한 프로젝트이고, 특히 국경을 넘어 교통망을 연결한다는 생각이 생소하다는 사실이다. 기간 역시 대단히 장기여서 프로젝트의 위험성은 당연히 높을 수밖에 없다. 바로 이점이 중국정부를 압박하고 있는데, 중국정부가 위험 분산에 각별히 유의할 수밖에 없는 상황임을 알 수 있다. 위험과 손실을 최소화시키기 위해, 위험스런 투자를 감내 수행할 수 있는 (AIIB와 같은 포괄적인) 국제협력이 필요한 것이다.[293)]

293) Kynge and Wildau, "With friends like these." 이런 위험을 다루는 것도 MDB의 핵심 기능 중 하나다. "위험은 크게 정치적 위험(political risk)과 신용 위험(credit risk)으로 나눌 수 있다. 정치적 위험이란 정부의 행위로 합의된 금융거래를 끝까지 유지하는 능력에 충격이 가해지는 경우를 의미한다. 국유화, 수용(expropriation), 전쟁 혹은 내란, 외환에 대한 접근 제한 또는 금지, 기존 규정의 변화 등이 대표적이다. 반면 신용 위험은 정치적 아니면 상업적 동인 여부에 상관없이 단순히 갚아야 할 돈의 상환 정지 혹은 지연 등을 의미한다.... MDB의 대응도 위와 상응해서 발전했고, 일종의 보험 상품을 개발됐다. 전자(정치적 위험)는 위험보증(risk guarantee)이라는 명칭으로, 후자(신용 위험)는 신용보증(credit guarantee)이라는 이름으로 MDB는 보증 업무를 시행하고 있다. 특히 위험보증은 세계은행 그룹 국제투자보증기구(MIGA)의 전문 분야 중 하나인데, 국제금융공사(IFC)는 정부 부채 및 정부 보증 문제를 다루지 않기 때문이다." Chris Humphrey and Annalisa Prizzon, "Guarantee for development: A review of multilateral development bank operations,"

이상의 분석은 다음의 중요한 사실을 전해준다. MDB와 선진국의 개도국 융자 및 투자에서 가장 문제가 됐던 경제/정치적 위험을 중국의 양자외교도 비켜갈 수는 없었다. 경제외교의 경험 부족이 원인이었겠지만, 최근 중국 정부가 그것의 심각성을 인식하면서 후진타오 시절부터 추진한 경제외교의 기본 노선자체가 변하기 시작했다는 것이 위의 설명이다. 세계은행과 같은 다자투자은행 대출이 왜 가시적으로 늘어날 수 없는지, 융자대상이 인프라에서 다른 분야로 전환된 이유는 무엇인지, 돈이 넘쳐나는 민간부문의 자금이 개도국 개발에 적극 참여하지 못하는 원인은 어떤 것인지가 위의 분석을 통해 잘 설명된다. 경제체제 자체는 물론 경제를 감싸고 있는 정치 및 사회 조건이 개선되지 않으면 위험은 늘 상존한다는 것이 역사적 경험이다. 중국정부가 경제외교를 적극 추진한지 불과 10여년 만에 그런 현실을 절감했다는 것은 아이러니가 아닐 수 없다. 여하간 여기서 핵심은 위험이고, 중국정부가 그것을 극복하기 위해 AIIB와 같은 다자기구를 만들었다는 것이 위에서 소개한 분석의 요점이다.

중국의 국내 요인이 일대일로와 AIIB의 핵심 동인이라는 지적도 이어졌다. 결국 위험 분산의 필요성과 중국경제의 과잉설비 문제가 합해지면서 중국의 기존 경제외교 노선이 바뀐 셈이었

The Overseas Development Institute Report, December 2014, pp. 11, 13-14. 이 문제의 중요성을 처음 인식한 국가는 미국이었다. 1960년대 대응이 시작됐는데, 당시 동인은 금융거래가 아닌 미국 다국적기업의 해외 투자 시 발생하는 위험이었다. William H. Overholt, *Political Risk* (London: Euromoney Publications, 1982), p. 5. 따라서 금융기관인 MIGA가 1988년이 되서야 출범한 데는 이유가 있는 셈이다. 1960-70년대는 세계적으로 금융자유화가 미진한 시기였지만, 1980년대부터는 금융자유화, 즉 세계화가 가시화됐기 때문이다.

는데, 중요한 것은 위험 분산 필요성 때문에 AIIB의 경우 수익 중심 운영 원칙을 배제하는 것이 힘들어졌다는 사실이다. 같은 맥락에서 다음의 결론이 도출되는 것도 무리는 아니다: "흥미롭게도 위의 분석은 제2차 세계대전 이후 워싱턴 컨센서스 원칙에 기초 개발금융을 독점했던 세계은행, ADB 등과 라이벌 관계를 형성하기 위해 AIIB가 설립됐다는 기존의 해석과 정면으로 배치된다."[294] 중국 경제외교정책의 변화는 AIIB의 동인과 관련 위와 같이 설명할 수도 있지만, 양자접근 자체 또한 다음과 같이 변하고 있다는 사실도 감지된다.

> 근자에 이르러 중국의 대규모 자본 제공 대부분은 애초부터 ODA 자금 공여(official development agency loans) 방식이 아니었다. 오히려 이해(수익) 중심의 시장원리를 반영하고 있다는 보는 것이 옳을 것이다. 당연한 결과로 중국의 대출이 상환 불능 위기에 처하는 경우가 많아지자, 중국 개발은행들은 이자율을 높였고, 대출 만기 기한도 축소했다. 여기에 다음의 조건이 더해지자 자금 수용국 역시 중국이 추진하는 대규모 사업의 사업성에 대해 의문을 품기 시작했다. 중국이 자금을 제공한 프로젝트는 중국 회사가 프로젝트를 진행하고, 중국 자재와 인력을 사용한다는 조건이 붙는 경우가 많았다. 물론 이 때도 경쟁자에 비해 위의 조건이 유리하다면 문제될 것이 없다. 하지만 최근 중국의 시장 중심 행보(이자율을 올린다든가 상환 기한을 단축시키는 등의 조치) 때문에 상대국은 중국과 함께 하는 프로젝트의 실익을 재고하고 있다. 중국의 이해가 현실적으로 투영된 가운데 중국 프로젝트를 비용 및 기술이라는 관점에서 계산해 보면, 프로젝트가 상업적으로 타당한(commercially viable) 경우는 매우 드물다. 구체적으로 20건 정도의 중국 고속철 프로젝트가 전 세계

294) Kynge and Wildau, "With friends like these."

적으로 추진되고 있지만, 중국 밖에서 현실화된 것은 터키의 경우가 유일하다... (중국은 문제점을 극복하기 위해 대상국과 함께 프로젝트를 추진하는 방안을 타진하고 있다) 베네수엘라에 대해 사업을 공동으로 시행하자는 최근 중국 측의 제안은 양국의 경제 이해가 어떤 식으로 새로 짜여 지는지를 보여준다.... 이렇게 보면 중국의 경제외교도 수익률을 건너뛰는 행보에서 수익률(reaping a commercial return)이 지배하는 세계로 들어온 셈이 된다.[295)]

앞서 일대일로의 배경을 자세히 설명했다. 국내경제적 요인이 대단히 컸고, 사업의 특성상 AIIB와 같은 다자기구의 참여가 필요하다는 사실이 개진됐다. 이 같은 설명과는 상관없이, 중국 경제외교의 특성에 논의를 한정하는 경우에도 최근 추진되고 있는 일대일로의 핵심 프로젝트가 심각한 문제점을 노정했다는 현실은 중국식 접근이 지닌 한계를 다시 한 번 보여준다. 일대일로의 핵심 대상 지역인 동남아시아는 원대한 일대일로 계획의 사실상 출발점이었다. 중국의 쿤밍을 출발, 라오스를 거쳐 태국의 방콕에 이른 후, 궁극적으로는 싱가포르에 종착하는 프로젝트가 추진 중이었는데, 태국에서 먼저 문제가 발생했다. 철로가 태국의 남쪽 항구와 연계될 수 있기에 중국 입장에서 태국은 특히 중요한 지역이었다. 2014년 쿠데타로 정권을 잡은 태국 군부는 집권 초기만 해도 프로젝트를 찬성했다. 2014년 12월 중국과 '철로 협력 양해각서'를 체결한 것을 보면 상황을 알 수 있다.[296)]

하지만 교섭이 구체화되자 태국 정부는 총 52억 달러가 투

295) *Financial Times*, "Risky bets and red elephants"; *Financial Times*, "What China can learn from its Venezuela blow."
296) 「조선일보」, "일대일로 대표 고속철, 중국 밖 1m도 못 나가," 2016.10.07.

자되는 철도의 비용, 규모, 그리고 효용성 등에 의문을 제기하기 시작했다. 문제는 중국 경제외교의 특성 자체로부터 불거졌는데, 경제외교의 전략적 측면과 일대일로의 큰 기획이 결합된 프로젝트는 "무역로 확보, 미국과 태국의 거북한 관계 활용, 그리고 남지나해 관련 중국의 소유권 주장에 대한 반대 잠재우기" 등이 목적이었기 때문이다. 이 말은 다음의 주장이 보여주듯 상업성이 충분히 고려되지 않았다는 것을 의미한다: "북경 지아통 대학 자오 지안 교수는 '그곳은 교통이 별로 없는 지역이이서 상업성이 떨어진다. 하지만 이 지역 국가들은 돈이 없다. 중국이 모든 자금을 대야 하는데, 프로젝트 자체가 손실에 손실을 예고하기에 종당에는 중국이 가장 큰 손해를 볼 수밖에 없다'고 진단했다."[297)]

상황이 그런 가운데 건설비용으로 "연 금리 2.5% 차관을 제시한 중국을 향해 태국 정부가 '일본은 1%대 개발원조차관을 제공한다'며 이자 삭감을 요구했다. 명분은 이자였지만 '국내 수요보다는 중국을 위한 고속철을 위해 중국에 너무 많이 양보 한다'는 비판 여론이 더 크게 작용했다. 협상은 결국 결렬됐고, 태국 정부는 당초 계획했던 1차 구간 250km 가운데 3.5km에 대해서만 입찰 공고를 냈다. 그마저도 태국 자체 자금과 다른 나라 고속철 기술로 짓겠다며 중국을 압박하고 있다. 태국 군부에 중국이 발등을 찍힌 격이다. 일대일로 3주년을 맞은 중국으로선 뼈아픈 상황이다."[298)] 앞서 '중국이 손해를 볼 수밖에 없다'는 주장을 소개했지만, 놀랍게도

297) Michael Peel and Lucy Hornby, "China regional rail link struggles to gather speed," *Financial Times*, 26 September 2016. 전략적으로는 '믈라카 해협을 거치지 않고 인도양으로 진출할 수 있는 루트 확보'가 특히 중요했다. 「조선일보」, "일대일로 대표 고속철, 중국 밖 1m도 못 나가."
298) Ibid.

국제적 평가는 다음과 같이 반대인 경우가 많다: "일대일로가 서로 도움이 된다는 중국의 주장과는 달리, 자칫 중국에 경제 주도권을 넘겨주는 꼴이 될 수 있다는 우려도 있는 것으로 보인다. 브뤼셀 자유대학의 조나단 호스라그 교수는 '일대일로 사업의 본질은 중국의 생산과잉을 해소하기 위한 밀어내기 수출'이라며, '중국에 비해 제조업 기반이 약한 국가들은 손해를 볼 수밖에 없는 거래'라고 말했다."[299] 비슷한 일은 철도가 통과하는 라오스에서도 발생했다. "지난해(2015) 12월 수도 비엔티안에서 대대적인 착공식을 열었던 라오스에서도 삽질이 멈췄다. 라오스 정부는 공사 중사를 중단하면서 이 프로젝트가 라오스에 미칠 사회·경제적 영향을 분석한 보고서를 달라고 중국에 요구했다. 미국의 소리 방송(VOA)은 '공사 중단의 진짜 이유는 라오스 국내 여론의 반발'이라고 얘기 했다."[300]

국제정치경제관계가 중국이 생각하는 것보다는 복잡하다는 사실을 알 수 있다. 경제 상황을 계산하는 것도 머리가 아픈데, 여기에 비경제 변수가 개입되자 상황을 이해하는 것조차 버겁게 되는 게 국제관계의 특징이다. 아무튼 이상의 논의는 중국 경제외교가 겉으로는 개도국 발전을 위한 지원의 성격을 띠고 있지만, 속으

299) Ibid. 다음의 분석이 이어진다: "아프리카와 유럽 등 중국에서 먼 지역에선 비교적 순항하는 일대일로가 아시아 인접국에서 고전하는 것은 중국 의존도가 커지는 데 대한 주변국의 경계심 때문이라는 분석이 나온다. 미국의 포린폴리시 리서치 인스티튜트는 '중국의 돈을 빌려 사업하는 나라 입장에서는 사업이 순조롭지 않으면 빚에 코가 꿰여 계속 중국에 끌려 다닐 위험이 있다'고 했다(Ibid.)."

300) Ibid. 경제적 타당성도 떨어진다는 주장이 제기됐다: "GDP가 120억 달러인 라오스로선 70억 달러나 되는 공사비의 70%만 중국이 빌려주고 나머지는 알아서 조달해야 하는 조건이 너무 버겁다는 여론이 많다는 것이다. 정권 내에서조차 '중국에 다 내줬다'는 비판이 나온다고 한다. 태국-말레이시아 구간도 중국 고속철이 아닌 제3국 고속철이 채택될 가능성이 적지 않은 것으로 전해졌다(Ibid.)."

로는 중국의 정치 및 경제적 이해가 어떤 방식으로든 투영된 사실을 보여준다. 중국이 지원에 주안점을 두는 경우 중국은 손해를 감내할 수밖에 없다. 하지만 근자에 이르러 그런 식의 접근은 피해야 한다는 인식이 중국 정책결정자들의 뇌리에 자리 잡았다. 반대로 상업성, 즉 경제적 수익성을 고려하는 경우 중국이 제안한 프로젝트는 특히 자금 수용국의 입장에서 보면 사업성이 떨어지는 경우가 많았다. 거대한 중국답게 역사상 가장 큰 규모의 건설공사로 기록될 사업, 즉 주변국 65개국을 도로, 철도, 항만 등 인프라로 연결시킨다는 일대일로 역시 위의 설명이 보여주듯 세부적으로는 많은 문제가 있음이 밝혀졌다. 중국의 고민이 왜 깊어지는지, AIIB와 같은 다자투자기구가 왜 필요한지를 알 수 있는 대목이다.

3) 중국의 의도에 대한 논쟁: 중국, 미국 그리고 일본

위의 논의를 뒷받침하는 언급은 여러 곳에 존재한다. 리커창 총리의 발언은 대표적인 사례인데, 중국의 의향을 다음과 같이 분명히 하고 있다: "'중국은 다른 국가들과 함께 기존 세계금융체제를 유지시키기를 원한다. AIIB는 현존 국제금융시스템의 보충 역할을 할 것이다.'... 나아가 '일본과 미국이 지배하고 있는 ADB와는 (서로 배척하는 것이 아니라) 아시아의 발전을 위해 수평적으로 일하게 될 것이다.'... (구체적으로 기존 브레턴우즈 체제를 대신할 시스템을 중국이 구상하는 것 아니냐는 질문에 대해서) '그런 일은 없을 것이라고 단언하며,' 중국과 기존 제체의 관계를 다음과 같이 설명했다: '우리는 세계은행 및 그 밖의 국제경제기구와 협력하며 많은 선진 경험을 얻었다. WTO 역시 중국기업들이 국제 규범을 지키는 가운데 다른 국가의 기업들과 어떻게 경쟁할 수 있는지에 대해

깊은 지식을 제공했다. 따라서 중국은 평화와 발전이라는 관점에서 분명 현 국제체제의 수혜자였고 지금도 그렇다."[301)]

AIIB의 첫 대출 대상 프로젝트 역시 이상의 논의와 합치된다. AIIB가 출범한지 약 6개월 후인 2016년 6월 24-25일 베이징에서는 AIIB 이사회와 제1차 총회가 열렸다. 파키스탄 M-4 고속도로, 타지크스탄 국경도로, 인도네시아 슬럼가 개선, 방글라데시 전력망 공사 등 4개 프로젝트에 총 5억 900만 달러의 대출이 확정됐다. 불과 6개월 만에 AIIB 첫 프로젝트가 시행된 셈이었다.[302)] "기존 다자개발은행의 경우 프로젝트 결정과 집행에 평균 2년이 걸리는 것에 비추어 파격임에 틀림없다. 흥미로운 점은 4개 중 3개가 기존 다자개발은행과 협업으로 진행된다는 사실이다. 이 경우 AIIB는 당연히 협업 기관의 규정과 관행으로부터 제약을 받는다. 구체적으로 2억 1,700만 달러가 투입되는 인도네시아 154개 도시의 슬럼가 개선 프로젝트는 세계은행의 최고 전문가가 주도하고 있다. 여기서는 토지 부식과 지하수 오염 문제 해결이 대단히 중요하다. 비슷하게 타지크스탄 도로 프로젝트 역시 EBRD가 행정을 관할하고 있다. 10세 때 이미 코란을 모두 암기했다는 페르시아의 현자 아비세나의 기념비를 옮겨야 하는 기술적인 문제를 해결해야 한다."[303)]

"AIIB가 기존 다자개발은행과 협력하는 현실에 대해 중국이 만족한다면, 기존 기관들에 직접 들어가서 활동하지 않는 까닭은 무엇일까? 가장 큰 이유는 이들이 중국의 요구를 수용하는 데 지

---

301) Lionel Barber, David Pilling and Jamil Anderlini, "There is no such thing as breaking the existing order," *Financial Times,* 16 April 2015.

302) 이현태·김준영, "AIIB 발전 전망과 정책적 시사점," p. 3.

303) *The Economist*, "The infrastucture of power: Reasons to be enthusiastic about China's answer to the World Bank," July 2nd 2016.

나치게 많은 시간을 소요했다는 사실일 것이다. 예를 들어 IMF의 경우 2010년에 이미 (중국을 포함) 신흥경제에 대해 그 위상에 맞는 권한을 더 주기로 결정한 바 있다. 미국 의회가 같은 안건을 재가하는 데 소요한 5년 동안 일본경제는 1/4 정도 축소된 반면, 중국경제는 무려 80%나 커졌다. 물론 국제금융기구가 중국에 대한 배려를 했더라도 중국이 자신만의 길을 갈 가능성은 있다. 그러나 배려를 하지 않으면 중국은 그것을 빌미로 반드시 자신이 원하는 대로 한다. 방글라데시에 2,500 달러를 투자 도시 가구들에게 추가로 전력을 공급하는 프로젝트가 과연 권력 배분과 어떤 관련이 있다는 말인가!"[304)]

세계은행 및 ADB 등이 팽창하는 자금 수요를 만족시키지 못하는 현실도 다음과 같이 중국의 입장을 합리화시키고 있다: "기존 금융질서를 대체하는 것이 아니라 그것을 개선하는 것이 목적이라는 점을 중국은 강조하고 있다. 2010-2020년 아시아개발은행 회원국 32개국의 인프라 투자 수요가 무려 8조 달러에 이르는 현실에서 세계은행, ADB 그리고 그 밖의 개발은행이 이를 감당할 수는 없다는 점을 부각시키고 있음은 물론이다."[305)] 리커창 총리 역시 같은

---

304) Ibid. 다음은 그렇게 된 미국의 국내정치 상황을 설명하고 있다: "공화당·민주당 지지자들 사이에서 오가는 적대적 언어는 도를 넘어간 듯하다. 정당 양극화의 덫에 걸린 미국은 과거와 같이 장막 뒤의 타협에 의한 유동적인 정책적 연합을 만들지 못하고 있다. 미국의 정치 양극화는 중국에 더 많은 외교 공간을 열어주었다. 공화당이 장악한 미 의회는 오바마 행정부가 요청한 국제통화기금(IMF) 쿼터 조정 개혁안을 승인하지 않고 있다. 이는 세계 2위 경제대국이면서 IMF 지분율이 4%에 불과한 중국과 여타 신흥경제 국가들을 실망시켰다. 새로운 국제 금융 질서에 대한 요구와 명분을 높였다. 지난 10여 년 동안 중국은 기존 브레턴우즈 금융 체제의 근본적 개혁을 비관적으로 보고 '양다리 헤징(hedging) 전략'을 구사해 왔다." 손인주, "미국 정치 양극화가 중국 주도 AIIB 키웠다," 중앙일보 2015/04/27.

305) *Financial Times,* "Beijing's challenge to the world of Bretton Woods," 31

입장이다. "다른 신흥국과 중국의 부상을 수용할 수 있는 변화가 필요하다는 쟁점에 대해서 인터뷰를 통해 밝혀진 리 총리의 견해는 다음과 같이 분명했다: '우리는 현 국제금융시스템을 구축하는 데 우리의 역할을 할 준비가 돼 있다.' 아울러, '우리는 다른 국가들이 현재의 시스템을 보다 정의롭고 합리적이며, 균형적인 모습으로 변화시키는 데 협력할 준비도 돼 있다.'"[306)]

그렇다면 논리상, "AIIB 혹은 다른 기관을 만드는 중국의 의도를 협상카드 혹은 지렛대를 쥐기 위한 노력으로 보는 것이 타당하지 않을까. 현 세계질서에 대한 도전이 아니라 개혁을 유도하기 위한 수단으로 위의 협상카드를 활용할 것이라는 예측이다."[307)] 이상의 논의는 자연스레 다음의 질문을 자아낸다. 그 정도 수준의 중국 경제외교에 대해 미국은 왜 그토록 영국, 일본, 한국 등 핵심 동맹국들의 AIIB 참여를 반대했을까? 위의 논리가 맞다면 미국이 반대할 이유는 별로 없기 때문이다.

다음의 외교적 배경은 답변을 구하는 데 도움을 준다. 후

October 2014.

306) Barber, Pilling and Anderlini, "There is no such thing as breaking the existing order."

307) Ibid. 이런 소극적인 해석의 연장선에서 전략적인 의미를 지닌 중국의 경제 헷징라는 용어가 등장한다: "중국의 새로운 개발은행(AIIB)은 놀라운 이니셔티브도 아니고 세계금융질서에 대한 도전도 아니다. AIIB는 중국이 십수 년 간 추진해 왔던 헷징 전략의 가장 최근 버전이다. 기존 국제금융기관에 대한 과도한 의존을 벗어나기 위해 중국은 기존 G7이 지배하는 세계은행 등과 협력을 유지한 채 위험 회피 헷징 전략을 추구해 왔다. 세계 혹은 지역 금융기관의 향후 발전에 대한 의구심을 갖고 있던 중국이 계란을 한 바구니에 담지 않는 전략을 선택한 셈이다.... 이 모든 것을 고려 기존 현상유지 세력의 압력에 저항하되 분쟁의 소지는 없는 수단을 만들어 냈다.... 그러나 중국이 그 동안 핵심 정책 혁신자 혹은 이미 제안된 이니셔티브에 대한 주요 반대자인 적은 없었다." Injoo Sohn, "AIIB: A plank in China's hedging strategy," *Brookings East Asia Commentary*, No. 87, May 2015.

진타오 말기부터 가시화된 것이지만, 특히 시진핑 주석이 미국에 대해 신형대국관계를 요구한 후, 미국의 중국에 대한 태도가 눈에 띄게 변했다는 사실에 주목할 필요가 있다. 주변 지역에 대한 중국의 영향력을 인정하라는 요구였는데, 이는 아시아 태평양 역시 핵심 전략 이해 지역으로 간주해온 미국이 뒤로 물러서며 양보하라는 의미였다. 그러나 미국이 중국 측 주장을 수용하는 것은 현실이 아니었다. 그 후 '아시아로의 회기(pivot to Asia)'라는 외교 독트린이 등장했고, 무시무시한 전략무기들이 동아시아에 재배치됐다. 일본과 중국의 이해가 첨예하게 대립하고 있는 센카쿠열도가 미일방어조약의 대상이라는 적극적인 발언이 미국 대통령으로부터 나왔는가 하면, 중국을 배제한 TPP를 미국과 일본이 주도 체결함으로써 중국을 압박하는 전략은 더욱 노골화됐다. 물론 필리핀이 주도했지만, 최근에는 난사군도에 대한 중국의 영유권 주장이 허구라는 국제재판 결과가 중국을 압박하고 있다. 그와 같은 새로운 움직임이 AIIB에 영향을 미치지 않았다고 단정할 수 있을까? 한 가지 분명한 것은 언제 부턴가 미국은 사실상 중국이 하는 모든 일에 시비를 걸며 견제하고 있다는 사실이다.

그렇다면 미국이 AIIB 자체에 거부감을 갖고, 동맹국들의 참여도 반대한 이유는 구체적으로 무엇일까? 다음의 설명은 미국의 제한된 옵션과 전략적 계산상의 실수를 지적하고 있다.

> 왜 오바마 행정부는 AIIB 참여를 반대하다가 이렇게 체면을 구긴 것일까? 여러 이유 중 하나는 당파성에 휘둘리는 워싱턴 국내 정치다. 미국의 AIIB 참여를 의회가 승인할 가능성은 거의 없었다. 즉 애초부터 오바마 행정부가 사용할 수 있는 정책 옵션은 매우 제한적이었다. AIIB가 글로벌 규범에 부합하지 못한다는

비판뿐 아니라 오바마 행정부의 정책에 무조건 딴지를 걸겠다는 정파적 대립이 앞길을 막고 있었다.[308)]

미국 행정부가 AIIB 가입을 결정했을 때 미국 의회의 승인을 득할 가능성은 사실상 거의 없다. 아마 사실일 것이다. 그렇다 하더라도 그것이 다른 국가들의 AIIB 가입을 반대할 명분이 될 수는 없다. 미국은, 듣기 좀 황당하지만, 또 다른 이유를 댄다. '서구 국가들은 (AIIB) 밖에 있어야 더 많은 영향력을 갖게 된다.' 미국의 고위 관리는 한 술 더 떠 '특히 중국이 AIIB 내에서 거부권(veto)을 갖지 않을 것이라는 확신이 사라지는 경우 AIIB에 가입하는 것보다는 밖에 머무르는 것이 훨씬 유리하다'고 강변한다. 하지만 밖에 있는 국가들은 AIIB가 그들의 돈을 필요로 하지 않기 때문에 AIIB에 대한 영향력이 애초부터 없다. 뭔가를 하려면 가입하는 수밖에 없다는 의미다. 애초 서구 국가들은, 중국이 이들의 가입을 원했기 때문에, 가입 조건을 중국과 교섭할 수 있었고, 또 그렇게 해야만 했다. 그러나 미국과 실랑이를 하는 사이 기회는 날라 갔다.[309)]

---

308) 손인주, "미국 정치 양극화가 중국 주도 AIIB 키웠다."

309) Martin Wolf, "It is folly to rebuff China's bank," *Financial Times*, 25 March 2015. 지금이라도 미국이 가입해야 한다는 주장이 뒤를 잇는다: "아시아 개도국들은 투자가 너무도 절실하다. 위험하고 장기적인 프로젝트를 위한 민간자본 동원은 비쌀 뿐 아니라 실제로 존재하지도 않는다. 세계은행이나 ADB 자원은 수요에 비해 턱없이 부족하다. 그러니 중국이 3조 달러가 넘는 자신의 방대한 외환보유고 중 일부를 투자하겠다는데 이것이 나쁜 뉴스일까? 그것도 자신의 목소리가, 다소 시끄럽기는 하겠지만, 외형상 분명 회원국 중의 하나인 다자채널을 통해 그렇게 하겠다는 것인데 마다할 이유가 있을까. AIIB는 다국적 직원으로 구성될 것이다. 당연히 중국이 자신의 돈을 혼자서 다른 국가에 주는 경우보다 AIIB 운영은 덜 정치화될 수밖에 없다. 아무튼 이 모든 것이 미국이 AIIB에 가입했어야 하는 이유다(Ibid.)." AIIB 총재에는 세계은행과 ADB 근무 경력이 있는 진리췬(金立群)이 임명됐다. AIIB 고용 기준을 다음과 같이 밝힌 적이 있다: "AIIB에 근무할 사람들은 폭 넓게 모집할 것이다. 대략 반 정도는 비중국인으로 채워질 것이다." *Financial Times*, "America's flawed strategy towards new

미국 출신 전 세계은행 총재 역시 다음과 같이 비슷한 견해를 개진한 바 있다: "나(로버트 졸릭 전 세계은행 총재)라면 중국이 국제사회에 건설적으로 기여할 수 있도록 했을 것이다. 내가 세계은행 총재로 일할 때 중국의 역할을 확대해주는 여러 가지 프로젝트를 한 적이 있다. 중국이 AIIB를 제안했을 때 나라면 세계은행·아시아개발은행(ADB)과 협력하는 방식을 제안했을 것이다... 미국이 우방들의 AIIB 참여를 막은 것은 전술적으로 옳지 않았다. 대신 (AIIB 지배 구조 등에 대해) 우방과 미리 의논해 단일안을 만들어 (중국에) 제안하는 게 바람직했다. 미국 정부가 AIIB 설립과 관련한 전 과정에서 제대로 대응하지 못한 듯하다."[310]

미국의 맹방인 일본과 캐나다는 AIIB에 가입하지 않았다. 그 동안 중국과 경제협력을 하는 가운데, 중국의 영향력 확대를 거부 및 차단하는 데 주력했던 일본의 입장에서 중국의 영향력이 배어 있는 멍석에 앉는 것은 기존 정책 기조에 비추어 어색한 일이었을 것이다. 특히 아베 총리 이후 중국을 견제하기 위해 군사적으로

Asian bank," 21 May 2015. 다음은 위의 다양한 논제를 간단히 요약하고 있다: "첫째 향후 아시아 인프라 건설 시장의 방대함, 둘째 중국의 행보에 의심이 있다면 이는 AIIB 내부에 들어가 견제하며 해결할 문제라는 사실, 마지막으로 IMF, 세계은행 등 기존 다자기구의 개선이 미국의 힘만으로는 불가능한 현실(특히 미국 의회의 견제가 문제)" 등이 미국 행보에 대한 비판의 핵심 내용이다. *The Economist*, "A bridge not far enough: America is wrong to obstruct China's Asian-infrastructure bank," March 21st 2015.

310) 「중앙일보」, "미국, AIIB 반대한 건 실수… 외교정책, 내년 대선 이슈될 것," 2015/05/12. 기후금융을 위해서도 미국이 가입해야 한다는 다음과 같은 주장도 있다: "미국은 AIIB의 초기 기획에 간여 영향력을 행사할 수 있었다. 미국이 AIIB에 가입하는 대신 오바마 행정부는 탄소 배출을 줄이고 최고 수준의 환경 기준을 충족시킨다는 조건을 관철시킬 수 있었고, 또 그렇게 해야만 했다." Paolo Mauro, "Why America Should Join the AIIB," *Project Syndicate*, June 12, 2015.

미국과 밀착한 일본 대외정책 기조를 고려하면, 명분과 논리 여부를 떠나 미국의 요구를 거절한다는 것도 쉽게 상상할 수 있는 일은 아니다. 과거 행적에 비추어, 어쨌건 분명한 것은 중국의 다른 주변국들과는 달리 일본은 중국의 영향력 행사를 단호히 거부하며 구체적인 대응 방안을 줄기차게 추구했다는 사실이다.

일본이 AIIB 가입을 거부한 외형상의 명분은 미국의 그것과 흡사하다. "AIIB가 기존 다자개발은행의 규범, 즉 환경, 사회 기준 혹은 안전기준(safeguards)을 충족시킬 수 있을지 여전히 의심한다"는 ADB 현 총재 다케히코 나카오의 발언은 일본의 공식 입장을 사실상 대변한다. 2015년 4월 초 미국을 방문한 일본 재무장관은 회담 후 "ADB가 향후 AIIB와 협력한다는 점을 미국 측과 합의했다고 말했지만, 양측 모두가 AIIB가 최고 수준의 공정성 및 지배구조를 지녀야 한다는 점을 강조했다고 토를 달았다."[311] 외형적으로는 설득력이 있지만, 위의 설명이 보여주듯 전략적 고려를 배제하기는 힘들어진다: "아베 총리 측근들에 따르면 총리는 AIIB가 중국의 전략 및 경제적 힘을 확장시키는 도구가 아닐까 지속적으로 의심했다고 한다. 의회의 의사에 반하며 미국 행정부가 AIIB에 들어갈 수는 없는 상황에서 일본이 AIIB에 가입하는 것은 일본의 동맹관계 순위가 (미국으로부터 다른 나라로) 바뀌는 것일 수도 있다. 특히 미국과의 동맹을 강화하기 위해 지난 (2015년) 4월 아베 총리가 워싱턴을 방문한 후부터 AIIB에 대한 일본의 반대 입장은 더 굳어진 것으로 보인다."[312]

---

311) Shawn Donnan, "ADB chiefs sceptical about China-led rival," *Financial Times*, 20 April 2015.

312) *The Economist*, "To join or not to join: Will Japan lend its muscle to China's new Asian infrastructure bank?" May 30th 2015.

신경이 쓰일 법도 한 영국 등 서유럽의 AIIB 가입에 대해서는 아시아 주도국답게 미국과는 다소 다른 견해를 개진했다: "ADB 총재 나카오는 '주요 유럽국가들이 AIIB에 가입한 것은 이해가 가는 일이다. ADB의 두 대주주(일본과 미국)에 비해서는 유럽의 경우는 아시아-태평양 지역에 대한 개입이 현저히 약했기 때문에 그럴 수 있다'고 말했다. 이어 '전후 브레턴우즈 체제 출범 이후 ADB와 세계은행을 통해 일본과 미국은 많은 자원을 이 지역에 투입했고, 지리적으로도 두 국가는 지역 당사국이다. 따라서 유럽 국가들과 입장과 이해가 다른 것은 납득할 만한 것이 아니냐'는 언급이 이어졌다." [313]

그렇다면 AIIB와 일본이 주도하는 ADB는 경쟁 관계일까? 위의 설명에서도 잠시 언급된 바와 같이 일본과 미국 모두는 ADB와 세계은행이 AIIB와 적극 협력할 것임을 공언하고 있다. AIIB가 출범한 지 약 3개월 후 언론 인터뷰에서 ADB 총재 나카오 역시 이 점을 다음과 같이 분명히 했다: "ADB는 AIIB와 ADB가 라이벌이라는 인식에 반하는 차관 프로젝트을 위해 AIIB와 함께 일할 준비가 돼 있다. 구체적으로 AIIB는 현재 노동, 환경, 그리고 반부패 세이프가드 내용이 포함된 차관(loan) 프로젝트를 위해 ABD에 자문 중이다. AIIB가 기획 중인 프레젝트 중 하나는 양 기관이 자금을 공동으로 동원해야만 한다."[314]

하지만 내막은 다를 수 있다. ADB 총재 자신이 얼마 전에는 다음과 같은 분석을 내놨기 때문이다: "AIIB의 초기 대출 능력은 대단히 제한될 것이다. 반면 중국개발은행을 통해 중국은 이미 세

313) Donnan, "ADB chiefs sceptical about China-led rival."

314) Gabriel Wildau, "Japan and China-led development banks plan joint loan," *Financial Times*, March 21, 2016.

계 인프라 투자의 실력자가 됐다. 중국의 국내은행과 비교해 봐도 AIIB는 왜소한 셈이다. 반면 ADB는 현재 총 1,000억 달러의 대출(미상환 부채)을 유지하고 있는데, 이는 AIIB가 처음 제안한 총 자본금(500억 달러)의 두 배다. 향후 순차적으로 집행되겠지만, ADB의 현재 승인된 대출 총액 역시 1,500억 달러에 이른다. 우리(ADB)는 역사, 특정의 대출 능력, 전문 지식, 그리고 다양한 스태프를 가지고 있다. 향후에도 핵심 역할을 할 수 있을 것이다. AIIB가 상징적인 의미를 지니고 있는 것은 사실이지만, AIIB 설립 때문에 국제개발금융에 큰 변화가 있으리라고는 생각하지 않는다."[315] 즉 일본은 ADB라는 든든한 배경을 가지고 있고, AIIB가 머지않은 장래에 ADB 수준의 역량을 발휘하기는 힘들 것이므로 일본이 조급할 이유는 없다는 의미다.

오랜 경험이 축적된 ADB는 그 자체로 AIIB와 차별화되지만, 약 5년 전 ADB가 향후 ADB의 핵심 역할에 대해 과거와는 다른 시각을 제시한 것을 보면, 다자개발은행이 새로이 갖춰야 할 미래 비전이 생각처럼 간단하지는 않다는 사실을 알 수 있다. 앞서 개도국 경제개발에 민간자본의 중요성을 소개한 바 있다. 문제는 민간자본이 필요함에도 실제로는 풍부한 자본을 활용하지 못하고 있는 현실이다. ADB는 이 문제의 중요성을 강조하며 해결책 강구가 향후 ADB의 핵심 역할 중 하나가 되어야 한다는 점을 강조하고 있다.

> 공공-민간 협력(PPP: public-private partnership) 전문가들이 2010년 3월 ADB 본부인 마닐라에 모였다. 매년 약 3,000억 달러 규모의 역내 인프라 투자 수요를 충족시키기 위해서는 PPP가 절대 필요하다는 사실에 모두가 동의했다. '역내 개도국들은 과

315) Donnan, "ADB chiefs sceptical about China-led rival."

거 보다 더욱 높은 차입 비용, 낮은 수준의 신용도, 그리고 경제 위기가 원인인 국제자본의 유입 감소 등의 문제에 직면해 있다. 바로 이점이 방대한 역내 인프라 수요를 만족시키기 위해 PPP가 얼마나 시급한 과제인지를 확인시켜준다(세계은행 연구소 소장 Sanjay Pradhan).' '비록 다자개발은행이 많이 노력하고 서로 협력하고 있지만 인프라 및 사회 분야에 대한 투자 확대를 위해 PPP 이상의 대안은 없다(ADB 총국장 Rajat Nag).' '결국 높은 금융비용과 해당 정부의 위험 감수 의지는 연계돼 있는 셈인데, 개도국 정부가 바로 이 문제를 어떻게 풀며 이익이 나는 프로제트를 기획할 수 있는가가 논의의 핵심이다(세계은행 연구소 PPP 연구 담당 매니저 Clive Harris).' '따라서 향후 민간자본과 개도국 정부가 연계될 수 있도록 노력하는 것이 ADB의 가장 중요한 핵심 과제가 될 것이다(ADB PPP 테스크 총책 Jo Yamagato).'[316)]

중국은 PPP 경험이 사실상 전무한 국가다. 그러나 위의 논의는 AIIB의 향후 주요 임무 중 하나가 PPP 연계임을 보여준다. 그렇다면 이를 위한 노하우는 어디서 빌릴 수 있을까? 아마 ADB가 아닐까? 일본이 ADB와 AIIB의 수준 차이를 거론하며 별로 아쉬울 것이 없다는 태도를 견지하는 데는 나름 이유가 있는 셈이다.

겉으로는 ADB와 AIIB의 협력을 강조하지만, 일본과 중국이 아시아에 대한 경제 영향력 확대를 위해 치열히 경쟁하고 있는 것은 부인할 수 없는 현실이다. 일본의 아베 총리는 2015년 5월 21일 도쿄에서 열린 제21회 '국제교류회의'에 참석, 향후 2년 동안 아시아 인프라 개발을 위해 무려 1,100억 달러를 투입하겠다고 발표했다. "중국 주도 AIIB를 의식한 행보임은 말할 필요가 없는데, (중국을 의식한 듯) 그것도 '질 높은(high quality)' 인프라 건설이 목적

316) *The World Bank News*, "More Public-Private Partnerships Needed to Meet Demand for Infrastructure, Officials Say," March 23, 2010.

이라는 점을 분명히 했다."[317] 일본은 2009년부터 메콩강 유역의 베트남, 캄보디아, 라오스, 태국 그리고 미얀마 등 5개국과 일본을 묶어 정기적으로 정상회담을 개최했다. 2015년 7월 4일 도쿄에서 열린 정상회의에서는 일본이 더 많은 지원을 약속했는데, 이른바 메콩강 실크로드 구축을 위한 행보였다.[318] 같은 달 28일에는 필리핀 마닐라 인근 철도사업을 위해 무려 2,400억 엔의 신용 차관 제공이 결정됐다. 그때까지 일본이 제공한 공적개발원조(ODA) 가운데 최대 규모였다.[319]

최근에는 중국 경제외교의 첫 대상이었던 아프리카까지 영향력을 확대하고 있다. 2016년 8월 27일 케냐의 나이로비에서 개최된 아프리카개발회의에 참석한 아베 총리는 "인프라 정비와 강인한 보건 시스템 촉진, 평화·안정 기반을 만드는 등 아프리카 미래를 위해 향후 3년간 300억 달러를 쏟아 붓겠다고 밝혔다."[320] 흥미로운 점은 중국의 지원과 차별화된 전략을 다음과 같이 선보이고 있다는 사실이다: "(아베 수상은) 질 높고 강인하며 안정된 아프리카를 위해 일본은 1000만 명 인재 육성에 나설 것이라고 밝혔다."[321] 다음의 해석이 뒤를 잇는다: "자금 규모면에서 이미 3년간 600억 달러 지원 의사를 밝힌 중국을 압도하기는 어렵다는 판단에 따라 지원의 '질'을 강조하고 중장기적인 차원에서 친일 인재를 양

317) *The Japan Times*, "Abe announced $110 billion in aid for 'high-quality' infrastructure in Asia," May 22, 2015.
318) 「매일경제신문」, "아베 '메콩강 실크로드' 만든다," 2015/07/03.
319) 「매일경제신문」, "'아시아 잡아라' … 일본, 사상 최대 차관 제공 결정," 2015/07/29.
320) 「매일경제신문」, "中에 맞서 … 검은 대륙 흔드는 아베의 손," 2016/08/29.
321) 「한국경제」, "아베, 아프리카서 '친일 인재' 1000만명 키운다," 2016/08/29.

성하는 쪽으로 전략을 수정했다는 분석이다."[322] 즉, "중국 기업이 따라 하기 힘든 고부가가치 인프라 시스템 구축을 위한 소프트파워 제공에 좀 더 힘을 싣겠다는 게 일본 정부의 생각이다."[323]

이상이 일본의 행보라면 중국의 맞대응도 가시적이었다. 2015년 9월에는 입찰 경합 중이던 일본을 따돌리고 인도네시아의 첫 고속철도 사업을 수주했다. 수주의 배경에는 '인도네시아 정부에 무보증으로 사업비 50억 달러를 빌려준다'는 파격적인 조건이 있었다.[324] 메콩강 개발 사업에서도 일본의 진출에 맞불을 놨다. 2016년 3월 중국이 "메콩강 지역 사회기반시설 건설과 생산능력 협력을 위해 100억 위안의 특혜 차관과 100억 달러의 신용대출을 제안했기 때문이다." 흥미롭게도 중국 역시 일본과 같이 2016년부터 란찬강-메콩강 정상회담(란메이 정상회담)을 개최하기 시작했고, 2016년 3월 중국에서 열린 1차 회의에서 위의 같은 파격적인 자금 공여 제안이 있었다.[325] 다른 분야에서도 양국의 아시아에 대한 경제 영향력 확대 경쟁은 끊임없이 이어지고 있다. 상황이 그러한데 일본의 AIIB 가입을 기대할 수 있을까? 당분간은 어려울 것이다. 한 가지 대단히 흥미로운 점은 만약 일본이 AIIB에 가입하게 되면, 현재 26.06%의 투표 지분을 통해 간신히 거부권을 유지하고 있는 중국 지분이 낮아지면서 중국의 거부권 역시 사라진다는 사실이다.[326]

---

322) Ibid.

323) 「매일경제신문」, "물량공세 中에 선수 뺏긴 일본 … 천만 인재 육성으로 맞불," 2016/08/29.

324) 「한국경제」, "중국 고속철, 일본 따돌리고 인도네시아 고속철 수주 … 해외 진출 가속도," 2015/10/01.

325) 「매일경제신문」, "中, 메콩강 개발에 100억 불 신용대출 제공," 2016/03/25.

326) 최원기, "아시아인프라투자은행(AIIB)의 출범: 평가와 전망," p. 16. "만약

Ⅳ. 결 어

2016년 초 공식 출범한 AIIB에 대한 정보는 지극히 제한돼 있다. 중국이 주도했다는 사실, 57개 국가가 창립 멤버로 참여했고, 그 중 영국 등 서유럽 강국과 한국, 인도와 같은 역내 실력자가 포함돼 있다는 점, 총자본금 규모와 협정문 내용 등이 사실상 전부다. 2016년 6월 첫 프로젝트가 확정됐으므로 업적 역시 현재까지는 사실상 없는 셈이다. AIIB 구상을 처음 밝힌 후 새로운 아이디어를 무슨 목적을 위해 어떻게 현실화시킬 것인지에 대한 중국의 구상과 입장은 어느 정도 알고 있다. 아무튼 현실이 그렇다면 AIIB의 실체를 파악하는 일은 간단할 수가 없다. 따라서 이 글에서는 AIIB에 영향을 주는 핵심 간접 변수를 선별, 그 변수에 대한 집중 분석을 통해 AIIB를 조명하는 방법이 활용됐다.

AIIB는 그 명칭과 협정문이 보여주듯 다자개발은행(MDB), 즉 다자국제금융기구다. AIIB의 성격이 그렇다면 기존 국제경제기구의 기본 특성이 AIIB에도 녹아있다는 뜻이므로, 논리상 이미 활동 중인 다자기구에 대한 분석을 통해 AIIB의 기본 성격은 파악할 수 있을 것이다. AIIB의 원형은 세계은행이지만 세계은행만을 분리하는 경우 다자개발은행을 이해하는 데는 한계가 있다. 세계은행은 분명 브레턴우즈 체제의 한 분야를 담당하고 있고, 따라

일본이 추가적으로 AIIB에 가입하게 된다면, AIIB 회원국 간 투표권과 지분율의 분포에 중대한 변화가 발생하게 되어 중국의 거부권은 상실되게 됨. 즉, AIIB의 지분율 및 투표권의 계산방식에 따라 일본이 회원국이 되는 상황을 가정하면, 일본의 지분율과 투표권은 11.3%와 9.8%에 이르게 되고, 중국의 지분율과 투표권은 26.3%와 22.7%로 축소되며, 여전히 AIIB의 최대 주주로서의 지위는 유지할 수 있지만, 중국의 실질적인 거부권은 상실됨(Ibid.)."

서 브레턴우즈 체제에 대한 이해가 있어야 하지만, 브레턴우즈 체제 또한 더 이전 국제경제질서의 연장선 위에 존재한다. 인류 역사상 최초의 국제경제질서인 금본위제에 대한 분석이 이 글의 처음을 장식한 이유다.

시장 자동조절 기능의 부산물인 고정환율제의 장점, 특히 트릴레마 법칙이 가장 중요했다. 금본위제의 특징인 물자와 자본의 자유로운 이동은 국제경제를 이른바 세계화의 무대로 이끌었다. 여기서 중요한 것은 개도국 개발 자금이 민간자본으로 메워졌다는 사실이다. 이 경우 개도국의 채무 상황이 불안정해질 수 있는데, 이해를 위해 19세기 말 베어링 은행 위기와 아르헨티나 채무 불이행 사례가 소개됐다. 분석은 국제 자본 움직임이 개도국에 치명적인 위해가 될 수 있다는 점을 보여줬다. 민간자본의 위험성은 후일 브러텐우즈 체제에 영향을 미치는 주요가 변수가 된다.

금본위제 붕괴 메커니즘이 자세히 소개됐는데, 붕괴 과정에서 국제경제는 혼란에 빠졌고, 끝막에는 제2차 세계대전이 발발했다. 금본위제로 돌아가는 것은 불가능했으므로 대안이 필요했다. 미국의 바람이었던 국제경제기구를 통해 문제를 해결한다는 원칙이 정해진 후, 국제통화 및 환율문제를 다루는 IMF, 전 세계 무역자유화를 위한 GATT가 설립됐다. 전쟁 피해국, 특히 서유럽 경제부흥을 위해 IBRD라는 최초의 다자개발은행도 탄생했다. 1950년대 중반 IBRD 역할이 개도국 자금 지원으로 바뀐 사실은 이미 소개한 바와 같다. 여기서 중요한 것은 초기 IMF의 고정환율제 때문에 민간자본의 자유로운 이동이 억제되면서 금본위제에서와는 다르게 개도국이 국제 민간자본을 활용하는데 제약이 따랐다는 사실이다. 민간자본의 위험성과 개도국이 필요한 자금의 공급 애로를 극복하기 위해 IBRD가 개도국 자금 지원에 나선 셈이므로, ADB, AIIB 등 다자개발은행의 뿌리는 사실상 같다는 점을 확인할 수 있다. 금본위제와 이어 탄생한 브레턴우즈 체제의 특성 모두가 다자개발은행 설립 배경에 많이 녹아 있다는 사실이 분명해진다.

오랫동안 세계은행을 운영해 본 결과 많은 것이 밝혀졌다. 세계은행은 최소의 자금에 기초 신용창조 메커니즘을 활용한 결과, 많은 자금을 동원할 수 있었다. 선진국의 세계은행 참여 때문에 가능해진 신용도 전이, 즉 세계은행이 지닌 높은 신용도가 개도국의 낮은 그것을 대체한 결과였다. 다자개발은행이 세계적으로 확산된 이유를 알 수 있지만, 불행히도 다음의 난제 역시 함께 부각됐다. 개도국 경제발전을 위해 어느 분야에 투자해야 하는지, 투자 규모는 어느 정도가 적정인지 등을 이해하는 것이 대단히 힘들었다. 초기 인프라 개발에 자금이 집중 공급된 것을 보면 다자개발은행의 처음 행보는 의외로 단순했다. 그러나 지속적인 경제발전을 위해서는 정치, 경제, 법률 등 사회 전 분야의 조건이 함께 개선돼야 한다는 주장이 제기되면서 투자 분야는 바뀔 수밖에 없었다. 이론 역시 함께 했지만, 현재까지 지속적인 발전의 핵심 동인에 대해 납득할 만한 논리적 합의는 존재하지 않는다. 논제가 여전히 미제로 남아 있는 셈이다.

워싱턴 컨센서스와 베이징 컨센서스의 대립은 상황을 보여준다. 바로 그 점, 즉 합의가 어려운 현실을 중국이 공략했다는 사실을 알 수 있다. 세계은행을 포함 다자개발은행의 한계가 가시화된 것은 발전전략이 부재하고 자본금 확대가 어려운 현실 때문이었다. 여기에 민간자본이 다시 약진하기 시작하자 다자개발은행은 더욱 위축됐다. 1970년대 IMF의 고정환율제가 붕괴된 후 자본통제가 사라지면서 1980년대 이후 금융자유화를 의미하는 세계화가 지구촌을 휩쓴 사실은 이미 소개한 바와 같다. 결과적으로 금본위제에서와 같이 개도국의 민간자본 차입이 용이해졌지만, 이는 위험성도 높아진다는 뜻이었다.

1980년대 중남미 그리고 1990년대 동아시아 외채 위기를 통해 민간자본의 위험성이 분명해졌다. 중요한 것은 민간자본이 풍부해지는 것과 반비례하며 다자개발은행의 위상이 하락했다는 사실이다. 세계은행을 포함 다자개발은행의 향후 역할에 대한 논쟁에 다시 불이 붙었다. 발전에 대한 논리적인 합의가 어려운 점, 그리고 자본금을 확대하는데 한계가 있다는 현실 등을 고려하면 결국 민간투자가 대안일 수밖에 없었다. 여기서 다자개발은행의 역할이 새로이 조명됐는데, 민간자본을 개도국과 어떻게 연계시킬 것인지(PPP: public-private partnership)가 핵심 논지였다. 같은 맥락에서 다자개발은행이 그동안 축적한 위험 분산 혹은 보증 기술을 확대 적용할 수 있는지도 쟁점이 됐다.

AIIB는 이상의 논의 선상에 존재한다. 인프라 투자에 특화됐다는 특징은 있지만, AIIB의 자금만으로 방대한 아시아 인프라 수요를 충족시키는 것은 역부족이다. AIIB의 자금 공여 때문에 민간투자가 촉진될 가능성은 물론 있다. 하지만 그것은 어디까지나 민간자본이 판단할 사안이지 AIIB가 마음대로 좌지우지할 문제는 아니다. 결국 AIIB 역시 국제민간자본을 역내 국가에 연계시킬 수 있는가라는 난제를 안게 됐는데, 불행히도 중국과 AIIB는 이에 대한 경험이 없다. AIIB가 기존 다자개발은행과 협력할 수밖에 없는 중요한 요인인 셈이다.

다음 AIIB를 비춰 볼 수 있는 또 다른 간접 변수로 중국 자신의 동인을 짚어봤다. 동인은 두 가지로 요약됐다. 하나는 중국 경제의 국내 상황이 AIIB의 주요 원인이었는가이고, 다른 하나는 AIIB도 결국은 중국 대외경제정책의 일환이므로 중국 경제외교와 AIIB 설립이 관련이 있느냐는 질문이었다. 중국경제의 국내 요인 분석은 AIIB 설립과 중국경제의 특이한 속성 사이에 연관성이 있다는 사실을 보여줬다. 투입 중심 수출주도형 경제발전 전략이 고속성장의 비결임은 모두가 안다. 자본 투입, 즉 투자가 핵심 역할을 했는데, 투입은 다음의 분야에 집중됐다. 주로 공장 짓는 것을 뜻하는 설비 확대, 대대적인 주택 건설을 의미하는 건설경기 부양, 그리고 도로, 철도, 항만과 같은 기반 시설 확충을 위한 인프라 확장 등이었다.

하지만 투자가 적정 수익률과 괴리되는 상황, 즉 자본의 한계효율 저하 현상이 가시화되면서 투입으로 높은 경제성장률을 유지하는 것은 점점 더 힘들어졌다. 이 경우 대규모 투자가 지속되면 과잉생산 문제가 불거진다. 중국 내에서는 더 이상 적정 수익을 창출할 수 있는 투자 분야를 찾기 어렵다는 의미였는데, 중국경제에 대한 큰 압박이었다. 문제 해결을 위해서는 투자를 줄여야 하지만, 경제성장률 저하라는 심각한 현상이 뒤를 잇는다. 투자 감소의 결과인 실업증가 때문에 발생하는 정치 및 사회적 불안을 중국정부가 감내할 수 있다는 증거는 현재까지 찾기 힘들다. 그렇다면 해외 인프라 투자를 활성화시키면 어떨까? 일대일로 추진과 AIIB 설립 배경이 그와 같다는 데에 많은 전문가들은 동의한다.

여기에는 두 가지 세부 동인이 있다. 하나는 그렇게 되는 경우 중국의 최대 난제인 과잉생산과 설비 문제를 해결할 수 있는 길이 열린다는 기대이고, 다른 차원의 과잉인 3조 달러가 넘는 외환보유고를 효율적으로 활용할 수 있다는 희망도 또 다른 동인이다. 중국의 속내는 그러하더라도, 중국은 과연 AIIB를 통해 중국의 기대치에 걸 맞는 방대한 투자를 현실화시킬 수 있을까? 본문에서는 AIIB에 대한 중국의 애초 의도와 그것이 변화되는 과정을 통해 이 문제가 조명됐다. 영국 등 서유럽 국가와 한국과 같은 아시아 선진 경제가 참여한 이상 AIIB를 중국이 좌지우지하는 것은 쉽지 않다는 사실을 확인할 수 있었다.

본문에서 소개된 다음의 인용문은 상황을 보여준다: "중국 주도의 다자금융기구를 순전히 수익 위주로 운영해야만 하는지, 아니면 어느 정도까지 중국의 정치 및 전략적 목적을 위해 활용할 것인지 등에 대해 (중국은) 고민을 안 할 수 없다." 다음의 분석을 통해서도 AIIB의 속성을 엿볼 수 있다: "AIIB 혹은 다른 기관을 만드는 중국의 의도를 협상카드 혹은 지렛대를 쥐기 위한 노력으로 보는 것이 타당하지 않을까. 현 세계질서에 대한 도전이 아니라 (기존 국제금융기구의) 개혁을 유도하기 위한 수단으로 위의 협상카드를 활용할 것이라는 예측이다." 중국이 국내 과잉생산 문제를 해결하기 위해, 혹은 주변국에 대한 영향력을 확대하기 위해 수익성 여부와 상관없이 주변국 인프라에 과도하게 투자하는 일은 쉽지 않다는 해석이다.

AIIB를 조명할 수 있는 또 다른 간접 변수로 중국의 경제외교를 살펴봤다. 쟁점은 중국의 경제외교 패턴이 있을 것이고, 그것에 비춰 AIIB의 배경으로서 중국의 또 다른 속내가 있느냐는 것이었다. 후진타오 시절부터 가시화된 중국의 경제외교는 대외영향력 확대가 목적이었다. 미국이 주도하는 다자주의를 탈피 양자 접근에 치중했다는 점도 특징 중의 하나였다. 이유는 다양하지만,

IMF와 세계은행 등 다자금융기구들이 개도국의 현실을 도외시한 정책에 매진함으로써 개도국에게 도움이 안됐다는 주장은 외교 노선의 출발점이었다. 새로운 외교는 베이징 컨센서스를 통해 합리화 됐는데, 다음의 베이징 컨센서스 인용문은 중국의 시각을 보여준다.

"일인당 국민소득(per-capita GDP)이라는 단순 지표를 넘어, (개도국 발전에) 수반되는 커다란 모순(massive contradictions)을 관리하는 방안이 논의의 초점이 돼야 한다." "선진국과 같은 호사스런 생활이 아닌 체제가 유지되면서 점진적으로 변하는 것을 의미하는 지속가능성(sustainability)과 평등(equality)이 발전의 기초라고 본다." "워싱턴 컨센서스가 보여주듯 국제경제기구 특히 세계은행과 같은 다자개발은행이 적용하는 자금 대여 조건(conditionality)은 많은 경우 개도국의 고유 주권을 침해하는 경우가 많다. 대신 자결의 원칙(self-determination)을 강조돼야 한다." "워싱턴 컨센서스 등에 기초 기존의 국제경제기구가 제안한 시장 중심 개혁을 개도국이 그대로 따를 필요는 없다." 이어 국제관계 전체를 포괄하는 개념으로 '국제관계의 민주화'라는 새로운 개념이 등장했고, 그것을 개발은행에 적용한 결론은 다음과 같았다: "그렇다면 다자개발은행을 비롯한 국제경제기구의 개도국 지원은 어떤 방식이어야 할까? 이미 자리 잡은 가혹한 조건부 지원(conditionality)보다는 무조건적(no strings-attached) 지원이 바람직하다."

다자주의에 대한 불신은 분명했으므로 중국은 당연히 양자관계를 경제외교의 기본 틀로 설정했다. 여기에 중국 특유의 '꽌시' 중시 현상이 가미되자, 경제외교는 다음의 방향으로 발전했다. "(중국은) 양자적 접근을 선호한다. 중국은 통상적으로 고위 지도

자들 간의 정상회담을 통해 경제협력과 원조를 선언함으로써 지도자들 간의 긴밀한 관계를 형성하려 시도한다"는 분석은 양자주의의 구체적인 행태를 보여준다. 제도화와는 거리가 있다는 뜻인데, 그렇다면 개인 친분에 의존한 경제외교는 지속 가능할까? 아울러 경제적 측면에서 양자관계에 기초 공여된 막대한 자금은 수익을 창출할 수 있을까, 구체적으로 투자 자금의 회수는 가능할까 등도 논의의 초점이 됐다.

분석 결과 중국 경제외교의 많은 문제점이 드러났다. 양자관계, 특히 지도자의 개인 친분을 강조하는 경우가 문제였다. 중국 정치체제는 공산당 일당 독재이므로 그럴 가능성이 별로 없지만, 중국의 상대국이 민주체제인 경우 정권 교체는 양자 경제외교에 타격을 주는 경우가 많았다. 새 정권의 기존 프로젝트 거부, 채무조건 재협상 요구 등은 대표적인 위험이었다. 경제적 요인 때문에 발생하는 곤혹스런 상황도 적지 않았다. 본문에서 소개된 통계 자료가 보여주듯 중국이 개도국에게 제공한 막대한 자금 중 상당 부분이 채무 불이행 위기에 처했다는 사실은 상황을 보여준다. 은밀한 양자관계에 숨겨진 부패, 외형상 드러나지 않은 감춰진 빚 등이 특히 심각했다.

위와 같은 실책을 반복하지 않기 위해 중국이 선택한 카드가 아이러니하게도 그 동안 기피했던 다자주의 접근이라는 것이 이 글의 분석이었다. 하지만 중국이 주도하는 다자주의여야 한다는 조건이 있었다. 중국 당국이 IMF, 세계은행 등에 대해 그 동안 노골적인 불만을 토로한 사실과 베이징 컨센서스에 비춰 보면 이해가 가는 일이었다. 중국이 다자주의로 선회한 것은 사실이지만 기존 국제경제기구에 적극 참여하는 것은 애초 기대할 수 없었다는 의미다. AIIB 설립이 적어도 중국 입장에서는 자연스런 행보라는 주장의 적실성을 알 수 있다. 향후 고도성장이 예상되는 지역이 아시아, 특히 동아시아 국가들이고, 당연히 방대한 인프라 수요가 존재할 수밖에 없다는 판단 역시 AIIB 설립을 합리화시켜 줬다.

그렇다면 미국은 AIIB를 왜 반대했을까? 과거 미국 의회가 국제연맹 규약과 ITO 헌장 비준을 거부한 전례에 비춰 의회가 AIIB에 대해 부정적인 시각을 갖고 있다면 미국 행정부의 운신 폭은 당연히 제한된다. 그러나 미국 행정부가 제시한 AIIB 반대 논리는 설득력이 떨어졌다. 바로 이점이 미국의 행보를 정치 혹은 전략적 계산에 기초한 것으로 판단하는 근거인데, 설명을 위해 '아시아로의 회기(pivot to Asia)'라는 전략적 용어가 등장했다. 중국의 팽창을 억제하겠다는 것이 핵심 내용이었으므로 전략적 관점에서 보면 미국의 AIIB 반대는 이해가 가는 일이었다. 왜냐하면 과거 십 수 년 동안 중국이 보인 행보, 즉 남중국해 주변에서 가시화된 팽창 의지와 동남아시아 국가들의 반발, 일본과의 센카쿠 열도 분쟁 등에 비춰 AIIB 역시 영향력 확대 수단으로 간주될 수 있었기 때문이다.

ADB 주도국으로서 기존 입지가 탄탄한 일본 역시 AIIB에 참여하지 않았다. 군사 동맹이라는 미국과의 특수한 관계, 그리고 중국을 견제한다는 확고한 원칙 등이 주요 요인이었다. 일본은 크게 아쉬울 것이 없었다. AIIB 출범에 즈음한 일본의 행보는 중국을 더욱 견제하겠다는 의지로 일관했다. 특히 동남아시아 국가들에 대한 막대한 자금 공여는 과거와는 다른 태도였다. 마지막 언급, 즉 "만약 일본이 AIIB에 가입하게 되면, 현재 26.06%의 투표 지분을 통해 간신히 거부권을 유지하고 있는 중국의 지분이 낮아지면서 중국의 거부권 역시 사라진다"는 분석은 일본의 현 입지를 보여준다.

그 밖의 다양한 분석이 소개됐지만, 다자개발은행, 중국의 국내경제적 요인, 그리고 경제외교 등 세 변수에 비춰 AIIB는 어떤 모습인지가 분석의 초점이었다. AIIB가 다소 과대평가됐다는 결론이 도출됐다. AIIB의 외부 조건, 그리고 다자투자은행이라는 특성 모두가 AIIB의 향후 행보에 제약 요소라는 점이 밝혀졌기 때문이다. 언제부턴가 국내에서는 중국의 주요 행보를 굴기(崛起)라는 용어로 묘사하는 습관이 자리 잡기 시작했다. 위안화의 SDR 평가 기준통화 바스켓 편입은 통화굴기로, AIIB는 금융굴기라는 신조어로 포장됐다. 통화금융굴기라는 용어에는 기존의 통화금융질서에 중국이 도전하는 것은 물론, 궁극적으로는 중국이 자신의 입맛에 맞는 새 체제를 만들 것이라는 기대가 내포돼 있다. 하지만 이 글의 다양한 논의에서는 그런 징후가 발견되지 않았다. AIIB에 대한 국내의 과도한 평가를 지적하는 또 다른 이유다.

인용문헌

단행본, 논문, 보고서

KOTRA, 「다자개발은행 재원조달 방법과 절차」, KOTRA 자료 16-008 (2016년 3월).

권혁재·최지영, "시진핑 체제의 중국 경제외교의 발전과 특징: 중국의 꿈(中國夢)을 위한 교두보의 실현," 『현대중국연구』, 제16집 2호 (2015).

김기수, "중국 경제개혁의 정치적 역학: 지속적인 경제발전을 위한 정치동력의 약화," 「세종연구소 세종정책연구」 2013-2, 2013년 2월.

________, 『중국경제 추락에 대비하라』, (파주: 살림출판사, 2012).

________, "중국의 경제적 팽창과 그 한계," 「세종연구소 세종정책연구」, 2011-22, 2011년 8월.

________, "관세 및 무역에 관한 일반협정: 세계무역기구의 국제정치," 윤영관·황병무 외, 『국제기구와 한국외교』.

김애경, "중국의 화평굴기론 연구: 논쟁과 함의를 중심으로," 『國際政治論叢』, 제45집 4호 (2005).

김재철, "중국의 경제외교: 경제적 고려를 넘어서," 세종연구소, 『국가전략』, 2007년 제 13권 4호.

노원종, "중국 실물경제 리스크 진단," 「Chindia plus」 April 2016.

대외경제정책연구원, 「AIIB 추진 현황과 한국의 대응방향」, 오늘의 경제, Vol. 15 No. 12, 2015년 4월 27일.

박노형, "WTO 보조금 협정의 법적 분석," 김기수 편, 『WTO 정부 보조금 및 상계관세』, (성남: 세종연구소, 1996).

서상원, "지속가능한 개발 원칙," 『국제법평론』, 2013-II (통권 제38호).

성균중국연구소, 『일대일로 다이제스트』, (서울: 다산출판사, 2016).

윤영관·황병무 외, 『국제기구와 한국외교』, (서울: 민음사, 1996).

이인구·양두용, 「ASEAN+3 인프라 파이낸싱 활성화 방안 연구」, 기획재정부/숭실대학교 산학협동단 보고서 2013년 1월.

이주호 외, 「중국 일대일로 전략과 활용방안: 항만분야를 중심으로」, 대외경제정책연구원/한국해양수산개발원, 경제·인문사회연구회 중국종합연구 협동연구총서 15-40-04, 2015년 12월 30일.

이현태·김준영, "AIIB 발전 전망과 정책적 시사점," KIEP 대외경제정책연구원, 「오늘의 세계경제」, Vol. 16 No. 25, 2016년 8월 5일.

임호열·문진영·이민영·이성희, "AIIB 추진 현황과 한국의 대응방향," 「KIEP 오늘의 세계경제」, 2015년 4월 27일, Vol. 15 No. 12.

장형수·송정호·임을출, 「다자개발기구의 체계 및 활동」, 통일연구원, 경제·인문사회연구회 협동연구총서 08-08-06 (2008년).

지만수, "일대일로와 AIIB," 성균중국연구소, 『일대일로 다이제스트』.

최원기, "아시아인프라투자은행(AIIB)의 출범: 평가와 전망," 「국립외교원 외교안보연구소 주요국제문제 분석」, 2016-09 (2016년 4월).

피에르 빌라르, 『금과 화폐의 역사 1450-1920』, 김현일 역 (서울: 까치글방, 1977) [원전: Pierre Vilar, Or et Monnaie dans L'histoire 1450-1920].

한국은행 국제협력실, 「국제금융기구가 하는 일」, 한국은행 2005.

한동훈, "일대일로와 중국경제," 성균중국연구소, 『일대일로 다이제스트』.

Acemoglu, Daron, and James A. Robinson, *Why Nations Fail: The Origins of Power, Prosperity, and Poverty* (New York: Crown Business, 2012).

________, and Simon Johnson, "Institutions as a Fundamental Cause of Long-run Growth," Philippe Aghion and Steven N. Durlauf, eds., *Handbook of Economic Growth*, Volume 1A (Amsterdam: Elsevier B.V., 2005).

Alford, James K., "World Bank Group International Finance Corporation(IFC)," Curtis, Mallet-Prevost, Colt & Mosle LLP, February 23, 2011.

Anderson, Kym, and Richard Blackhurst, eds., *Regional Integration and the Global Trading System* (New York: Harvester Wheatsheaf, 1993).

Aschauer, David Alan, "Is Public Expenditure Productive?" *Journal of Monetary Economics* 23 (1989).

Bairoch, Paul, *Economics and World History: Myths and Parodoxes* (Chicago: The University of Chicago Press, 1993).

Baldwin, David A., *Economic Statecraft* (New Jersey: Princeton University Press, 1985).

Bank of International Settlements, *Triennial and semiannual surveys: Positions in global over-the-counter(OTC) derivatives markets at end-June* 2010, Monetary and Economic Department, November 2010.

Bergsten, C. Fred, *Dilemmas of the Dollar: The Economics and Politics of United States International Monetary Policy*, 2nd ed. (New York: M.E. Sharp, 1996).

Bhagwatti, Jagdish, "The World Trade System: Trends and Challenges," Paper presented at the Conference on Trade and Flag: *The Changing Balance of Power in the Multilateral Trade System*, April 7-8, 2014 at the International Institute for Strategic Studies in Bahrain.

Bhattacharya, Biswa Nath, "Estimating Demand for Infrastructure in Energy, Transport, Telecommunication, Water and Sanitation in Asia and the Pacific," *Asian Development Bank Institute Working Paper* No. 248, September 2010.

________, and Mattia Romani, "Meeting the Infrastructure Challenge: The Case for a New Development Bank," *Paper Prepared for Global Economic Governance Seminar,* Madrid, 11th March 2013.

________, Masahiro Kawai and Rajat M. Nag, eds., *Infrastructure for Asian Conncectivity* (Cheltenham, UK: Edward Elgar Publishing Ltd.,

2012).

Bob, Daniel, ed., *Asian Infrastructure Bank: China as responsible stakeholder?* (Washington D.C.: Kawasaki Peace Foundation USA, 2015).

Bordo, Michael D., "The Bretton Woods International Monetary System: A Historical Overview," Bordo and Eichengreen, eds., *A Retrospective on the Bretton Woods System: Lessons for International Monetary Reform*.

________, "The Classical Gold Standard-Some Lessons for Today," *Federal Reserve Bank of St. Louis Review*, Vol. 63, No. 5 (May 1981).

________, Alan M. Taylor, and Jeffrey G. Williamson, eds., *Globalization in Historical Perspective* (Chicago: The University of Chicago Press, 2003).

________, and Harold James, "The International Monetary Fund: Its Present Role in Historical Perspective," *National Bureau of Economic Research Working Paper,* No. 7724 (June 2000).

________, and Barry Eichengreen, eds., *A Retrospective on the Bretton Woods System: Lessons for International Monetary Reform* (Chicago: The University of Chicago Press, 1993),

Boughton, James M., "Why White, Not Keynes? Inventing the Postwar International Monetary System," *IMF Working Paper*, WP/02/52 (March 2002).

________, and K. Sarwar Lateef, eds., *Fifty Years After Bretton Woods: The Future of the IMF and the World Bank*, Proceedings of a conference held in Madrid, Spain, September 29-30, 1994, International Monetary Fund and World Bank Group.

Bremmer, Ian, "State Capitalism Comes of Age: The End of the Free Market?" *Foreign Affairs,* Vol. 88, No. 3 (May/June 2009).

Bryan Johnson, "The World Bank and Economic Growth: 50 Years of Failure," *The Heritage Foundation Backgrounder*, No. 1082, May 16, 1996.

Calderón, César, Enrique Moral-Benito and Luis Servén, "Is infrastructure capital productive? A dynamic heterogeneous approach," *The World Bank Development Research Group, Policy Research Working Paper 5628* (June 2011).

Cameron, Rondo, and V. I. Bovykin, *International Banking 1870-1914* (Oxford: Oxford University Press, 1991).

Canning, David, and Peter Pedroni, "The Effect of Infrastructure on Long Run Economic Growth," November 2004 (www.web.williams.edu/Economics/wp/pedroniinfrastructure.pdf).

Chan, Lai-Ha, Pak K. Lee, and Gerald Chan, "Rethinking global governance: a China model in the making?" *Contemporary Politics,* Vol. 14, No. 1 (March 2008).

Commission on the Role of the MDBs in Emerging Markets(José Angel Gurria and Paul Volcker, Cochairmen), "The Role of the Multilateral Development Banks in Emerging Market Economies," *2001 Carnegie Endowment for International Peace, EMP Financial Advisors, LLC, Inter-American Dialogue* (http://carnegieendowment.org/pdf/files/mdbreport.pdf).

Crafts, Nicholas, "Globalization and Growth in the Twentieth Century," *IMF Working Paper*, WP/00/44 (March 2000).

Dam, Kenneth W., *The Rules of the Game: Reform and Evolution in the International Monetary System* (Chicago: The University of Chicago Press, 1982).

Deardorff, Alan V., "Economic Perspectives on Antidumping Law," Jackson and Vermulst, eds., *Antidumping Law and Practice: A Comparative Study.*

Devarajan, Shantayanan, Vinaya Swaroop, and Heng-fu Zou, "The composition of public expenditure and economic growth," *Journal of Monetary Economics* 37 (1996).

Devlin, Robert, and Ricardo French-Davis, "The great Latin America debt crisis: a decade of asymmetric adjustment," *Revista de Economia Politica*, vol. 15, no. 3 (1995).

Dreher, Axel, "A public choice perspective of IMF and World Bank lending and conditionality," *Public Choice*, No. 119 (2004).

Duckenfield, Mark, *The Monetary History of Gold: A Documentary History, 1660-1999* (London: Pickerring & Chatto, 2004).

Eckes, Alfred E., Jr., "U.S. Trade History," Lovett, Eckes Jr., and Brinkman, *U.S. Trade Policy: History, Theory, and the WTO.*

Eichengreen, Barry, "The Bearing Crisis in a Mexican Mirror," *International Political Science Review*, Vol. 20, No. 3, 1999.

________, *Globalizing Capital: A History of the International Monetary System* (Princeton: Princeton University Press, 1996).

________, "Hegemonic Stability Theories of the International Monetary System," *National Bureau of Economic Research Working Paper*, No. 2193 (September 1989).

________, "The Political Economy of the Smoot-Hawley Tariff," *National Bureau of Economic Research Working Paper*, No. 2001 (August 1986).

________, and Marc Flandreau, eds., *The Gold Standard in Theory and History*, 2nd ed. (New York: Routledge, 1997).

Einzig, Paul, "Recent Change in the Euro-Dollar System," *The Journal of Finance*, Vol. 19, No. 3 (September 1964).

Fawcett, Louise, and Andrew Hurrell, eds., *Regionalism in World Politics: Regional Organization and International Order* (New York: Oxford University Press, 1995).

Ferguson, Niall, *The Ascent of Money* (New York: The Penquin Press, 2008).

Fergusson, Ian F., "World Trade Organization Negotiations: The Doha Development Agenda," *Congressional Research Service*, December 12, 2011.

Fernald, John G., "Road to Prosperity? Assessing the Link Between Public Capital and Productivity," *The American Economic Review*, Vol. 89, No. 3 (June 1999).

Findlay, Ronald, and Kevin H. O'Rouke, "Commodity Market Integration, 1500-2000," Bordo, Taylor, and Williamson, eds., *Globalization in Historical Perspective.*

Frieden, Jeffry A., *Global Capitalism: Its Fall and Rise in the Twentieth Century* (New York: W.W. Norton and Company, 2006).

________, *Banking on the World: The Politics of American International Finance* (New York: Harper & Row Publishers, 1987).

Fung, Kwok-Chiu, Alicia Garcia-Herrero, and Francis Ng, "Foreign direct investment in financing regional infrastructure," Biswa Nath Bhattacharya, Masahiro Kawai and Rajat M. Nag, eds., *Infrastructure for Asian Conncectivity* (Cheltenham, UK: Edward Elgar Publishing Ltd., 2012)

Gallarotti, Giulio M., *The Anatomy of an International Monetary Regime: The Classical Gold Standard* (Oxford: Oxford University Press, 1995).

Gardner, Richard N., *Sterling-Dollar Diplomacy in Current Perspective: The Origins and the Prospects of Our International Economic Order* (New York: Columbia University Press, 1980).

Grauwe, Paul De, *International Money: Post-war Trends and Theories* (Oxford: Oxford University Press, 1989).

Griffith-Jones, Stephany, "The Asian Infrastructure Investment Bank: changing development finance architecture," Humphrey, et. al., *Multilateral development banks in the 21st century.*

Gutman, Jeffrey, Amadou Sy, and Soumya Chattopadhyay, "Financing African Infrastructure: Can the World Deliver?" *Global Economy and Development at Brookings*, March 2015.

Halper, Stefan, *The Beijing Consensus: How China's Authoritarian Model will dominate the Twentieth Century* (New York: Basic Books, 2010).

Helleiner, Eric, *States and the Reemergence of Global Finance: from Bretton Woods to the 1990s* (Ithaca: Cornell University Press, 1994).

Henckel, Timo, and Warwick McKibbin, "The Economics of Infrastructure in a Globalized World: Issues, Lessons and Future Challenges," *The Brookings Institution Lowy Institute for International Policy*, June 4, 2010.

Horsefield, J. Keith, ed., *The International Monetary Fund 1945-1965: Twenty Years of International Monetary Cooperation, Volume II: Analysis* (Washington, D.C.: International Monetary Fund, 1969).

________, *The International Monetary Fund 1945-1965: Twenty Years of International Monetary Cooperation, Volume III: Documents* (Washington, D.C.: International Monetary Fund, 1969).

Hudson, G. F., *The Hard and Bitter Peace: World Politics Since 1943* (New York: Fredrick A. Praeger. 1967).

Hulten, Charles R., "Infrastructure Capital and Economic Growth: How Well You Use It May Be Important Than How Much You Have," *National Bureau of Economic Research Working Paper*, No. 5487 (December 1996).

Hume, David, "On the balance of trade," Eichengreen and Flandreau, eds., *The Gold Standard in Theory and History*.

Humphrey, Chris, et. al., *Multilateral development banks in the 21st century: Three perspectives on China and the Asian Infrastructure Investment Bank, The Overseas Development Institute Discussion Paper*, November 2015.

________, "Developmental revolution or Bretton Woods revisited?" *The Overseas Development Institute Working Paper 418*, April 2015.

________, and Annalisa Prizzon, "Guarantee for development: A review of multilateral development bank operations," *The Overseas Development Institute Report*, December 2014.

________, "The Politics of Loan Pricing in Multilateral Development Banks," *EPSA (European Political Science Association) 2013 Annual General Conference Paper* 141.

________, "Will the Asian Infrastructure Investment Bank's development effectiveness be a victim of China's diplomatic success?" Humphrey, et. al., *Multilateral development banks in the 21st century: Three perspectives on China and the Asian Infrastructure Investment Bank.*

Huntington, Samuel P., "The Goals of Development," Winer and Huntington, eds., *Understanding Political Development.*

IDRC Reports, "The Lost Decade of Debt Crisis," July 1991 (https://idl- bnc.idrc.ca/dspace/bitstream/10625/24372/1/108961.pdf).

Ikenberry, G. John, "The Political Origins of Bretton Woods," Bordo and Eichengreen, eds., *A Retrospective on the Bretton Woods System: Lessons for International Monetary Reform.*

International Development Association, "Borrowing Countries," (www.ida.worldbank.org/about/borrowing-countries).

International Financial Corporation, "International Financial Institutions and Development Through the Private Sector," A joint report of 31 *multilateral and bilateral development finance institutions,* Washington D.C., 2011.

Jackson, John H., *The World Trading System: Law and Policy of International Economic Relations* (Cambridge: The MIT Press, 1989).

________, and Edwin A. Vermulst, eds., *Antidumping Law and Practice: A Comparative Study* (Ann Arbor: The University of Michigan press, 1989).

Johnston, R. B., *The Economics of the Euro-Market: History, Theory, Policy* (London: The Macmillan Press Ltd., 1983).

Kawai, Masahiro, "Asian Infrastructure Investment Bank in the Evolving International Financial Order," Bob, ed., *Asian Infrastructure Bank: China as responsible stakeholder?*

Kindleberger, Charles P., The *World in Depression 1929-1939, Revised and Enlarged Edition* (Berkeley: University of California Press, 1986).

________, *A Financial History of Western Europe* (London: George Allen & Unwin, 1984).

Kissinger, Henry A., *Diplomacy* (New York: Simon & Schuster, 1994).

Kose, M. Ayhan, Eswar Prasad, Kenneth Rogoff, and Shang-Jin Wei, "Financial Globalization: A Reappraisal," *National Bureau of Economic Research Working Paper*, No. 12484 (August 2006).

Kotschwar, Barbara Theodore, H. Moran, and Julia Muir, "Chinese Investment in Latin American Resources: The Good, the Bad, and the Ugly," *Peterson Institute for International Economics Working Paper,* WP 12-1, February 2012.

Krasner, Stephen D., ed., *International Regimes* (Ithaca: Cornell University Press, 1983).

Krause, Lawrence, "Private International Finance," *International Organization,* Vol. XXV, 1971.

Kriz, Miroslav A. "Gold in World Monetary Affairs Today," *Essays in International Finance*, No. 34 (June 1959), Princeton University.

Lipset, Seymour, *Political Man: The Social Bases of Politics* (New York: Doubleday, 1960).

Lovett, William A., Alfred E. Eckes Jr., and Richard L. Brinkman, *U.S. Trade Policy: History, Theory, and the WTO*, 2nd edition (New York: M.E. Sharpe, 2004).

Lum, Thomas, "China's Assistance and Government-Sponsored Investment

Activities in Africa, Latin America, and Southeast Asia," *Congressional Research Service Report*, November 25, 2009.

Mansfield, Edward D., "Effects of international politics on regionalism in international trade," Anderson and Blackhurst, eds., *Regional Integration and the Global Trading System.*

McKinnon, Ronald I., "The Rules of the Game: International Money in Historical Perspective," *Journal of Economic Literature*, Vol. XXXI (March 1993).

McMillan, John, "Does regional foster open trade? Economic theory and GATT's Ariticle XXIV," Anderson and Blackhurst, eds., *Regional Integration and the Global Trading System.*

Menaldo, Victor, "The Debt Crisis and Latin America's Lost Decade (1980s)," (www.plawlotic.com/wp-content/uploads/2010/12/Menaldo-Political-Economy-of-Latin-America-9.pdf).

Mikesell, Raymond F., "The Eurocurrency Market and the Recycling of Petrodollars," *National Bureau Report Supplement, National Bureau of Economic Research*, New York, October 1975.

Moggridge, Donald, ed., *The Collective Writings of John Maynard Keynes, Vol. XXV, Activities 1940-1944, Shaping The Post-War World: The Clearing Union* (London: Macmillan Press, 1980).

Multilateral Investment Guarantee Agency World Bank Group, "An overview of MIGA," (http://siteresources.worldbank.org/FINANCIALSECTOR/Resources/Session8_b_GeroVerheyen.pdf).

Nelson, Rebecca, "Multilateral Development Banks: Overview and Issues for Congress," *Congressional Research Service Report for Congress*, November 8, 2013.

North, Douglas C., "Institutions," *Journal of Economic Perspectives,* Vol. 5, No. 1 (Winter 1991).

Obstfeld, Maurice, and Alan M. Taylor, "Globalization and Capital Markets,"

Bordo, Taylor, and Williamson, eds., *Globalization in Historical Perspective.*

Orr, Ryan J., and Jeremy R. Kennedy, "Highlights of recent trends in global infrastructure: new players and revised game rules," *Transnational Corporation*, Vol. 17, No. 1 (April 2008).

Otenhoff, Jenny, "International Finance Corporation," *Center for Global Development Brief*, 2011.

Overholt, William H., *Political Risk* (London: Euromoney Publications, 1982).

Pan, Wei, "The Chinese Model of Development," Oct 11, 2007, London (http://fpc.org.uk/fsblob/888.pdf).

Ramo, Joshua C., *The Bejing Consensus* (London: The Foreign Policy Center, 2004).

Ruggie, John Gerard, "International regimes, transactions, and change: embedded liberalism in the postwar economic order," Krasner, ed., *International Regimes.*

Sims, Jocelyn, and Jessie Romero, "Latin American Debt Crisis of the 1980s," *Federal Reserve History*, November 22, 2013.

Snape, Richard H., "History and economics of GATT's Ariticle XXIV," Anderson and Blackhurst, eds., *Regional Integration and the Global Trading System.*

Stiglitz, Joseph E., *Globalization and Its Discontents* (New York: W. W. Norton and Company, 2002).

Taylor, Alan M., "Global Finance: Past and Present," *Finance & Money*, March 2004.

Terrell, Henry S., and Rodney H. Mills, Jr, "International Banking Facilities and the Eurodollar Market," Paolo Savano and George Sutija, eds., *Eurodollars and International Banking* (New York: St. Martin's Press, 1985).

The Levin Institute(SUNY), "International Monetary Fund and World Bank," *Globalization 101* (www.globalization101.org).

The World Bank, *Annual Report 2015*.

________, "IBRD Lending Rates and Loan Charges," (www.treasury.worldbank.org.bdm/htm/ibrd.html).

________, The World Bank, "IDA Terms," (www.worldbank.org/ida/articles-agreement/IDA-terms-FY12.pdf).

The World Bank Archives, "World Bank History," (www.worldbank.org).

Trebilcock, Michael, and Michael Rosenstock (University of Toronto Faculty of Law), "Infrastructue PPPs in the Developing World: Lessons from Recent Experience," March 19, 2013 (www.iilj.org/newsandevents/documents/trebilock.pdf).

Vasudevan, Ramaa, "The Borrower of Last Resort: International Adjustment and Liquidity in a Historical Perspective," *Journal of Economic Issues*, Vol. XLII, No. 4 (December 2008).

Walter, Andrew, *World Power and World Money: The Role of Hegemony and International Monetary Order* (New York: St. Martin's Press, 1991).

________, "Regionalism, Globalization, World Economic Order," Fawcett and Hurrell, eds., *Regionalism in World Politics: Regional Organization and International Order*.

Wang, De, Li Zhang, Zhao Zhang, and Simon Xiaobin Zhao, "Urban Infrastructure Financing in Reform-era China," *Urban Studies* 48(14), November 2011.

Weiss, Martin A., "International Monetary Fund: Background and Issues for Congress," *Congressional Research Service Report for Congress*, September 19, 2011.

Williams, John H., "Currency Stabilization: The Keynes and White Plans," *Foreign Affairs*, Vol. 21, No. 4 (July 1943).

Williamson, John, "What Washington Means by Policy Reform," *Peterson Institute for International Economics*, 1990.

Winer, Myron, and Samuel P. Huntington, eds., *Understanding Political Development* (Boston: Little, Brown and Company, 1987).

Winston, Clifford, *Government Failure versus Market Failure: Microeconomics Policy Research and Government Performance* (Brookings Institution Press, D.C.: AEI-Brookings Joint Center for Regulatory Studies, 2006).

Wolf, Charles, Jr., Xiao Wang, and Eric Warner, *China's Foreign Aid and Government-Sponsored Investment Activities: Scale, Content, Destinations, and Implications* (Santa Monica: RAND National Defense Research Institute, 2013).

Wood, John H., *A History of Central Banking in Great Britain and the United States* (New York: Cambridge University Press, 2005).

World Resources Institute, "Where Are Chinese Investments in Africa Headed," May 15, 2014.

Yanai, Akiko, "The Function of the MFN clause in the Global Trading System," *Institute of Development Institute APEC Study Center Working Paper*, 01/02-No. 3.

Yeager, Leland B., *International Monetary Relations: Theory, History, and Policy* (New York: Harper and Row, 1966).

에세이, 언론 분석 및 보도

「매일경제신문」, "물량공세 中에 선수 뺏긴 일본 … 천만 인재 육성으로 맞불," 2016/08/29.

________, "中에 맞서 … 검은 대륙 흔드는 아베의 손," 2016/08/29.

________, “中, 메콩강 개발에 100억 불 신용대출 제공,” 2016/03/25.

________, “中 경제 살릴 다음 주자는 지하철,” 2015/10/6.

________, “‘아시아 잡아라’ … 일본, 사상 최대 차관 제공 결정,” 2015/07/29.

________, “아베 ‘메콩강 실크로드’ 만든다,” 2015/07/03.

「조선일보」, “일대일로 대표 고속철, 중국 밖 1m도 못 나가,” 2016/10/07.

________, “中, 안데스 횡단철도 추진,” 2015/05/20.

「중앙일보」, “미국, AIIB 반대한 건 실수 … 외교정책, 내년 대선 이슈될 것,” 2015/05/12.

「한국경제」, “아베, 아프리카서 ‘친일 인재’ 1000만명 키운다,” 2016/08/29.

________, “중국, AIIB 지배구조 양보 … 총재 아닌 이사회서 모든 투자 결정,” 2016/06/30.

________, “중국 고속철, 일본 따돌리고 인도네시아 고속철 수주…해외 진출 가속도,” 2015/10 /01.

박미숙, “3高 2低 늪에 빠진 중남미 경제,” 「Chindia Plus」, April 2015.

손인주, “미국 정치 양극화가 중국 주도 AIIB 키웠다,” 중앙일보 2015/04/27.

주재우, “미국 앞마당 파고드는 중국: 자원 넘어 군사·인문 교류까지 확대,” 「Chindia Plus」, April 2015.

지만수, “중국 전인대, 다시 성장을 고민하다,” 「중앙일보」, 2015/03/06.

한우덕, “(중국) 부채문제와 금융 리스크,” 「Chindia plus」, April 2016, p. 30.

Adams, Christopher, “US shale burdened by Riyadh,” *Financial Times,* 2 July 2015.

Authers, John, “Everybody thinks public sector projects are a good idea,” *Financial Times*, 10 November 2015.

Barber, Lionel, David Pilling and Jamil Anderlini, “There is no such thing as breaking the existing order," *Financial Times*, 16 April 2015.

Donnan, Shawn, "ADB chiefs sceptical about China-led rival," *Financial Times*, 20 April 2015.

Financial Times, "What China can learn from its Venezuela blow," 17 October 2016.

________, "Risky bets and red elephants: Beijin's huge commitments in overseas funding have turned sour in coountries such as Venezuela," 14 October 2016.

________, "America's flawed strategy towards new Asian bank," 21 May 2015.

________, "Beijing's challenge to the world of Bretton Woods," 31 October 2014.

Hornby, Lucy, and Andress Schipani, "China tilts towards the right in Latin America," *Financial Times*, May 12 2015.

Injoo Sohn, "AIIB: A plank in China's hedging strategy," *Brookings East Asia Commentary*, No. 87, May 2015.

Kynge, James, and Gabriel Wildau, "With friends like these," *Financial Times*, 18 March 2015.

Mauro, Paolo, "Why America Should Join the AIIB," *Project Syndicate*, June 12, 2015.

Peel, Michael, and Lucy Hornby, "China regional rail link struggles to gather speed," *Financial Times,* 26 September 2016.

Reinhart, Carmen, "The Hidden Debt Burden of Emerging Markets," *Project Syndicate*, October 9.

Rogoff, Kenneth, "Will China's Infrastructure Bank Work?" *Project Syndicate*, April 6, 2015.

Stern, Nicholas, Amar Bhattacharya, and Mattia Romani, "A New World's Development Bank," *Project Syndicate*, May 1, 2013.

The Economist, "The infrastucture of power: Reasons to be enthusiastic about China's answer to the World Bank," July 2nd 2016.

________, "Our bulldozers, our rules: China's foreign policy could reshape a good part of the world economy," July 2nd 2016.

________, "To join or not to join: Will Japan lend its muscle to China's new Asian infrastructure bank?" May 30th 2015.

________, "The Asian Infrastructure Investment Bank: The infrastructure gap," Mar 21st 2015.

________, "A bridge not far enough: America is wrong to obstruct China's Asian -infrastructure bank," March 21st 2015.

________, "Storm in a port: The island's largest infrastructure project is the government's first big test," March 21st 2015.

________, "Goodbye Doha, hello Bali," September 8th 2012.

________, "Global OTC derivatives," November 27th 2008.

The Japan Times, "Abe announced $110 billion in aid for 'high-quality' infrastructure in Asia," May 22, 2015.

The World Bank News, "More Public-Private Partnerships Needed to Meet Demand for Infrastructure, Officials Say," March 23, 2010.

Wildau, Gabriel, "China calls on state groups to boost infrastructure spending," *Financial Times*, 22 June 2016.

________, "Japan and China-led development banks plan joint loan," *Financial Times*, 21 March 2016.

Wolf, Martin, "China's struggle for a new normal," *Financial Times*, 23 March 2016.

________, "It is folly to rebuff China's bank," *Financial Times,* 25 March 2015.

규정, 법령, 통계

"Article of Agreement of the International Monetary Fund(July 22, 1944)," Horsefield, ed., *The International Monetary Fund, Volume III.*

Federal funds (effective) (http://www.economagic.com/em-cgi/data.exe/fedbog/fedfund).

Havana Charter for International Trade Organization (United Nations Conference On Trade and Employment Final Act And Related Document April, 1948).

"International Reserves and Liquidity: A Study by the Staff of the International Monetary Fund(September 16, 1958)," Horsefield, ed., *The International Monetary Fund, Volume III.*

"Preliminary Draft Proposal for a United Nations Stabilization Fund and a Bank for Reconstruction and Development of the United and Associated Nations (April 1942)," Horsefield, ed., *The International Monetary Fund, Volume III,*

"Presidential Proclamation of Franklin D. Roosevelt fixing the Gold Value, by Weight, of the United States Dollar, making the Dollar convertible to Gold at the new Price of $35.00 per Ounce (31 January 1934)," Duckenfield, *The Monetary History of Gold: A Documentary History, 1660-1999.*

"Proposals for an International Clearing Union (April 1943)," Horsefield, ed., *The International Monetary Fund, Volume III.*

"Proposals for an International Currency (or Clearing) Union (February 11, 1942)," Horsefield, ed., *The International Monetary Fund, Volume III.*

"Proposals For An International Currency Union (November, 1941)," Moggridge, ed., *The Collective Writings of John Maynard Keynes, Vol. XXV.*

"Proposals For An International Currency Union (September, 1941)," Moggridge, ed., *The Collective Writings of John Maynard Keynes, Vol. XXV.*

Strange, Austin M., Bradley Parks, Charles Perla and Harsh Desai, *AidData's Methodology for Tracking Underreported Financial Flows Version 1.2,* AidData Open Data for International Development, September 2015.

찾아보기

ㄱ

ㄴ

ㄷ

ㄹ

ㅁ

ㅂ

ㅅ

ㅇ

ㅈ

ㅊ

ㅋ

ㅌ

ㅍ

ㅎ

저자 소개

김 기 수

세종연구소 수석연구위원
세종연구소 국제정치경제연구실장 역임

저 서

통일경제 연구 (편저) (세종연구소: 2015)
중국경제 추락에 대비하라 (살림: 2012)
21세기 대한민국 대외전략 (살림: 2012)
국제통화/금융체제와 세계경제패권 (살림: 2011)
중국 도대체 왜 이러나 (살림: 2010)
동아시아 역학구도: 군사력과 경제력의 투사 (세종연구소: 2006) 외

논 문

"남북한 경제통합 방안" 2015 (이하 세종연구소 출판)
"대출 의존형 중국 경제발전의 구조적 문제점" 2014
"미국 금융위기와 통화전쟁론" 2014
"중국 경제개혁의 정치적 역학" 2013
"미국의 국제통화 영향력: 달러화 가치와 위상이 유지되는 메커니즘" 2013
"중국경제성장의 국제적 제약 요인: 환율, 외환보유고, 불태화 등의 문제점" 2012
"중국의 경제적 팽창과 그 한계: 베이징 컨센서스와 관리자본주의의 문제점" 2011 외

중국 주도 아시아인프라투자은행(AIIB)과 국제경제기구
AIIB의 동인, 가능성, 한계

2017년 4월 15일 초판 인쇄 값 18,000원
2017년 4월 20일 초판 발행

저 자 ‖ 김기수
발행인 ‖ 진창수
발행처 ‖ 세종연구소
주 소 ‖ 경기도 성남시 수정구 대왕판교로 851번길 20 (13449)
홈페이지 ‖ www.sejong.org
등 록 ‖ 2001년 1월 19일 제 1-26호
판매처 ‖ 광일문화사 서울 강남구 학동로 323 (06060)
전 화 ‖ (02) 517-5555
팩 스 ‖ (02) 545-5786
ISBN 978-89-7429-545-5